失去的年代

美国债务危机的起因与漫长复苏

Menzie D. Chinn
&
Jeffry A. Frieden

LOST DECADES

THE MAKING OF AMERICA'S DEBT CRISIS AND THE LONG RECOVERY

[美]
陈庚辛 杰弗里·A. 弗里登
——— 著 ———

张慧玉
——— 译 ———

生活·讀書·新知 三联书店

本书由博达著作权代理有限公司独家授权出版中文简体字版。

图书在版编目(CIP)数据

失去的年代：美国债务危机的起因与漫长复苏/
(美)陈庚辛,(美)杰弗里·A.弗里登著；张慧玉译.
—北京:生活·读书·新知三联书店,2020.6
(美国经济新观察丛书)
ISBN 978-7-108-06821-7

Ⅰ.①失…　Ⅱ.①陈…②杰…③张…　Ⅲ.①债务
危机-研究-美国　Ⅳ.①F817.126

中国版本图书馆CIP数据核字(2020)第061062号

责任编辑　麻俊生
封面设计　储　平
责任印制　黄雪明
出版发行　生活·讀書·新知　三联书店
　　　　　(北京市东城区美术馆东街22号)
邮　　编　100010
印　　刷　常熟市文化印刷有限公司
版　　次　2020年6月第1版
　　　　　2020年6月第1次印刷
开　　本　880毫米×1230毫米　1/32　印张　11.625
字　　数　204千字
定　　价　48.00元

目录

前言

　　美国中期选举结束了,共和党人的进展令人惊叹——这个大佬党①在众议院和参议院分别获得 70 个和 7 个席位。或许,同样重要的是,共和党人从民主党人手中抢回了多个关键州的执政权,包括至关重要的密歇根州、俄亥俄州以及宾夕法尼亚州。这次选举戏剧性地逆转了两年前民主党大选获胜时的绝对优势,这对于在毁灭性的经济危机中临危受命的总统来说,无异于当头一棒喝。

　　当然,民主党应该对自身在立法方面的一些重要成绩颇感满意,这得益于他们在此之前占据的大多数席位优势。但现在,令人失望的经济状况和居高不下的失业率让两年前萎靡不振的共和党重获新生。在可预见的未来,共

---

① 大佬党,GOP, Grand Old Party, 美国共和党的别称。——译者注

和党人,连同其在保守民主党中的盟友,将有能力阻碍或改变总统考虑到的任何举措。

这是 1938 年的事情,那时,大萧条之后的经济复苏运动正处在水深火热之中。1933 年,富兰克林·R. 罗斯福初任总统的时候,正是美国已经进入深度经济萧条的第四个年头。罗斯福政府采取迅速、有力的措施,试着引领美国经济起死回生。罗斯福和国会中的民主党盟友们对美国的银行系统进行清洗,严格实施新的监管制度。他们推出了一系列雄心勃勃的联邦项目,提供数百万计的工作机会。同时,他们也发起了美国历史上第一个正式的联邦社会扶持项目,即社会保障项目。

到 1936 年,经济一直处在复苏过程中。失业率降低到 14%,尽管依然很高,但与罗斯福受任时的 25% 相比,已经大幅下降。国家收入和股票市场都在迅速回升。鉴于经济好转的状况,罗斯福政府决定着手解决联邦政府的预算赤字问题。1936 年,预算赤字将近占到了国内生产总值(GDP)的 5%,这是和平时期前所未有的情况。在说出削减赤字的承诺之后,罗斯福政府将开支缩减了 20%,同时征收更多的税收。在不到一年的时间里,预算实际上已经回到平衡状态。同时,美联储实行紧缩的货币政策,显然,这是为了避免再度出现通货膨胀。

1937 年夏天,在经历了紧缩的财政政策和货币政策之后,美国经济直线衰退,几近崩溃。工业产值降低了三分之一,股市骤然下跌 40%,而失业率飙升到 19%。随着美国经济的骤然衰落,罗斯福政府的支持率也迅速下降。1938 年中期选举的结果正反映出民众对该政府失去了信心,怀疑其是否有能力引领美国走出大萧条。①

今天,美国以及整个世界都刚刚经历过自 20 世纪 30 年代大萧条以来最严重的国际经济危机,正处在缓慢恢复之中。关于 20 世纪 30 年代末期这一危机案例的前因后果,一直是人们热议的辩题。恰如当时,现在也有大量的辩论,尝试合理地阐释美国为什么以及如何陷入现今的状况。为什么世界上最富裕的经济体会破产?为什么世界上最强大的银行会崩盘?为什么美国现代史上最保守的政府会对大量的经济成分施行国有化?为什么数百万美国家庭失去了房子?为什么数百万美国人丢掉了工作?这些究竟都是谁的错?

我们在此从一个独特的视角来看这些辩论。过去的 50 多年中,我们二人均从事债务危机相关的研究。我们曾经历并研究了发生在欧洲、拉丁美洲、亚洲以及俄罗斯的金融危机和货币危机,曾亲自见证并详细分析过不负责任的借贷导致的人力、社会及政治破坏,也看到一个又一

---

① 尽管大多数学者认为财政与货币政策是罪魁祸首,但本次经济萧条的起因依然是热议的话题。相关总结与分析,参见:Francois Velde, "The Recession of 1937 — a cautionary tale," *Federal Reserve Bank of Chicago Economic Perspectives* no. 4(2009):16-37。

3

个国家在经历了严峻的金融危机之后陷入长达数十年的经济停滞状态。但是,我们以前从未担心过自己的祖国会经历这样"经典式"的债务危机,从未想象过我们的国家将要面临近 20 年的政策误导,经历一场并非必要的危机,从而承担起经济重建的艰巨任务。尽管如此,我们若能将现今的这场危机与我们所熟知并研究过的危机进行对比,将独具价值。在回顾过去 10 年、展望未来 10 年的过程中,我们引用了大量的对比性、历史性经历来展开相关分析。

美国正在经历近代以来最严重的经济政策失败和金融市场失败。这里的故事将阐释美国如何以及为什么陷入当今窘况,也将告诉我们,这个国家该如何修复伤痕累累的经济。

危机

当 2008 年的夏季接近尾声时,75 年来最严重的经济危机拉开了帷幕。8、9 月间,世界各地的信贷市场陷入螺旋式下滑,并且速度越来越快,直到 10 月的前两个星期,整个世界经济看起来仿佛会立刻结束运作。在那些黑暗的星期和月份里,曾经让世界各国振奋欣喜的国际经济秩序仿佛要与其创始者及最强有力的支持者反目为仇。美国——经济全球化的正中心——陷入恐慌,让全世界经济受到毁灭性威胁。这场经济崩溃看起来仿佛无踪可寻。

前一个星期,人们还只是稍微有点儿担心美国南部"阳光地带"疲弱的房地产市场;下一个星期,整个世界便开始恐惧地面对全球资本主义跌落的深渊。美国曾是资本主义美德的示范者和自由市场信仰的保护者,此时却在接管、收拾私营部门留下的大片残局。究竟发生了什么?这一切是怎样发生的?

美国的借贷和消费让其自身陷入一场严重的外国债务危机。2001—2007年,美国从外国借入数万亿美元的债务。联邦政府通过借贷填补预算赤字,而普通家庭则通过借贷消费超过他们自身支付能力的产品和服务。随着资金大量从国外涌入,美国人将一部分资金用于购置耐用品,尤其是廉价的进口商品。而剩下的大多数资金,则用于购买本地商品和服务,尤其是金融服务和房地产产品。这样做的结果,是大范围的经济膨胀。这种膨胀最终演化成急速繁荣,之后便形成泡沫,在房产业尤其如此。泡沫破灭了,带来灾难性后果,只留下国家去收拾残局。

这场美国经济灾难只不过是"资本流动周期"最近的一个例子。在资本流动周期中,资本大量涌入某一国家,刺激经济快速增长,鼓励人们从事于雄心勃勃的金融业务或其他活动,最后以骤然衰退告终。大致而言,这一周期准确地描述了多次债务危机,包括20世纪80年代的发展中国家债务危机、1994年的墨西哥危机、1997—1998年的东南亚危机、20世纪90年代晚期延伸到2000年及2001

年的俄罗斯、巴西、土耳其、阿根廷危机,事实上也包括 20
世纪 30 年代早期的德国危机以及 19 世纪 90 年代的美国
危机。对之前多次危机的了解,使我们能够尽可能充分地
理解当前的这次债务危机。是什么导致了这些危机?从
这些危机产生、发展及结束的路径中,我们能得到什么
启示?

毋庸置疑,正在发生的美国版债务危机本身充满了特
殊性,如:由大量扑朔迷离的新金融工具的推波助澜,难以
计数的管制并发症,以及前所未有的快速蔓延。然而,尽
管具有种种当代事件独有的特征,但从本质上而言,这就
是一场债务危机,其起源和进程与现代国际经济的现状保
持一致。

美国政策制定者及其盟友们曾站在国际金融体系的
制高点,用长达一个世纪的时间警告各国政府,要注意防
范过度举债、非生产性开支、愚蠢税收政策及无根据投机
等行为背后的各种风险。然而,在之后不到 10 年的时间
里,美国几乎践行了其建议各国必须防范的每一种危险政
策,准确无误地说明了为什么这些警告真实有效。

大多数有关危机的分析没有看到这个中心点。2008
年以来发表的诸多解释都聚焦于这场危机某个有限的方
面。有的解释紧随金融危机的步调,做出极为详尽的回
应,对涉及其中的个人或机构进行生动而深刻的剖析;有
的强调金融管理者在导致经济崩塌中的作用,举证华尔街

对华盛顿政府思路的影响；还有一些则旨在解释这场金融危机如何导致如此严重的全球衰退。我们的分析从探讨导致危机的宏观经济驱动入手，包括政治压力因素，也考虑监管推动者的作用，将这场危机放入到历史性、比较性情境中，以期从过去发生的几十次相似事件中得到比对和教训。

这次美国危机迅速蔓延到国际经济的其他区域，让世界学到关于全球市场的宝贵一课：在全球市场中，坏消息和好消息一样传得飞快。美国的放纵借贷使得世界上多个国家卷入其中：有的国家（如英国、爱尔兰、冰岛、西班牙、希腊等）陷入类似的金融债务危机，有的国家（如日本、沙特阿拉伯、德国等）则应其所求，提供资金，招致本国危机的发生。这场危机把世界各地的金融市场拽到悬崖边缘，时间长达数个星期，并在之后数月内波及广泛的经济活动。

影响和启示

全球经济危机导致全球冲突加剧。各国政府争相保护它们各自国民的利益，所采取的行动可能会让其他国家付出较高的代价：救市行动偏爱本国公司远胜过外国公司，货币贬值将增加贸易伙伴的竞争压力，巨额赤字吸入大量来自其他各国的资本……1929年的经济衰退演化成大萧条,在很大程度上是源于国际合作的崩塌;与此类似,如果国际协作失败的话,当前这场危机也会朝着同样的方向发展。

不管有没有更广泛的国际并发症,美国都面临着艰难时日。一场构想拙劣的经济增长以及由此而致的经济萧条,促使美国错失了 21 世纪第一个 10 年的发展之机;而且,恢复不善即经济停滞,将使这个国家面临着错失下一个 10 年的危险。

为了不再错失将至的 10 年,美国必须改变金融混乱的局面,整顿金融秩序,重新控制迅速增长的外债,为良好的经济增长及社会进步再次创造条件。以上所说,没有哪一条是轻而易举之事。而且,我们在警钟中发现,太多的政策制定者和观察者紧紧依附于那些将美国引入水深火热之中的失败观念,无疑会让这些任务变得更为艰巨。如果美国人不能从这次惨痛的经历以及其他类似的经历中总结教训,他们将促使这个国家错失另一个 10 年。

致谢

在本书准备和改进的过程中,很多人为我们提供了帮助。维拉尔·阿查亚、巴里·艾肯格林、南希·弗里登、托马斯·弗里登、约瑟夫·加尼翁、彼得·古勒维奇、理查德·格罗斯曼、詹姆斯·夸克、戴维·雷克和戴维·辛格阅读了本书的部分或全部原稿,给我们提出了宝贵的评论意见。马文·泊普、安德鲁·萨姆和亚瑟·克劳博协助我们完成了本书的一些特殊部分。查尔斯·弗里茨、玛丽娜·伊万诺瓦、拉胡尔·普拉巴卡尔和艾伯特·王在研究上为我们提供了重要的协助。

第一章
欢迎来到阿根廷：
美国如何陷入债务危机

　　拉美人常说起困难时期的政府元首如何在充满怀疑的公民面前捍卫其统治。元首们坚持说："我上任时，我们站在一个深渊的边缘。但自那时以来，我们已经获得了巨大的飞跃！"20世纪80年代初，当拉丁美洲面临历史上最严重的债务危机时，这样的苦涩故事广泛流传。从1970年左右开始，该地区已经从北美、欧洲和日本的银行借了几千亿美元。并且，疯狂的借贷持续不停。巴西建立起发展中世界最大的产业体系，墨西哥从一个石油进口国发展为主要的石油出口国，智利的皮诺切特政府促使庞大的私人财团崛起。借贷也带动了金融和房地产投机泡沫的产生。但是，在这样的繁荣时期存在一些失调的投资热情，是无可厚非的。

　　1982年8月，迈向深渊的大跃进来临了。迫于债务利率的上升和石油出口产品价格的下跌,墨西哥政府宣布不能偿付高达 800 亿美元的外债。几周之内,贷款枯竭蔓延到整个拉丁美洲,并且很快波及至所有的发展中国家。在接下来的 10 年里,重债国均在危机余波中挣扎度过。

2001 年后,美国人迈着相似的步伐走向自己的债务深渊。他们向国外借了数万亿美元,并用这些钱举办了一场由消费、过度金融及房地产投机等活动构成的举国狂欢。7 年后,便是迈向金融深渊的巨大一跃。2008 年 8 月,借款人和贷款人举目查看,但除了空气,什么都看不到。

赤字,第一轮:20 世纪 80 年代

早在近 30 年前,当美国开始现代时期第一次大规模举借外债时,该国便启动了这段悬崖之旅。1981 年,罗纳德·里根签署通过了美国历史上最大的减税法案。在接下来的 4 年中,《1981 经济复苏税收法案》减少了近 5 000 亿美元(按照 2010 年的经济水平计算,相当于近 1 万亿美元)联邦税收。[①]

[①] John Tempalski, "Revenue effects of major tax bills," Office of Tax Analysis Working Paper 81 (Washington, DC: U. S. Treasury Department, 2006).

很显然，这些减税措施将直接增加政府预算赤字，但里根政府认为，减税措施将很快推动经济发展，消除赤字，为自身买单。他们认为曾经的税率太高，人们就此争执不断，因此，减少税收会刺激经济增长，整体税收的增加将足以平衡预算。当时的想法是，如果税率过高，达到某一点的话，实际上会阻碍经济活动，从而减少政府税收收入。其结果将呈现出一条曲线，随着税收上升到达该临界点，严苛的税率将使得经济停滞不前。之后，税收收入便开始下降。该曲线被称为"拉弗曲线"，是以保守经济学家阿瑟·拉弗的名字命名。据称，当时拉弗把这条曲线画在一张餐巾纸上，给迪克·切尼、唐纳德·拉姆斯菲尔德及其他一些20世纪70年代的共和党政治家们看。即使预算赤字激增，依然实施减税政策，拉弗曲线成为坚持这样做的主要理由。

当时，保罗·沃尔克是美联储主席。与拉弗及许多政府的经济政策制定者不同，沃尔克务实而稳健，偏好实施宏观经济控制。他在1979年受命于吉米·卡特总统，当时很大程度上是为了对抗持续的高通货膨胀。而事实上，沃尔克也确实着力降低通货膨胀，取得了巨大的成功，并很快成为美国审慎财政和货币政策的主要倡导者。沃尔克站在美联储的制高点，沮丧地观察到美国政府1981年后的财政侵蚀状况。他后来回忆说，充满乐观幻想的里根支持者们认为，减税将为经济带来一种神奇的灵药，能够

消除赤字,或者至少让赤字保持在无关紧要的水平。相对
更现实的顾问们(一切都是相对的)则明显认为,不断膨胀
的赤字风险是他们实施激进经济方案的合理代价,由此产
生的任何损伤以后都可以得到修复。还有一种新的理论
认为,降低支出的有效方式,不是通过征收足够的税收偿
付支出,而是应通过赤字警示国会和美国人民。①

　　事实上,"充满乐观幻想的里根支持者们"错了,里根
的减税政策促使联邦预算赤字膨胀到超过任何人的想象。
经验表明,拉弗曲线可能在理论上是成立的,但美国毕竟
是工业世界税率较低的国家之一,其税率远低于可以通过
减税增加税收收入的临界水平。

　　20 世纪 80 年代,联邦预算赤字为平均每年 2 000 亿
美元,1992 年是 2 900 亿美元,达到最高。在里根总统 8
年任期以及之后乔治·H. W. 布什总统的前 4 年任期中,
联邦每年平均赤字占国内生产总值(GDP)的比例将近
5%。国际货币基金组织(IMF)等国际金融"警察局"认
为,这个水平相当危险,在和平发展年代尤其如此。事实
上,欧盟设定,对于那些被视为足够可靠、可以加入欧元区
的国家来说,上限赤字不得超过 GDP 的 3%。根据这个
标准,美国已经偏离并远远超出了财政责任的边界。

---

① Paul Volcker and Toyoo Gyohten, *Changing Fortunes* (New York: Times Books, 1992),177 - 178.

由于联邦政府大量举债弥补赤字,联邦债务从 1981 年的 1 万亿美元增长到 1993 年的 3 万多亿美元,从人均数字来看,也增加了 1 倍以上。从经济比重来看,这是第二次世界大战以来美国政府债务首次从占 GDP 的 26％ 上升至占 GDP 的 49％。用里根政府管理及预算办公室负责人大卫·斯托克曼的话来说,当时的预算赤字"如此破败、残损、疲劳,甚至血迹斑斑",以至于当时的政治体系像要变成"香蕉共和国国会"一般。①

实际上,从另一方面来看,美国确实看起来像一个香蕉共和国:其政府所需的很大一部分资金需要从外国借入。尽管在遥远的过去,美国是一个债务不断增加的债务国,但那些日子看起来早已远去。里根大举赤字之前,当美国政府需要借款时,通常是向美国人借,即通过出售债券给美国投资者。有的经济学家担心这种政府借贷的后续影响,认为这么做会"挤兑"私营借贷。随着可购买的无风险国债越来越多,美国人购买的私营公司股票和债券便减少了。公司会发现借贷成本增加,因为没有人能拿到比政府更低的利率,这会抑制私营投资。但是,这已经不是 20 世纪 80 年代。现在,当联邦政府需要借钱时,外国人也可以像美国人一样提供贷款。这并没有减少,而且实际

① Jeffry A. Frieden, *Global Capitalism：Its Fall and Rise in the Twentieth Century* (New York：W. W. Norton, 2006),380.

上还增加了提供给美国的资金额度。确实,拉弗曲线的失败未能拉倒里根经济政策的原因之一,便是迅速增长的预算赤字已被国外借贷覆盖住。

美国政府之所以能从外国人那里借到这么多资金,是源于国际金融在过去 10 年中的爆炸式发展。20 世纪 30 年代的经济大灾难之后,各国的投资者和金融机构均退守本土市场。在长达 40 年的时间里,贷款几乎完全国有化。美国人借给美国人,德国人借给德国人,阿根廷人借给阿根廷人。但是,有关 20 世纪 30 年代严重受损的回忆最终褪色了,新的通信和电子技术使得跨国生意更加经济便捷,银行开始寻找新的方式赚钱。20 世纪 60 年代,国际金融逐渐复苏,并在 70 年代获得快速发展。到 20 世纪 80 年代初,全球金融逐步上升的浪潮已泛滥成洪水:70 年代初的国际金融体系几乎不到 1 000 亿美元,但到 20 世纪 80 年代初,已经超越 2 万亿美元。[①] 金融和投资都已经实现了全球化。

金融全球化使得里根政府及继任的布什政府可以从国外借入超过 1 000 亿美元的资金用于填补预算赤字。欧洲和日本的投资者热衷于投资美国,购买大部分联邦政府发行的国债。国外贷款使得赤字可以在不直接影响美

---

① Jeffry A. Frieden, *Global Capitalism*: *Its Fall and Rise in the Twentieth Century* (New York: W. W. Norton, 2006),397.

国企业和家庭的条件下继续增加。

对外借款在 20 世纪 80 年代拉动了经济增长，并使得美国人的花销可以超过其自身的收入。但是，不断增长的外债并非是不折不扣的好消息。尽管国外借贷推动了美国的经济活动，但最终，债务必须偿还。按理，向外国人借钱，是要在未来偿还更多的钱给他们，而目前尚不清楚，这种代价是否值得。有些人关心借来的钱是如何花掉的，因为，如果那些钱被挥霍一空的话，那么，这肯定不是什么好交易。

人们确实有充分的理由担心大规模外债的去向。事实上，大部分的开支并无善果。由于财政赤字刺激经济，资本大量从国外进入国内，一波波的资金通过金融系统，席卷进入房地产业。房价飙升，在国内经济迅速增长的地区，南部以及西南地区尤其如此。随着石油价格在 20 世纪 80 年代初达到历史高位，得克萨斯州等石油出产区的房价增长尤为迅速。政治家们迫不及待地为蓬勃发展的金融市场让路，里根政府和国会通过了一批法案，减少对银行及其他金融机构的管制。

但金融狂潮最终告吹，尤其是在住房价格从之前红红火火的上升状态变为开始下滑时。1985 年后石油价格的崩溃对得克萨斯州冲击尤为严重，因为该州对石油产业十分依赖。结果便是抵押贷款拖欠率的上涨，最终导致银行倒闭。这些问题主要集中在储蓄和贷款行业。这些金融机构长期专注于住房贷款,并且已在过去数年中大幅放松管制,因此,他们放出了风险高于以往习惯水平的贷款。即便没有不正常的情况,许多银行本身的财务也处于摇摇欲坠的状态,而政府监管又严重缺乏。结果,1986—1995年,美国超过一半的储蓄和贷款业务失败,涉及 1 000 多家金融机构,总资产额超过 5 000 亿美元(按照 2010 年的美元价值计算,约为 1 万亿美元)。

与过去的多次金融危机一样,储蓄和贷款危机揭示出房地产市场和金融市场交叉领域中的金融黑幕交易、以权谋私、腐败及其他非法行为。① 其中最惊人的一个案例与南加州林肯储蓄信贷银行有关。该银行的所有者查尔斯·基廷对 5 名美国参议员选举活动的捐款超过 100 万美元。这 5 名参议员因此被称为"基廷 5 人组",他们多次代表某一大型金融欺诈组织干预市场,致使纳税人损失了20 亿美元。这一事故甚至惊动了白宫:尼尔·布什的父亲是时任副总统的老布什,作为西尔维拉多储蓄信贷银行的总监,尼尔被正式质疑与该事故中的利益冲突有牵连。西尔维拉多的失败致使纳税人的损失超过 10 亿美元。储

---

① George A. Akerlof and Paul M. Romer, "Looting: the economic underworld of bankruptcy for profit," *Brookings Papers on Economic Activity* no. 2 (1993). 这篇文章通过举例很好地说明了企业如何以公众利益为代价索取明示或暗示性的政府保障。作者把这种行为称为"洗劫"(looting)。

蓄和信贷危机的解决耗时 10 余年,导致纳税人损失超过
1 500 亿美元。①

　　尽管外国资金不断流入美国,但到 20 世纪 80 年代末
期时,持续长达 10 年的宽松财政拉响了各种警报。国家
债务,包括整体债务和外债,达到干扰经济发展的水平,并
且依然快速增加。储蓄信贷危机表明,恰如过去成百上千
次的资本流动周期一样,这时的金融繁荣很容易走向崩
溃。虽然后辈们几乎无法抱怨持续联邦赤字强加在他们
身上的负担,但已经有足够多的美国人担心,解决里根及
布什时代的赤字问题将让种种压力堆积如山。美国政府
从外国借来的钱仍然没有得到偿还,而借款不可能永远持
续下去且不造成任何问题。

从赤字到盈余:20 世纪 90 年代

　　20 世纪 90 年代,华盛顿政府奋力抑制债务的快速增
长。1992 年的总统大选中,克林顿能够击败时任总统老

---

① 对于本次危机及其余波有两篇很好的总结文献,参见:(1)Timothy
Curry and Lynn Shibut, "The cost of the savings and loan crisis:
truth and consequences," *FDIC Banking Review* 13, no. 2 (2000);
(2) Frederic Mishkin, *The Economics of Money*, *Banking*, *and
Financial Markets*, 9th ed. (New York: Prentice Hall, 2010),
appendix 1 to chapter 11。

布什,很大程度上是因为人们对短暂经济衰退后布什政府的管理不满意。在某些领域,布什政府也因通过提高税收来解决赤字问题而受到惩罚。尽管如此,1993年上台的克林顿政府依然将控制联邦赤字作为主要的经济政策目标,该届政府削减支出并提高税收——尽管这两种措施在政治上都很不受欢迎。1994年以后,当民主党政府与共和党众议院及参议院分享权力时,赤字控制在政治上变得特别复杂。即便如此,20世纪90年代,克林顿政府和国会开始逐步地、痛苦地、努力地削减赤字。

1993年,从GDP占比来看,联邦债务停止上升,并且很快开始下降。快速的经济增长对此有一些贡献,冷战结束后的军费开支缩减同样功不可没。但是,最重要的缘由在于,政府多年来第一次破除政治上的困难,开始削减开支、增加税收。随着20世纪落下帷幕,美国终于明确地将赤字和债务的遗留问题抛诸脑后,或者说看起来如此。国家经济处于迅速扩张中,其中部分是受高新技术产业热潮的驱动。

到1998年,美国政府开始处于一个不习惯的位置:国家赤字已经消失了。这是40年中联邦政府第一次摆脱入不敷出的状况。经历了几十年的预算赤字之后,政府在1998年实现了690亿美元的盈余。到2000年,盈余上升至2 360亿美元。按照这一速度,美国国会预算办公室估计,国家债务将在2006年还清——这也是1835年以来的第一次还清。①

　　不断增长的盈余引发了新的争论,这次争论的焦点在于如何处理这些盈余:是用这笔钱还清公共债务,还是用于医疗保险及其他融资困难的政府项目? 是用于新的开支计划,还是减免税收?《华尔街日报》社论认为,是该"担心快速增长的联邦盈余的时候了",并有力地指出,财政盈余让减税变得合情合理:"减税是阻止政客们带领我们再度挥霍到赤字状态的唯一途径。"②该报纸的社论立场对其自身保守的标签构成讽刺:对于共和党的预算赤字,它一直持谅解态度,而现在,却开始敌视民主党的盈余。

　　担心盈余问题的人还包括后来成为美联储主席的格林斯潘。格林斯潘于 1987 年受命于里根,接替保罗·沃尔克。和沃尔克一样,他在财政和货币政策上是个保守派。但格林斯潘长期奉行安·兰德激进的自由市场理论,并坚定地认为政府应当尽量少干预经济。

　　和《华尔街日报》社论撰写者们一样,格林斯潘担心盈余会让政府,而不是私营部门持有高于保持经济健康水平所需的资金。他告诉国会:"联邦政府对私人资产的重要积累……将使联邦政府成为资本市场中的一个显著因素,

---

① "Showing this week: the tax cut," *Economist*, February 8, 2001.
② "Surplus alarm," *Wall Street Journal*, June 28, 2000, A22.

将显著扭曲资本分配。"①格林斯潘担心的是,联邦政府在持有越来越多的盈余后,将投资于金融市场,这将最终使得政府可以控制许多重要的投资。格林斯潘认为,减少盈余,让资金回流到私人手中,这是更好的办法。尽管更多的政府开支也可以达到这一效果,但这与格林斯潘的小政府理念相冲突,所以他显然首选减税。

其他观察家表示,由于政府还清了债务,美国联邦储备系统将面临国库券短缺,而国库券是其用以指导货币政策的重要工具。要对货币市场利率的上升或下降加以干预时,美联储通常会购买或售出国债。但是,如果联邦政府不再需要借贷,财政部便不会发行大量新债券,因而美联储将没有足够的国库券用于政策执行。一位市场分析师抱怨说:"华尔街再也不能借钱给政府了。"这是因为,据观察者们推测,美联储可能被迫退而使用世界银行的债务或一些同样乏力的替代品来影响货币市场。② 因此,尽管联邦盈余备受欢迎,但也相应导致了关于如何处理盈余的激烈辩论。

---

① Testimony of Chairman Alan Greenspan, Current Fiscal Issues, before the Committee on the Budget, U. S. House of Representatives, March 2, 2001, http://www. federalreserve. gov/boarddocs/testimony/2001/20010302/default. htm.
② Erick Bergquist, "Fed seeks other bonds for monetary policy," *American Banker*, May 25, 2000, 14.

加倍下注：从盈余到赤字，2001—2007 年

　　乔治·W.布什于 2001 年 1 月宣誓就职。之后，他在几个月内结束了有关盈余处理问题的辩论。布什政府在抵达华盛顿时便明确计划要利用大量盈余的优势减少税收，即便这么做会创造新的赤字。当时，共和党控制了总统之位和国会两院，他们很快制定了一系列减税政策。这样做的原因之一，是想要抓住信息经济发展衰退后复苏的时机，刺激停滞不前的经济。"网络泡沫"于 2000 年年初破灭，股市或经济都没有实现普遍恢复。政府希望减税措施能有所帮助。2001 年 9 月 11 日的恐怖袭击事件后，政府赤字开支再次翻倍。他们认为，在这种环境下促进宏观经济发展的政策是合理的。减税、预算赤字以及宽松的货币政策可以使国家走出衰退，并再次推动经济发展。

　　政府财政的这次转变直接而显著。2001 年春，财政部估计，美国将在第三季度（6—9 月）偿还 570 亿美元的联邦债务；但是，半年后，政府不仅没有还债，反而宣布，在过去的 3 个月里不得不再度举债 510 亿美元。正如《经济学家》杂志所指出的："两个数字之间 1 080 亿美元的差距，是有记录以来政府在财政立场上最大的一次转变。"①

————————

① "Please sir, the dog ate my surplus," *Economist*, August 2,2001,41.

　　乔治·W.布什执政期间的赤字迅速达到并超过了里根时代的水平。2000年,该政府最初执政时尚有盈余2 360亿美元。减税政策使得联邦政府财政收入每年缩水约4 000亿美元,从2000年占GDP的21％降低到2004年占GDP的16％。到那时止,联邦赤字为4 130亿美元,之后纵身跃至6 500亿美元。布什政府执政的8年间,年均预算赤字占GDP的3.5％,在和平年代,只有里根政府能与之匹敌(见图1)。乔治·W.布什上台时,联邦政府欠公众的债务已减少至33万亿美元,占GDP的33％;但当他离开白宫办公室时,赤字高达58万亿美元,占GDP的41％。

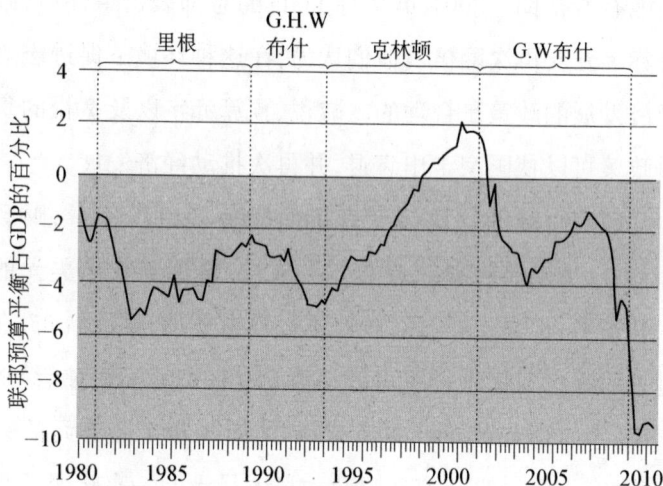

资料来源:美国经济分析局。

图1　从赤字到盈余,再回到赤字:美国1980—2010年联邦预算平衡占GDP的比例

在短短几年的时间里,布什政府逆转了 10 年中克服困难、实现预算平衡的成就,而这一成就是通过痛苦的削减开支和增加税收才得以实现的。该政府留给后代子孙的,是数万亿美元的额外新增债务。该政府也掀起了无限制、更普遍的爆炸式借贷,尤其是国外借贷。联邦预算从盈余走向赤字的同时,也越来越深地陷入国际金融体系这一巨大的资本池中,从国外借贷越来越多的资金。2000—2008年,外国投资者持有的联邦政府证券量(即财政部及其他联邦部门发行的债券)几乎翻了两番,增加了 3 万亿美元。①截至 2008 年年底,联邦政府所欠外债达 4 万亿美元,而外国人持有大约三分之二的美国政府公共债务。②

布什政府中的很多人感觉借用这么多外债是无关紧要的事情,甚至是一件好事。而外国人则说,他们对美国政府充满信心,愿意以很低的利率借钱给它。随着债务热

---

① 美国经济分析局有关国际投资的数据显示,美国政府对外证券的总额从 2000 年年末的 11 378 亿美元增加至 2008 年的 41 151 亿美元。与这些数据相比较,美国多年累计赤字高达 3.3 万亿美元,公众总共持有的联邦债务增加了 3 万亿美元,而如果考虑社保盈余的话,累计赤字也高达 1.8 万亿美元。累计赤字数据是根据财年来计算的,资料来源:CBO, "Budget and economic outlook: Fiscal years 2010 to 2020" (Washington, DC: Congressional Budget Office, January 2010)。

② 美国经济分析局的国际投资数据及美国财政部金融管理服务局的相关数据显示,到 2008 年年底,美国政府对外证券总额高达 41 151 亿美元,而美国公众持有债券为 63 727 亿美元。

蔓延到私营部门,美国银行及其客户开始堆积来自世界上其他地区的债务。美国政府及其支持者认为,这只是反映了国际社会对美国的信心。毕竟,美国是世界上最健康的经济体之一,充满了获利的机会,外国人为什么不该想有所动作呢?

而且,大部分涌入的外国资金属于外国政府,它们想找一个好地方存放货币储备,这一事实是敲响美国大门的又一机会。美国能够利用美元在世界货币事务中发挥独特的作用——20世纪60年代,法国政策制定者称之为"超级特权"(exorbitant privilege)。美国像世界银行家一般,凭借自身的可靠性及其货币的中心地位,以很少或几乎零成本吸引存款。为什么不利用良好的信誉获利呢?

有些人甚至声称,美国的借贷狂潮并不是该国的责任。2005年3月时,本·伯南克是央行主要管理机构美国联邦储备委员会的董事会成员,他将很快被委任为美联储主席,接替格林斯潘。伯南克认为,快速增加的对外借款并非只是"美国自身经济政策及国内其他经济发展"的结果,而是国际信贷极度丰裕的产物,即"全球储蓄供应显著增加,或全球储蓄过剩"。①这种观点认为,外国人渴望

---

① Ben Bernanke, "The global saving glut and the U. S. current account deficit," Speech delivered at the Homer Jones Lecture, Federal Reserve Bank of St. Louis, St. Louis, April 14, 2005.

持有美国资产，这是导致债务累积的首要原因。

可以从国外轻松获得资金的情况的确推动了借贷，但上述说法是片面的：外国人几乎不会迫使不情愿或不知情的美国人借债。毕竟，其他具有良好国际地位的富裕国家（如加拿大、荷兰、德国）并没有利用信誉优势把自己从债权人变成债务人。借贷热潮的兴起是借贷双方共同作用所致。美国人，尤其是美国政府，是有意识地决定向国外广泛借款，并自2001年减税之后开始了最近一轮风生水起的财政赤字。

尽管在2001年后的一小段时间内，赤字支出可能被证明是合理的，但这种暂时的合理性并没有持续多久。到2003年，美国经济已明显恢复。之后，民主党参议员肯特·康拉德（来自北达科他州）抱怨说，经济政策"有点像喝醉了酒去参加狂欢。有一阵感觉不错，但大家都知道，宿醉就要来了"。[①] 确实，这个国家在赤字开支问题上刚刚经历了20多年艰难而颇具争议的挣扎，那种状况似乎在20世纪90年代末出现盈余时得到了解决。然而，赤字依旧，甚至进一步增加。为什么布什政府在历经诸多痛苦和磨难，终于恢复联邦政府财政秩序之后，要让财政赤字远远超出对抗2001—2002年经济滑坡所需的水平？

---

① Lisa Stein, "Business: hot economy," *U. S. News & World Report*, November 10, 2003, 12.

政治赤字

恰如先前里根—布什时期的赤字,乔治·W.布什政府的赤字主要是大规模减税的结果。2001年减税政策的一些支持者重提里根时代的说法,认为这些政策将很快为自身买单。小布什为他的减税政策及赤字问题辩护时经常重复拉弗曲线的逻辑:"获得更多的政府财政收入的最好方法是……通过减税来创造更多的经济增长。"布什总统的预算办公室主任重申:"减税……不是(预算)问题所在。(相反)它们将是,或已经是,问题解决方案的一部分。"①话虽如此,到2001年,几乎没有人再真正相信拉弗曲线及相关观点。② 那么,为何会突然回到难以控制的赤字开支状态?

自1980年以来,共和党政府已经产生了大量的赤字,而民主党政府则推动了大幅赤字削减(以及盈余),这并不是一种巧合。几乎没有什么共和党决策者相信有关赤字经济的说法,他们很多人都明确表示更关注所涉及的政治目标:克制其民主党对手的开支。诺贝尔经济学奖得主米尔顿·弗里德曼是里根时代共和党经济政策的"智囊教父",

---

① Jeffrey Frankel, "Snake-oil tax cuts," Paper written for the Economic Policy Institute (Washington, DC: Economic Policy Institute, September 16, 2008), 36, 38.
② 更多的例子,同①。

他曾简洁地表述这一点:"约束政府开支的唯一有效方法是限制政府的显性税收收入。"著名保守派评论家欧文·克里斯托尔在《华尔街日报》反复发文称:"减税是削减政府开支的先决条件。"共和党参议员里克·桑托伦(宾夕法尼亚)曾在 2003 年指出:"我初入参议院时是一个真正的赤字鹰派,但现在,我不再是了。我告诉你为什么这样……(因为)赤字让我们可以更容易(对民主党政策)说不……"①

共和党通过减税创造赤字来克制自己的对手。但他们没有什么理由来约束自己的赤字开支。之前该策略一直运作良好。里根和布什政府堆积如山的重债遗留给接替他们的民主党总统比尔·克林顿,严重限制了其选择余地。乔治·W.布什政府有充分的理由相信,其自身的债务积累同样也会制约任何未来的民主党政府。事实证明,尽管事情没有完全按照计划进行,但这确实是正确的。②

布什政府希望,除了纯粹的党派政治优势外,能通过经济政策实现更广泛的选举利益。减税政策在政治上很

---

① Bruce Bartlett, "'Starve the beast': origins and development of a budgetary metaphor," *Independent Review* 12, no. 1 (2007):5 – 26 (quotes on 9,16 – 17).

② Christina Romer and David Romer, "Do tax cuts starve the beast? The effect of tax changes on government spending," *Brookings Papers on Economic Activity* no. 1 (2009).事实上,如该文所示,减税的主要影响是迫使后续增加税收,这符合本书的一般探讨,即假设后续政府(可以推测是对手党)将被迫增加税收。

受欢迎,尤其深受那些夹在两党中间、历来承受较多税负的中产阶级欢迎。然而,如果布什政府与此同时削减开支,尤其是缩减那些深受中产阶级选民或者农场主群体欢迎的项目,便会在政治上失去原有的吸引力。对于政府来说,幸运的是,只要外国资本龙头依然保持开放,便没有必要削减支出。

美国政府以外的其他部门参与国外借贷

美国政府的对外借款只是个开始。减税政策刺激消费支出,而财政赤字更普遍地刺激经济增长。美国人开始借款弥补他们收入的不足,期待未来经济继续增长。同时,外国人也乐意借钱给美国人,也许尤其乐意借给美国家庭。在 20 世纪 90 年代后期,外国人曾经以合理的水平投资于美国,但那时的资本流入尤其集中在美国高科技领域。

当时的情况不同于此。现在,大多数没有流入政府的外国贷款直接或间接流入美国家庭,使得他们可以增加消费,从电子产品到房产消费。为了给越来越多的美国家庭放贷,美国的银行日益深陷国际资本市场。他们将大量的资金导入房产和消费融资。美国中产阶级借贷增加的影响很大,而对政府来说,重要的是,这一状况提升了其在选举上的吸引力。

外国人借给美国政府数万亿美元的资金,同样也借给美国公民私人及私营企业数万亿资金。一个国家对外借款最常用的衡量指标是经常账户赤字,即国家在其货物、服务、投资及其他活动上所得收入与其购买国外这些东西所花费用之间的差额。就像一个公司或一个家庭,无论哪个国家的收入不能支撑开支,便要进行借款。因此,从经常账户赤字可以简单而相当准确地看出一个国家以贷款和投资的形式从世界各地借入多少资金。20 世纪 90 年代,随着外国投资者对美投资的兴趣高涨,美国经常账户赤字为平均每年 1 000 亿美元左右。并且,由于外国人在网络繁荣时期满腔热情地投资于高科技领域,这一数字到该年代末一直保持增长趋势。但是,与 2001—2008 年的资本流入相比,这一数字"相形见绌";其间,经常账户赤字为平均每年 6 000 亿美元。2001—2008 年,这一衡量美国对外借贷的指标总额达到 5 万亿美元。截至那时,全国近三分之一的住房抵押贷款由外国人持有。[①]

无论用什么方法计算,都可以判断,美国在 2000 年后从国外大量借款。这些年里,流入美国的资本平均约占其 GDP 的 5%,这一比例堪比墨西哥、印度尼西亚、巴西、泰

---

① Daniel O. Beltran, Laurie Pounder, and Charles Thomas, "Foreign exposure to asset-backed securities of U. S. origin," International Finance Discussion Papers no. 939 (Washington, DC: Board of Governors of the Federal Reserve System, August 2008), http://www. federalreserve. gov/pubs/ifdp/2008/939/ifdp939. htm.

国等发展中债务国借款高峰时的比例。美国从世界其他地方吸入资金,运用国外借入资金带动经济增长。

财政赤字和经常账户赤字大大提高了美国的购买力。消费潜力的提升在整个经济体中更广泛地扩散开来。随着政府开支增加,各项开支的接受者从中受益。随着房屋的价格上涨,凭此借贷的能力增加,使得中等收入的房主有能力消费更多。由于信贷获取变得更容易——甚至那些以前被金融市场排除在外的人都能较容易地获得贷款——更多的人可以用借来的钱生活得更好。

对于执政党来说,这种举债消费行为具有很强的政治吸引力。30 年来,美国工薪阶层和中产阶级发现,他们的收入停滞不前,而富人和超级富豪却越来越富有。那段时间里,美国最富有的 10% 的人占全国总收入的份额从三分之一上升至二分之一,这意味着其他 90% 的人眼睁睁地看着其收入占比从三分之二下降到二分之一。[①] 在这种情况下,很容易理解为什么人们对贫富差距持有如此多潜在的愤怒。便捷获得信贷以及轻松的融资消费有助于

---

① Thomas Piketty and Emmanuel Saez, "Income Inequality in the United States, 1913 - 1998," in A. B. Atkinson and T. Piketty (eds.), *Top Incomes over the Twentieth Century: A Contrast Between European and English Speaking Countries* (New York: Oxford University Press, 2007), 141 - 225. Data set available at http://elsa.berkeley.edu/~saez/TabFig2007.xls.

缓和人们的愤怒情绪。[1] 毕竟,当大家都有信用卡可刷的时候,有谁会去过分担心收入分配问题或国家社会安全网上的漏洞呢?

随着资金流入推高房价,房产主们看到他们的主要资产在升值。毕竟,2000 年时,当选的总统在大选中未能实现大优势获胜,他有很多理由鼓励财政赤字、私人借贷以及 2001 年后产生的消费热潮。减税政策和赤字支出使得布什政府得以完成两件在政治上十分可取的事情:提高本党支持度,并限制民主党的回旋余地。经常账户赤字推动了消费热潮,这在政治上颇受欢迎。因此,当时存在强有力的政治观点,要求刺激、鼓励政府及全国上下向外国借款。

资金源自何处?

每一位借款人都对应着一位贷款人。那么,谁是美国人的贷款人?世界上哪些人如此渴望投资于美国?为什么?毕竟,这么多世界资本流入美国的现象有点像"水往高处流"。资金通常从资本充足的富裕国家流向资本稀缺

---

[1] Raghuram Rajan, *Fault Lines: How Hidden Fractures Still Threaten the World Economy* (Princeton: Princeton University Press, 2010), 该书在解释借贷热潮时有力地说明了这一点的重要性。

的贫穷国家。贫穷国家资本的稀缺性意味着这些国家的利率远高于富裕国家,而高利率将吸引外国资本流入。但在此情况则完全不同:不少进入美国的资金来自于比美国穷得多的国家,比如中国。为什么会出现这种情况?

推动布什政府借贷热潮的投资者可以分为三大类。首先是富有的个人投资者,他们最为传统。欧洲人、日本人以及其他富裕国家的人都渴望在他们的投资组合中加入更多美国资产。美国经济增长速度是欧洲平均增长速度的2倍,是德国和日本的3到4倍。尽管网络产业泡沫破灭让大量外国投资者在20世纪90年代繁荣时期的账面利润受损,但美国经济仍具有很大的吸引力。而且,对美国的投资很安全。在经历了近期一系列灾难性的金融危机之后,这是一个重要的考虑因素。投资者曾在拉美、东亚、土耳其、俄罗斯追逐更高的投资回报,却在历史上两次最大的违约危机中遭受巨额损失,他们在1998年俄罗斯债务危机和2001年阿根廷债务危机中的损失分别约达1 000亿美元。低风险的美国贷款尽管回报较低,但看起来很值。所以,每年,数千亿来自欧洲、日本及其他地区的私有资本流入美国。

第二类面向美国的投资者来自中东石油出口国。许多石油资源丰富的政府通过优质的投资方案存储所积累的巨额盈余,以防石油资源用完或遭遇困难时期。这些投资被称为"主权财富基金",其中一部分投资很谨慎,因为投资者关注十分长远的利益。对他们而言，美国的高安全性也特别有吸引力。

第三类投资者是政府基金，由东亚国家控制，目的是要保持其庞大的外汇储备。中东石油资源丰富的国家为什么积累了庞大的外汇储备，这是很容易解释的事情。

韩国、新加坡、马来西亚、中国香港、中国台湾等一批工业化迅速、出口强劲的国家或地区都是如此。这些地方的政府也正在寻找安全的投资地，他们尽管并不轻视利润，但与回报率相比，则更关注资金安全。因此，即使他们的钱很容易在本国赚取高于在美国的回报，但这些相对较贫穷的国家和地区仍然选择投资于美国。

东亚出口商和一些主要石油出口国运作的主权财富基金想找一个安全的地方投资它们所积累的美元，而美国政府债券对他们来说是一个完美的投资选择。因此，2001—2008 年，这些外国政府将大部分的贷款给了美国政府。到 2008 年，6 万亿美元的联邦债务中，有三分之二是欠外国人的，其中四分之三的外债来自于外国政府及其代理人。中国和日本大约各投资了 1 万亿美元用于购买美国国库券及其他政府债券，而其他亚洲出口国的投资高达 5 000 亿美元。

外国政府主要把钱贷款给美国政府，而其他外国投资者则想把钱借给或投资于美国私营企业。政府的预算赤字是狂欢式借贷的催化剂，其中首先大幅沉浸其中的是来自外国政府的资金。但就在几年内,外国私人债权人和投资者便参与进来,占据中心舞台,尤其是在美国住房市场的私人借款。美国已经成为世界历史上最大的国际借款人。

外国资金和国民经济

那么,问题何在?对外借款如同世界经济史一样古老,在遥远的过去,美国一直是主要的外国借款人。开国元勋们十分熟悉一国外债的成本和收益。美国的联邦政府及州政府曾大量举债以资助独立战争,在新国家成立的起始几年也曾大量举债。到 1790 年,美国的债务约为 4 000 万美元,超过其 GDP 的五分之一(按照今天的比例来算,大约为 3 万亿美元)。其中大约四分之一的债务是欠外国人的。美国的第一任财政部长亚历山大·汉密尔顿曾经坚持,政府必须偿还所有由州政府和联邦政府欠下的债务。尽管偿还债务代价昂贵且颇具争议,但这却标志着这个新国家对未来贷款人的可信度,使得该国有可能获得进一步的借贷。

美国对外国贷款的渴求持续了一个多世纪,在其经济发展中占据重要地位。这个迅速发展的国家在 19 世纪的国际借贷比任何其他国家都多,国外借款为其大量的经济增长提供融资。该国优先发展的,最紧迫的项目便是交通基础设施建设,这大部分也是通过运用外国资金完成的。例如,早先建立伊利运河需要 800 万美元,其中外国人——主要是英国人——提供了一半的资金。① 运河在 1825 年开放运营,在几年之内便收回成本;欧洲人目睹了这一巨大的成功后,急切地想借钱给其他美国各州修建新的运河,并成立新的银行。到 1841 年,美国所欠债务约为 2 亿美元,大约有一半是外债,以占 GDP 的份额来计算,当时的1亿美元大致相当于今天的1万亿美元。

随着国家继续发展,美国人利用从欧洲各国借来的资金建造了许多运河、铁路、矿山、钢厂等,推动本国经济发展。事实上,许多美国的主要金融机构开始为美国的借款人和欧洲的贷款人牵线搭桥。J. P. 摩根的父亲搬到伦敦,将美国的投资资产卖给欧洲人,这便是其家庭金融事业的开端。奥古斯特·贝尔蒙特移民到纽约,担任罗斯柴尔德家族在美国的代理人,并很快成为美国著名的金融家之一。虽然资金在欧洲,但许多最有利可图的投资机会却在美国。整个 19 世纪,外国人为美国提供了大量的借款或投资。美国的借贷经历说明了一个事实,即国外借款本身没有什么内在问题。

“国家的债务,如果不过分的话,”亚历山大·汉密尔

---

① Peter L. Bernstein, *Wedding of the Waters*: *The Erie Canal and the Making of a Great Nation* (New York: W. W. Norton, 2005).

顿曾说,"将是我们国家的福气。"①汉密尔顿是正确的:对
外借款可以带来很多突出的好处。它将资金从那些愿意
投资而不愿意消费的人手中转移到那些能够运用资金的
人手中。如果能够明智地运用这些贷款,借款人和贷款人
双方都能获益。企业运用借款扩大生产,而学生则借款去
上大学。只要一个公司能从扩张中获得超过利息支付的
利润,借方和贷方都能获得收益。只要学生赚钱能力的增
长超过利率,他和贷方,有可能还包括社会,便都能从中
获益。

外国借款和任何借款一样,如果借来的钱能够高效
使用,便是合理的。这是因为,如果借款能够提高借款
人——无论是个人、公司,还是政府或国家——偿还债
务的能力,便可以为自身买单,并也为债权人带来丰厚
的报酬。借来的钱并不必直接实现这一点,它可以间接
提高生产率。例如,一个州或国家的政府借钱修缮道
路、港口或学校,希望能够间接加速经济增长,那么该政
府可以从更大规模的经济中获得税收收入的增加,以此
偿还贷款。

---

① Letter from Alexander Hamilton to Robert Morris, April 30, 1781,
according to Wikiquotes, http://en. wikiquote. org/wiki/Alexander_
Hamilton, and Notable Quotes, http://www. notable-quotes. com/
n/national_debt_quotes. html.

糟糕的赌注，糟糕的坏账

不管有没有理论知识，任何了解一些历史或财务知识的人便知道，金融史上充斥着诸多债务危机。在那些插曲中，通常是某个国家大量借款，但随后经济坍塌，陷入金融困境。世界已经见证过许多国内或国际的信贷周期，目睹过国家和国际金融市场上惊人的繁荣或萧条。

整个 19 世纪以及 20 世纪初期，快速发展的国家频繁地向欧洲投资者借入资金，就像陷入债务危机一样频繁。20 世纪 30 年代的大萧条造成了随处可见的极大债务问题，几乎每一个债务国都拖欠了债务。当国际借贷于 20 世纪 60 年代末获得复兴时，国际银行倾入了数千亿美元到发展中国家，尤其是在拉丁美洲国家。这也在 1982 年墨西哥的债务拖欠危机中告终。但一旦危机过去，借贷便恢复了，直到新一轮危机袭击金融市场，从 1994 年的墨西哥危机，到 1997—1998 年的东亚危机，以及 1998—2001 年的俄罗斯、土耳其、巴西、阿根廷危机，都是如此。

甚至美国的外债也难以逃脱灾难厄运。美国在 19 世纪 20 年代和 30 年代建造运河、设立银行时掀起首个重大借贷热潮，结局也很惨。这是因为，尽管一些钱被用于可行的、有利可图的项目，有的却用于疑问重重的公共工程和脆弱的银行建设。1841—1842 年，由于处在严重的经济衰退和金融危机之中,许多州无法偿还债务,有的甚至否定债务。事实上,密西西比州曾在长达150年的时间里拒绝履行这些债务。但债权人却没有忘记。英国外国债券持有公司理事会经常提醒该州的州长说:"本理事会不可能仅仅因为债务已经成功拖欠了许多年,便默许一个不合理的债务拖欠。"该理事会多少有些落寞地告诉其成员说:"密西西比州没有就理事会的沟通做出回应。"①

但今非昔比,那只是当时的状况,现今的美国——抛开密西西比州不说——并不是泰国或土耳其。大多数投资者期待美国能够以不同的方式处理外债问题,因为美国似乎并没有像其他陷入困境的债务人一样深受这些问题的折磨。请记住,如果债务得到高效的使用,债务人和债权人双方均能获益;而且,如果有任何国家看起来确定有能力高效地运用资金的话,那便是美国。

然而,在金融领域,没有百分百能赢的赌注,而且有很多原因可以解释为什么借来的资金被用于某些用途,结果却不如预期有效。首先,一项投资的回报率是不确定的。

---

① Council of the Corporation of Foreign Bondholders, *Annual Report* (London: Council of the Corporation of Foreign Bondholders, 1980),17. 更多的细节参见:Namsuk Kim and John Joseph Wallis, "The market for American state government bonds in Britain and the United States, 1830 – 43," *Economic History Review* 58, no. 4 (2005):736 – 764。

人们并非总能清楚地判断某一特定的项目是否值得投资——出口资源价格可能下跌，矿井可能开采不顺，工厂可能难以面对竞争。

第二，贷款的实际利率可能会改变。这可能是因为利率是可调整的，现在许多国家的利率都是如此。这也可能是因为价格下降了，利率却是固定的，而价格的下降，便使得实际利率——即相对于通货膨胀率的利率——远高于原有的水平。在这两种情况下，贷款人与借款人遇到突发事件，致使贷款的吸引力下降，偿还的可能性降低。

20世纪30年代的经济危机压低了债务人的投资回报，却提高了他们需要支付的实际利率。在大萧条时期，大部分商品的价格急剧下降，农场和原材料价格的下降尤其迅速。这一点对美国和发展中国家的重债农民打击尤为严重。而同时，还清债务的成本保持不变。数百万计的债务人无法偿还债务；很快，发放贷款的银行无力偿还债务，金融系统崩溃，经济也随之崩溃。20世纪80年代初，当美国联邦储备将本国利率提高到20%以上时，发展中国家的应收账款受到特别严重的打击，因为债务国贷款执行浮动利率，这些利率也随之相应上升。

即便贷款人和借款人做出债务决定时的动机与债务的财务可行性几乎无关，债务仍然可能成为坏账。例如，银行贷款通常是由信贷员执行，但当贷款成为坏账时，这些信贷员可能早就另谋高就了。如果信贷员获得晋升的基础是放出贷款的数量而非质量的话——质量往往要多年才能得知——他们便有动力不断推出贷款,甚至贷款给不确定其信誉度的借款人。而借款人也有理由背上自知不能偿还的债务:他们可以通过宣布破产摆脱还款义务,却仍然可以在一段时间内享受债务融资带来的生活方式。

不良贷款的另一个来源是"道德风险"。在采取道德风险行为时,人们期望如果有什么不对的事情发生,会有人介入其中,将债务人和债权人解救出来。如果人们认为,政府关心广泛债务违约带来的系统影响会以隐性的方式对贷款进行担保,银行便可能会放出有问题的贷款,而企业和家庭则愿意背负这些贷款。那些被视为"大到不能倒"的银行可能会去承担有可能实际倒闭的银行不愿意承担的风险。

一些并非出于纯粹财务原因放出的贷款涉及"羊群效应",即贷款人倾向于"跟着领头羊走"。当一些金融机构对拉丁美洲国家、高科技初创企业或年轻的业主放贷时,其他金融机构便会感到压力,从而尾随其后。如果一家银行放弃了其他银行看起来已经发现的盈利机会,便很难向股东们交代。因此,新的贷款人纷涌而上,尽快将贷款送出门去。但是,正如金融家们可以蜂拥着发放新的贷款一样,他们在第一眼看到麻烦迹象时,也会集体逃离。

1997—1998 年的东南亚危机说明了金融潮流的扩散速度有多快。1997 年年初,东南亚还是国际投资者的宠儿,投资以每年将近 1 000 亿美元的速度流入该地区。但到了 1997 年夏天,该地区的资产和房地产泡沫便开始破灭。金融危机爆发了,到年底,资金便从该地区的每个国家泛滥流出。两年之内,超过 2 000 亿美元资金逃离该地区。通常,投资者抛弃某个国家没有别的原因,只是因为该国千里之内的某个地区在金融上遇到了麻烦。羊群效应在经济繁荣时期有所帮助,但其带来的危害无疑超过了所带来的好处。

现代世界经济见证了数十个债务周期和债务危机。通常情况下,借款是随着消息最灵通或最具冒险精神的贷款人介入而缓缓启动开来。随着时间的推移,新的贷款人,通常是消息不够灵通者,尾随领导者之后,将自己的资金添入其中。最终,贷款加速,转化成热潮,在这个过程中,贷款人需要借更多的钱以保持不断扩张状态,而借款人则需要借更多的钱来还本付息。最终,这一切都结束了,通常是以崩溃告终;当有足够的债务得到减少、豁免或两者兼有时,借贷也便枯竭了。因此,有充分的理由警惕外国借款,因为一旦使用不当,或碰到不可预见的事件,或借款动机不良,便可能会出错。

美国的情况有所不同

在大多数国际贷款人看来,这些顾虑似乎都与美国无关。作为世界上最具活力的经济体,美国建立在高效的生产性投资之上。该国自由驱动的市场机制确保只有有利可图的投资可以存活下来。而透明的财务制度则保证可以获得尽可能充分的信息,尽量减少意外事件的发生。其成熟的监管机构知道何时以及如何对市场进行最少但最优的调控。如果世界上只有一个安全的投资场所,那便是美国。

但并非所有人都相信,美国的对外借款会有好下场。2001 年开年后不久,著名经济学家莫里斯·奥布斯特菲尔德和肯·罗格夫便撰写了一篇又一篇的论文,指出美国正走在"一条不可持续的轨道上"。[1] 2004 年 10 月,劳伦斯·萨默斯在国际货币基金组织(IMF)演讲时对在座的观众说,美国的处境代表着"一个对后果深感不安的系统,随着债务累积,该系统不可能无限持续下去"。[2] 陈庚辛在 2005 年发表文章写道:"美国公民和外国政府的确需要担心经常账户赤字……危机迫在眉睫。"[3] 努里尔·鲁比尼和布拉德·塞斯特在 2004 年年底发表了一篇引起广泛

[1] Maurice Obstfeld and Kenneth S. Rogoff, "The Unsustainable US Current Account Position Revisited," in R. Clarida (ed.), *G7 Current Account Imbalances*: *Sustainability and Adjustment* (Chicago: University of Chicago Press, 2007),339.

[2] Lawrence H. Summers, *The U. S. Current Account Deficit and the Global Economy*, *The Per Jacobsson Lecture* (Washington, DC: International Monetary Fund, 2004),10.

[3] Menzie D. Chinn, "Getting serious about the twin deficits," Council Special Report no. 10 (New York: Council on Foreign Relations, September 2005),21,27.

探讨的论文,他们认为:"(美国)这个系统创造出来非常大
的张力,大到可以在接下来的三四年让这个系统破裂。"①
在这些最早观察到危机存在的人看来,唯一真正需要探讨
的问题是这条向下的路径是突然而至还是渐渐形成,即如
相关辩论所述,经济会"硬着陆"还是"软着陆"。② 随着赤
字的增长和债务的积累,警告之声也越来越多。

但这些警告主要来自学术观察者,广大公众、一般投
资大众或决策者则很少有这样的担心。③ 在一定程度上,
这是由混乱甚至矛盾的数据所致。同时,他们也同样可以
找到一些学术支持者,因而持有相对乐观的观点,认为美
国当时对外借款水平"不仅是可持续的,而且完全合乎逻

① Nouriel Roubini and Brad Setser, "The US as a net debtor: the sustainability of the US external imbalances" (November 2004), http://pages. stern. nyu. edu/~ nroubini/papers/Roubini-Setser-US-External-Imbalances. pdf.
② 可参见相关文献,如: Raghuram Rajan, "Global current account imbalances: hard landing or soft landing," Speech at the Crédit Suisse First Boston Conference, Hong Kong, March 15, 2005, http://www. imf. org/external/np/speeches/2005/031505. htm。
③ 有些人自鸣得意地发现,美国持续保持经常账目赤字,尽管赤字数额前所未有,但 2002—2007 年,美国的国际投资净值(美国对外持有资产与对外负债之间的差额)实际上实现了增长。这源于美国海外资产的价值变化,致使很多人相信美国的情况具有特殊性。参见: Ricardo Hausmann and Federico Sturzenegger,"The valuation of hidden assets in foreign transactions: why 'dark matter' matters," *Business Economics* 42, no. 1(2007)。我们现在知道,那只不过是暂时颠倒的幻象。

35

辑",并称"该系统将持续下去。"①而且,有许多观察者干脆拒绝相信美国也会陷入债务困境。在任的政客们没有什么理由怀疑他们在推动经济扩张和消费热潮方面的好运气。

美国并不是世界上唯一进入对外借款热潮的国家。处于富裕方阵的国家像美国一样发现,经济上的成功促使他们深受投资者和贷款人的欢迎。这些和美国一道掀起21世纪初借贷热潮的国家中,最为突出的是英国、爱尔兰和西班牙。他们都像美国一样,从世界各地借入巨资。②

英国很长时间以来便与美国保持特殊的关系——或者该国一直幻想如此。确实,其在借贷狂潮中的行为与美国特别类似。2000—2007年,英国平均每年经常账户赤字为500亿美元,每年向世界其他各国的借款额度平均占GDP的2.4%。尽管美国对外借款占GDP的比重更是这一比例的两倍,但英国的借款量已经相当巨大。与此类

---

① Michael P. Dooley and Peter M. Garber, "Is it 1958 or 1968? Three notes on the longevity of the revived Bretton Woods system," *Brookings Papers on Economic Activity* no. 1 (2005). Richard Cooper, "America's current account deficit is not only sustainable, it is perfectly logical given the world's hunger for investment returns and dollar reserves," *Financial Times*, November 1,2004,19.

② 有的时候,慷慨的税收刺激政策将吸引国外投资,美国英特尔公司在爱尔兰的投资便是例子。参见:Frank Barry, "Tax policy, FDI and the Irish economic boom of the 1990s," *Economic Analysis & Policy*, 33, no. 2(2003):221–235。

似，2002—2007 年，美国政府赤字占 GDP 的平均比例为
3.6%，而英国政府的平均占比为 2.8%，紧随其后。在之
前 20 年里，这两个国家都已经在主要方面放松了对金融
体系的管制，伦敦和纽约成为全球金融创新和实验的领
导者。

横跨爱尔兰海，更夸张版本的美国闹剧正在上演。20
世纪 80 年代初，爱尔兰好不容易从一场严重的债务危机
中脱身出来，之后成为增长最快的经济体之一。到 2005
年，这个被称为"凯尔特之虎"的国家成为世界上最富有的
国家之一，远远超过了其前殖民宗主国英国。该国的繁荣
以多个因素为基础：受过良好高等教育，以英语为母语的
优质劳动力队伍，高效率的高科技制造业，欧盟成员国身
份，最终采纳欧元，等等。毕竟，爱尔兰曾在其大部分历史
中都是一个穷国。基于当时这样非同寻常的经济成功，该
国如美国、英国一样，从世界各地吸入大量资金。

爱尔兰确实也不惜借入巨款。2000—2007 年，该国
平均每年经常账户赤字约为 40 亿美元，相当于每个居民
每年借款 1 000 美元，或占 GDP 的 2%。但这只是故事的
一部分。20 世纪 90 年代，爱尔兰将自身变成了一个可以
与瑞士和卢森堡媲美的国际金融中心。成百上千的金融
机构在都柏林设立专营机构，而爱尔兰的银行则积极向国
外拓展。随着爱尔兰迅速发展成为金融中心，爱尔兰四大
银行从国际上借入越来越多的资金，用于蓬勃发展的地方

经济。2003 年,爱尔兰的银行欠世界各地的贷款约为 120
亿美元,但截至 2007 年,欠款达到 1 300 亿美元,相当于
该国近三分之二的 GDP,或相当于平均每户爱尔兰人年
均借款 10 万美元。①

进入新千年之后,西班牙也加入了全球借贷国的行
列。2000 年以后,西班牙人从国外借入 1 万亿美元,并
且,其国外借款的步伐随时间加快:2007 年,西班牙经常
账户赤字占该国 GDP 的 10% 以上,这是一个惊人的数
字。蓬勃发展的经济吸引了资本,同时也吸引了外来人
口,每年有 50 万移民进入西班牙。

西班牙和爱尔兰与美国、英国有一个重要的不同之
处,这一点恰好是二者的一个相似点:欧元。外国贷款人
有充分的理由警惕西班牙和爱尔兰,它们在之前几十年
(对西班牙而言,长达数个世纪)已经经历过多次金融困
境。但欧元区的成员国身份给两国增加了新的吸引力,它
们的经济成长非常迅速,部分原因是欧元促进了它们与欧
洲其他国家的贸易和投资关系。外国贷款人有充足的理
由相信,西班牙和爱尔兰的经济如今已经得到欧元保护伞
更广泛的保护。这些相对周边的国家现在如此紧密地与
欧元区的核心成员国德国、法国和荷兰等联系在一起,以

① Central Bank of Ireland, *Quarterly Bulletin* (Dublin: Central Bank
of Ireland, various years), table C3.

至于新的欧洲央行及其成员国政府都确信,其他成员国政府能够偿还债务。最后,随着稳定价格成为欧洲央行奉行的职责,人们便不再担心这两个国家产生通货膨胀问题。

在这场危机中,美国的对外借款与其他国家的情况相比,并没有如此不同。在现代金融创新与监管(以及监管缺失)的复杂性背后,美国的经验与过去及现在其他国家的借款经历相仿。外债使得好的时代更好,也使得糟糕的时代更糟糕。数百年以来,国际资本流反复流入、流出借款国,但很少有资本流动周期像 2001—2007 年美国借贷热潮这般规模巨大,也很少有经济崩溃如 2008 年的美国经济崩溃这般具有戏剧性,或产生如此广泛的全球影响。

没有哪个因素能够单独引发如此规模庞大的危机。资金流原本可以得到更有效的管理,借入的资金原本可以得到更高效的使用,金融家原本有理由表现得更为谨慎,而监管部门原本应该认识到,他们允许银行承担的风险会产生多么深远的影响。在下文中,我们将循迹这些因素如何共同产生作用,导致美国及国际金融体系的崩溃。我们的分析从深入研究美国国外借款的起源和影响开始。

第二章
借贷、繁荣与破产:资本流动周期

　　20世纪90年代初,泰国经历了一次规模巨大的建设热潮。数百亿美元涌入该国,巨额贷款流向飞速发展的房地产公司。在短短3年多的时间里,建筑商让曼谷的办公面积翻了一番。起重机勾勒出由高楼大厦构成的天际线,同时,新郊区开发全面起动。但到1997年年初,建设热潮陷入困境。当年2月,一位银行家直言描述房地产市场状况:"没有任何交易可做。"之前5年中建造的单元住房有五分之一被空置,而在曼谷,四分之一的办公室是空置的。房地产公司的股票价格下跌近95%。泰国的银行发现,他们账簿上几乎一半的贷款成为坏账。短短几个月内,泰国遭遇了其历史上最严重的金融危机。[①]

美国的情况也是如此。2004 年,拉斯维加斯和南佛罗里达州郊区的建筑业蓬勃发展。新开发的地段被圈起来,用于房产构建。这些地区的房价飙升,银行渴望发放贷款,而人们则迫不及待地购入房产。但到 2010 年,开车穿过这些郊区时可以看到这样离奇的景象:一个又一个街区均被空置了。有的新房子从来没有住过人,而部分房子的房产主在购房时热情积极,此时却难以偿付欠款,房子的赎买权被收回,人则被迫搬了出去。繁荣的景象走向破产,而且波及美国经济乃至世界经济的其余部分。

为什么美国的对外借款狂潮走上如此扭曲的道路?是什么让我们的债务融资热潮变得与泰国、墨西哥、俄罗斯、阿根廷等其他几十个国家过去曾经历的状况一样不堪?2001—2007 年,美国曾向外国人举债 5 万亿美元,问题的不牢靠之处,究竟是在于这些借款,还是美国人借款的方式,抑或他们花钱的方式?

---

① John Quigley, "Real estate and the Asian crisis," *Journal of Housing Economics* 10 (2001): 439 - 458; Hali Edison, Pongsak Luangaram, and Marcus Miller, "Asset bubbles, leverage, and 'lifeboats': elements of the East Asian crisis," *Economic Journal* (2000): 309 - 334; and "Thai banking: draw the blinds," *Economist*, February 1, 1997, 78 (quote from banker).

联邦赤字和美联储政策

美国的对外借贷始于 2001 年。那时,联邦政府突然从持有巨大的顺差转为庞大的赤字。随着政府逐渐进入国际金融市场,并最终借入好几万亿美元。赤字支出产生了三大影响:首先,政府每年减少数千亿美元的税负(估计 10 多年间会达到 2 万亿美元),使得纳税人可以有更多的钱用于消费。第二,2001 年经济增长放缓,联邦政府通过举债,维持甚至增加了政府开支。这相当于把钱放到美国人手中,帮助刺激经济发展。第三,赤字让美国政府得以在 2001 年 9 月 11 日恐怖袭击事件之后,特别是进攻阿富汗和伊拉克之后增加军费开支。因此,联邦对外借款同时增加了公共和私人支出。

美联储促使利率达到数十年以来的最低水平,这是之后推动美国借贷的主要政策举措。美联储对经济施加影响的主要工具是基准利率,即联邦基金利率,指的是银行互相借贷时收取的利率。大多数人不能左右联邦基金利率,但是随着银行获取资金的成本减少或增加,他们也会相应调整向消费者和企业收取的利率。因此,通过其对借贷的影响,美联储的利率政策能够深远作用于经济发展。如果经济低迷,央行可以通过降低利率、鼓励借贷、增加消费来刺激经济。如果经济"过热",出现通货膨胀风险,美联储则可以通过提高利率劝退借款,从而减少开支。

最广为接受的利率政策准则是约翰·泰勒提出来的,他是斯坦福大学杰出的宏观经济学家。1993 年,泰勒提出了一个相对简单的规则,指出央行可以通过遵照这一规则实现稳定物价、降低失业率并提高政策可信度的目的。"泰勒规则"根据通货膨胀率和经济增长率来调整利率的高低,被广泛用于货币政策的制定以实现恰当的目标。货币政策"太紧",利率过高,可能会减缓经济增长;而货币政策过于"宽松",利率过低,则可能会导致过度借贷和通货膨胀。20 世纪 90 年代,货币政策普遍收紧,与泰勒规则一致。例如,从 1995—2000 年,美联储将联邦基金利率维持在高于通胀率 3% 左右的水平:通胀率为平均每年 2.5%,而联邦基金利率平均为 5.5%。当乔治·W. 布什于 2000 年 11 月当选总统后,联邦基金利率为 6.5%,而通胀率约为 3.4%。

当时,艾伦·格林斯潘执掌国家货币政策。他在 1987 年被罗纳德·里根任命为美国联邦储备委员会主席,之后又于 1991 年再次受到乔治·H. W. 布什的任命,并在 1996 年和 2000 年连续受到比尔·克林顿的连任授命。格林斯潘终身都是共和党人,正如我们前面所提到的,他与持有激进个人社会观点的安·兰德"客观主义"运动有着密切的关联。兰德本人在 1964 年出版的著作《自私的美德》中,曾为"充实、纯净、不加控制、不受管制、自由

放任的资本主义"①辩护。但是,格林斯潘服务于克林顿
总统时期,似乎致力于适度的货币政策和审慎的财政政
策。他持有传统的财政保守主义观点,因此当他支持乔
治·W.布什2001年的减税政策和巨额赤字时,很多人都
感到十分意外。

布什2001年的减税政策生效后不久,格林斯潘领导
的美联储开始急剧下调利率。2001年9月,联邦基准利
率为3%左右,但到了12月,利率便低于2%,并且不断下
降。央行认为这样的政策是合理的,因为在高科技行业产
生问题余波以及2001年9月11日恐怖袭击事件之后,经
济增长变缓。这似乎是合理的,但美联储继续推低利率。

经济开始再度恢复增长之后的较长时间中,即2003
年和2004年大部分时间,美国联邦基金利率维持在1%
左右,这是40多年来最低的水平。格林斯潘只在2004年
12月才将其提升到2%以上。与此同时,通货膨胀远高于
现行利率。从2002—2004年,联邦基金利率平均为
1.4%,消费物价指数却平均增长了2.5%,致使央行的主
要利率远低于通胀率。当一个经济体出现"实际负利率"
时——也就是说,利率低于通胀率,贷款人实际上是把钱
无偿抛出,因此,人们有很强的动机借钱。

---

① Ayn Rand, *The Virtue of Selfishness* (New York: Signet, 1964),
29.

　　那时,美联储正在打破泰勒规则:2002—2004 年,泰勒规则指导下的联邦基金利率平均应当将近 3%～4%,而不是实际中不到 1.4%的情况。① 这是美国货币政策中非同寻常的插曲,其间,央行有几年曾刻意保持低于通胀率的利率。尽管很难知道美联储究竟在忙乎什么,但有些愤世嫉俗者认为,格林斯潘是想尝试确保得到乔治·W. 布什总统的重新任命——他当时的任期将于 2004 年结束。确实,格林斯潘出乎意料地支持大规模的赤字支出,再加上一反常态的宽松货币政策,这些都表明他在试着讨好政府。2004 年 5 月,小布什再度提名格林斯潘为美联储主席,这是他的第 5 个任期,是前所未有的连任情况。

---

① John Taylor, "Housing and Monetary Policy," in *Housing, Housing Finance, and Monetary Policy: A Symposium Sponsored by the Federal Reserve Bank of Kansas City*, Jackson Hole, Wyoming, August 30-September 1, 2007 (Kansas City: Federal Reserve Bank of Kansas City, 2008). 该文献的作者运用泰勒规则的公式发现,目标比率应该是平均 4%。泰勒规则其他推演规则的估值略低,根据 Glenn Rudebusch 的观点,平均为 3%,而 Athanasios Orphanides 与 Volker Wieland 运用当时政策决策者掌握的数据和预测估值,低至 1.5%。参见:Glenn D. Rudebusch, "The Fed's monetary policy response to the current crisis," *FRBSF Economic Letter*, 2009 - 17 (San Francisco: Federal Reserve Bank of San Francisco, May 22, 2009), http://www.frbsf.org/publications/economics/letter/2009/el2009-17.html; Athanasios Orphanides and Volker Wieland, "Economic projections and rules of thumb for monetary policy," *Federal Reserve Bank of St. Louis Review* 90, no. 4 (2008):307 - 324。

2002—2004 年的低利率无疑有助于布什总统再选获
胜——毕竟,他在 2000 年选举时便未能以大选票获胜。
仿佛是为了肯定这种愤世嫉俗的怀疑,利率在 2004 年总
统大选后开始再度上升。

尽管利率处于历史最低点,但外国人仍急于放贷,美
国人则继续借入前所未有的大额借款。20 世纪 90 年代,
美国人的总债务(包括美国人互相之间的债务和对外借
债)已经普遍稳定或只是缓慢上升,到 2000 年,大约相当
于 GDP 的 2.6 倍。从那时到 2007 年,该国的债务总额飙
升了 22 万亿美元,上升至产出量的 3.4 倍多。在这 7 年
间,美国人的平均债务从 93 000 美元飙升至 158 000 美
元[1]。尽管联邦政府大幅增长的净债务推动了这一情
况——这些年间,联邦政府的净债务从 5.6 万亿美元增至
9 万亿美元,[2] 人均债务从大约 2 万美元增至 3 万美
元——但民间私人借贷也急速增加。虽然许多美国金融
活动都只涉及美国人之间的借贷,但能够形成这样的大规
模借贷,则是源于国外贷款的流入。

---

① 总债务数据是联邦储备委员会美国现金流量数据(Washington,
DC, June 11,2009)国内金融及非金融债务的加总额。2000 年与
2007 年的数据分别为 26.3 万亿美元、47.9 万亿美元。
② 财年总债务数据来源:Council of Economic Advisers, *Economic
Report of the President* (Washington, DC: Government Printing
Office, 2010), divided by total population as of September 2010。

　　许多美国人的生活方式超过了他们自身收入的支付能力,允许他们这么做的大多数资金来源于国外。外国人借钱给美国政府的方式很直接:他们只购买美国国债。但他们借钱给美国人的方式则主要是间接的,以复杂的金融体系和烦冗到令人眼花缭乱的金融工具为中介。在某些情况下,美国银行向外国银行或投资者借入资金,然后将这些额外的资金转借给美国家庭。在其他情况下,美国的贷款被打包成债券或其他证券,出售给投资者。后一种做法被称为"证券化",在这一过程中,美国的投资银行将成千上万的抵押贷款或信用卡债务捆绑在一起,承销发行债券,出售给投资者,包括国外的投资者。这些债券将利用成千上万的房产主及信用卡持有人偿付的债务利息补偿投资者。对于外国贷款人来说,这种债券是一个很好的交易,因为通过购买这种债券,他们可以将自身持有的债券分散到许多抵押贷款和信用卡债务中,让他们得以发放自视为高收入的安全贷款。最终的借款人是房产主和信用卡持有者,尽管他们并不知道自己所借的大部分钱源自德国、科威特和中国,但事实便是如此。

　　究竟是谁借用了这所有的债款? 实际上,美国之前一直持有经常账户赤字,即持有外债。2000 年之前,外债所占比例较小,而且借款的目的完全不同。2000 年之前的几年间里,美国持有外债的主要债务人是私营企业和家庭,二者从国外借入的债款约各占 GDP 的 1%,而当时政府持有盈余,所以算不上是借款。但在 2000 年后,出现了两个重要的变化。首先,借款总金额暴涨,以至于 2003—2007 年,总金额是 10 年前的三四倍。第二,借款人也发生了巨大的变化。政府成了所借款项最大的使用者。随着利率暴跌,个人被卷入金融狂潮,家庭的对外借款翻番,甚至翻了 3 倍。而与此同时,公司实际开始持有盈余,利润可用于其运营活动。[1]

美国的对外借款专门流向政府和私人家庭,这是一个警告信号。国际货币基金组织等国际金融机构通常建议借款的发展中国家把钱用于投资能够提升国家生产力的领域,以便将来能够还清债务。但政府预算赤字和居民住宅都不可能成为高效的投资。如果国际货币基金组织看到某个发展中国家使用外债发展预算赤字和住房建设,便会亮红牌警告。事实上,国际清算银行(被称为"央行行长的中央银行")的行长在 2006 年年初便表达出这样的担忧。他注意到美国对外借款的走向为联邦赤字和住宅投资,他用一贯轻描淡写的方式说道:"这种组合不会提高美国的生产力。"这意味着他认为"(美国)主要的宏观经济风险处于很高的水平,并不断上升"。他也警告说:"金融环

---

[1] 参见以下文献中的图 1:Malcolm Knight, "Challenges for financial institutions," Speech at a European Financial Services Roundtable Meeting, Zurich, February 7,2006。

境可能突然出现不利的变动。"①但几乎没有人听信他的话。举债为生的日子太具吸引力了。

举债为生

美国家庭比以往借入更多的钱，2005 年时甚至超过了政府的对外借款。美国人借钱买汽车和电脑，刷爆信用卡去度假，或外出吃大餐。2000—2007 年，消费信贷增长了 1 万亿美元，从 1.5 万亿美元增至 2.5 万亿美元。② 美国人还借款买房子，这一点尤为疯狂。随着利率下降，数千万的美国人趁机对抵押贷款进行再融资，以购买新的房产。

房产借贷带动房地产市场取得显著增长，也使得房价飙升。从被广泛采用的凯斯—席勒指数来看，美国平均房价在 20 世纪 90 年代大致稳定，但在 2000 年之后开始暴涨（见图 2）。按揭贷款从 2000 年的约 7 500 亿美元飙升至 2002—2006 年的年均 2 万亿美元。随着贷款越来越

---

① Malcolm Knight, "Challenges for financial institutions," Speech at a European Financial Services Roundtable Meeting, Zurich, February 7, 2006.

② Federal Reserve Statistical Release, Consumer Credit, http://www. federalreserve. gov/releases/g19/hist/cc _ hist _ sa. html (accessed December 28,2010).

多,全国各大城市 2001—2006 年的平均房价翻番,而某些地方的涨幅较此还要大很多。美林公司估计,2001 年之后,一半的私营部门就业机会与住房相关,正如一名观察员所指出的:"总而言之,房地产便是经济。"①

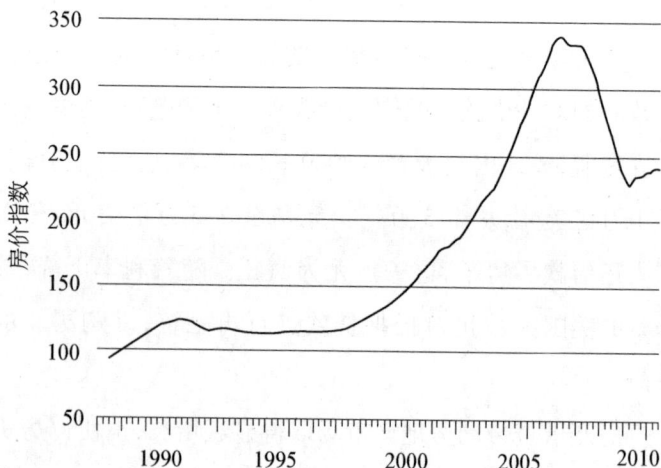

注:1987—2010 年十大城市按季节调整后的凯斯席勒房价指数(1987 年为 100)。
资料来源:标准普尔。

图 2　房价上涨热潮

　　房地产市场的繁荣在南部和西南部表现特别明显。那些地区的人口增长速度是全国其他地区的 3 倍,每年增长 200 万人口。在南佛罗里达,人们为了在临近棕榈滩的惠灵顿市买上房子,整晚扎营露宿,以便排在购买队伍的

---

① Charles Morris, *The Trillion Dollar Meltdown*: *Easy Money*, *High Rollers*, *and the Great Credit Crash* (New York: PublicAffairs, 2008), 65 – 66,168.

最前头。3 000 多人出现在新地产的盛大发布会上，开发商在一个星期内便售出 3 500 万美元的房子。再往南几英里是佛罗里达州的维斯顿市，800 多位买家每人花1 000 美元参与抽奖，就是为了争抢购买该市 222 幢联排别墅的机会；那批房产在 7 个小时内售罄。[①] 这样的场景还重复出现在凤凰城、圣地亚哥、坦帕以及圣安东尼奥。房屋价格相应暴涨：2000—2006 年，迈阿密一所房子的中间价位从 150 000 美元上涨到 400 000 美元，在拉斯维加斯，则从 135 000 美元上涨到 310 000 美元。[②]

尽管价格飞涨，但越来越多的美国人发现，办理购房贷款十分便捷，且利率低廉。房产所有权的扩充促进了房产主队伍的不断壮大，从房产中获得的财富增长让现有的房产主更加富有。让美国家庭更容易地购买到属于自己的房子——或者至少，让他们能够更容易地生活在一个以自己的名义按揭贷款购买的房子里，这是许多美国政客一直以来的目标。这一点对政治家的吸引力让人想起了英国政坛之前的一个特殊时代。20 世纪 80 年代，撒切尔夫人政府将许多国家公共住房单元抛售给居民，此举形成了

---

① Robert Friedman, "Going like hotcakes," *South Florida Sun-Sentinel*, June 16.

② Median home prices available at Housing Bubble Graphs, http://mysite. verizon. net/vzeqrguz/housingbubble/ (accessed December 28, 2010).

一个庞大的新房产主队伍,他们更有可能把选票投给撒切尔夫人代表的保守党。①

乔治·W.布什政府推出的政策可谓是撒切尔政策的另一种形式,被称为"所有权社会"。尽管克林顿政府时期曾有压力扩充房产所有权,特别是在历史上处于不利地位的地区,但布什政府新举措的范围要广泛得多。② 该政策普遍倡导私有产权,特别推崇房产所有权。正如布什总统2004年在全国房产商协会演讲时所言:"居者有其屋,是让人能够自豪、独立、自信地面对未来……我们正努力在这片国土上打造一个所有权社会。这样,更多的美国人能够打开他们的家门,说:'欢迎来到我家,欢迎来到我的地盘。'"参与其中的房地产开发商对这位总统报以"连任四年! 连任四年!"的热情称赞。③

上升的房价和便捷获取的资金,也推动其他消费支出

---

① William Field, "Policy and the British voter: council housing, social change, and party preference in the 1980s," *Electoral Studies* 16 (1997):195 – 202.

② 《社区再投资法案》于1977年最初通过,鼓励银行借款给金融服务水平较低的社区。这个法案在本书这段描述中起到了特殊的作用。1995年,在克林顿政府的支持下,该法案的实施在很大程度上被大大加强了,目标是要减少"贷款歧视"。贷款歧视指的是以地理划分(如邮编)为基础的贷方歧视行为。

③ George W. Bush, "President's remarks to the National Association of Home Builders" Columbus, Ohio, October 2, 2004, http://georgewbush-whitehouse. archives. gov/news/releases/2004/10/2004 1002 – 7. html.

大幅增加。那些已经拥有房子的人可以利用现成的信贷和房子的升值对其抵押贷款进行成本较低的再融资，套出现金。房价上涨越多，利率下滑越多，现有的房产主则可以凭借房产借贷更多的钱。反过来，这使得他们有更多的钱可用于消费。如当时的谚语所示，房子可以变成自动取款机。有人估计，房子的价格每增长 1 000 美元，每个家庭便可以增加 110 美元的消费开支，但若在其他情况下，他们获得借贷不会那么容易。随着全国中位房价从 2001 年的 140 000 美元飙升至 2006 年的近 250 000 美元，借贷热潮和房地产热潮使得原本囊中羞涩的中等家庭可以比平常情况下多消费 12 000 美元。这笔钱足够买一辆汽车，或者度几个星期假，或重新改造自家已经升值的房子。①

　　银行和其他金融机构从借款热潮中获利丰厚。无论是把外国借贷人与国内借款人联系在一起，还是发放抵押贷款和消费贷款，抑或从事于复杂的金融工具创新，他们总是有更多事情可做，也有更多的钱可赚。金融活动的增加扩展了金融部门的规模，新增了超过 100 万个就业机会，而金融业占全国 GDP 的比例在 10 年间从 7.0% 增加至 2007 年的 8.3%。金融从业人员，尤其是处于或接近

---

① 预估的每美元影响值来源：Daniel Cooper, "Impending U. S. spending bust? The role of housing wealth as borrowing collateral," Federal Reserve Bank of Boston Public Policy Discussion Paper no. 09 - 9 (Boston：Federal Reserve Bank of Boston, 2009)。

顶端的金融人士,他们的收入随着房价和股票价格一起飙升。20世纪90年代中期,持有硕士学位的工程师和金融从业人员的薪酬水平大致相当,但到2006年,金融从业人员的收入比工程师多三分之一。当时,一个细致的研究估计,金融从业人员的报酬偏高约40%。金融服务业的规模远大于所需的规模;每年,金融从业人员中至少有1亿美元的收入超出了合理的经济水平。①

受到外债支持的美国人消费量大增,购入大量进口产品,致使2001—2006年的贸易赤字增加了1倍多。截至当时,美国人从外国购入产品的额度比他们出口到外国的产品额度多7 500亿美元。这里要强调的是,进口激增,从2001年的1.4万亿美元增至2007年的2.4万亿美元。

对于消费者来说,进口激增是好事情。他们发现,商店充满了从外国进口的商品,且物美价廉,但进口商品摧

---

① Thomas Philippon and Ariell Reshef, "Wages and human capital in the U. S. financial industry: 1909 - 2006," NBER Working Paper no.14644 (Washington, DC: National Bureau of Economic Research, 2009); and Thomas Philippon, "The evolution of the US financial industry from 1860 to 2007: theory and evidence," working paper (New York: New York University, 2008). 也可以参见: Thomas Philippon, "The future of the financial industry" Stern on Finance (blog), NYU Stern School of Business(2008), http://sternfinance. blogspot. com/2008/10/future-of-financial-industry-thomas. html (accessed October 30, 2010).

毁了美国的制造业,尤其是直接与进口品竞争的劳动密集型产品。2000—2007 年,全国几乎丧失了 350 万个制造业就业岗位,将近占总就业机会的六分之一。电脑和电子产品制造行业减少了 250 000 个就业机会。服装和纺织品生产业受到特别严重的打击,失去 30 多万个就业机会,占行业内总就业机会的三分之一以上。北卡罗来纳州的伯灵顿产业集团曾经是世界上最大的纺织品生产商,在世界各地建厂曾多达 40 家,却在此期间宣告破产。截至 2005 年年初,该产业每个星期都有一家工厂破产,丧失 1 500 个工作机会。①

预料之中的泡沫

大量的资金流入,臃肿的金融部门,汹涌的进口,狂欢式的消费,房地产市场中的泡沫,但凡经历或观察过先前债务危机的人,对这一切都有着可怕的熟悉感。此时,美国的状况,看起来和过去 40 年中那几十个举债致贫的发展中国家一样。

---

① U. S. Census Bureau, 2007 Economic Census, March 17, 2009, http://factfinder. census. gov/servlet/IBQTable? _ bm = y&-geo _ id = &-ds _ name = EC0700CADV2&-_ lang = en; David Barboza, "Stream of Chinese textile imports is becoming a flood," *New York Times*, April 4, 2005.

　　拉美人可能依然记得他们在 20 世纪 70 年代和 80 年代初借款的状况。那是 1982 年债务危机的前夕。政府花费远远超过他们的收入,只能借用国外资金填补开支和税收收入之间的差额;阿根廷和墨西哥政府有一半左右的花费来自于外债。银行系统必须处理大部分流入的资金,变得十分臃肿。短短几年之内,智利和阿根廷的银行在整个国家经济中的占比增加了 2~3 倍。各国房价飙升。在智利,房价在 10 年多一点的时间内上涨了将近 10 倍。股市异常兴旺。但到 1982 年 8 月之后,这一切都轰然倒塌,促使拉美陷入长达 10 年的经济萧条、恶性通货膨胀和增长迟缓。[①]

　　15 年后,同样的模式在东亚地区重复。数千亿美元涌入该地区快速发展的经济体。到 1995 年,泰国、马来西亚等国借入的资金超过其每年国内生产总值的 8%,五分之一以上的投资来源于国外。1990—1995 年,随着房地产市场的蓬勃发展,泰国各银行的房地产贷款额增长了 2 倍。泰国所有地区的住房价格、股票市场指数以及银行业的规模,都有惊人的增长。但 1997 年时,所有这一切都崩溃了。等到经济停止下滑时,泰国股市与 1997 年的峰值

---

① Jeffry A. Frieden, *Debt, Development, and Democracy* (Princeton: Princeton University Press, 1991); on the bubbles, see especially 78,160 - 164, and 209.

相比,下跌了近80%。[①] 20世纪90年代中后期,这一过山车过程在俄罗斯重复,大致同期,还在土耳其重复,而墨西哥危机则在20世纪90年代早期便上演过。20世纪90年代,阿根廷非同寻常的"复仇行动"导致了2001年壮观的内部经济崩溃。

因此,美国房产金融的繁荣和日益扩大的贸易逆差,只不过是顺应了一个先前在数十个国家上演过的陈旧脚本,那些国家顺着资金流动周期滑到了最低谷。大规模对外借款导致所有这些国内病症。

剖析繁荣

一个国家的政府、民众和企业借用流入该国的国外资金时,这些资金会增加当地居民购买商品和服务的能力。他们购买的东西有的是硬产品,如汽车和消费电子产品等。在美国的借贷热潮中,关联往往是直接的,便捷获取的贷款资金使得消费者有钱购买这些大件物品。

2001—2005年,随着人们花更多的钱购买电脑、服

---

① 有关东亚危机以及先前泡沫的文献很多。推荐参看：Wayne Arnold, "Monuments to Thai debt: real estate fiascoes rear their heads on Bangkok skyline," *New York Times*, February 23, 2000; Edison, Luangaram, and Miller, "Asset bubbles, leverage, and 'lifeboats' "; Quigley, *Real estate and the Asian crisis*。

装、家具以及其他容易进行跨国贸易的产品,进口增加了50%;同时,出口增长速度非常缓慢。因此,到 2005 年,贸易逆差超过 7 000 亿美元。这相当于普通的四口美国之家每年从外国买入 30 000 美元的商品和服务,而美国平均每个家庭只把 20 000 美元的产品销往国外。中间的差额则是用借来的资金完成支付。

而借款人也往往把借来的钱花在不能轻易进行国际贸易的商品或服务上:房产、金融服务、医疗、教育及个人服务。这些商品、服务的需求增加不仅推高了其价格,供应量也增加了,但增加速度不够快,难以满足所有的需求增加——增加平均供应给每个家庭的住房数或医生数需要很长的时间。正如导致进口激增一样,国外借款也会导致住房、餐饮食品、医疗服务及其他服务的相对价格飙升。

那些在借贷热潮中生活过的人能从很多方面看到这些变化。人们有更多的钱用于消费,而国外的东西看起来似乎更便宜,例如,进口品和外国度假。与此同时,未进入世界贸易的商品和服务变得更昂贵。对于部分人来说,比如那些房产升值的房产主,这可能是一大福音。但这也可以导致医疗、教育、交通价格的飞涨。这些服务高涨的价格也带动了国内制造品价格的上涨,再次削弱了当地生产者对抗外国生产商的竞争力。

为了清晰地解释这一过程,经济学家把一个经济体中所有的东西分为两类商品和服务。第一种可以很容易地进行跨境交易,如服装、钢铁、小麦、汽车等。由于这些商品可以进行跨国贸易,它们的价格在各个国家变化不大(撇开贸易壁垒和运输成本不谈)。这些"可贸易品"的价值逐渐等于国际价格乘以汇率。例如,墨西哥钢材的价格可以简单计算为钢材的全球价格乘以比索当日的汇率。

第二种商品或服务必须在产地进行消费,不能或难以进行国际贸易。这些"非贸易品"大多数是服务,如理发和出租车服务等。不同国家非贸易服务的价格可以差别很大,因为很少面临国际竞争,理发便是个例子。游客们可以很直观地理解这一点:汽车的成本几乎到处都一样,而理发和出租车服务在某些国家(特别是穷国)要比其他国家便宜得多。主要的非贸易品是住房,而住房又是每个家庭预算的关键部分。在美国,购房预算大约占家庭消费支出的三分之一。

借贷热潮引起了非贸易品的价格上涨,如金融服务、保险、房地产产品等。对于那些在这些行业工作的人或拥有房产等非贸易品的人来说,这是好事。但进口激增,其他物品价格上涨,同样不利于贸易品的生产,如制成品和农产品等。

这正是 2001 年之后发生在美国的事情。非贸易品行业蓬勃发展,而贸易品行业则落后了。2000—2007 年,服务项目价格上涨了 25%,而耐用消费品的价格则下降了13%。进口激增和非贸易品价格上升重创制造业和农业部门,这两个部门一起丧失了近 400 万个就业机会。但是,金融、保险和房地产业的增长速度是制造业增长速度的 3 倍,5 年内增加了 100 万个就业岗位。[①]

有时候,国外借款直接推动该国货币升值。外国投资者通过购买美国国债、抵押贷款和其他证券把钱借给美国人。为此,他们也必须购买美元,因而美元随之升值。货币升值使得用本国货币购买进口品价格更便宜,但在外国人看来,该国生产商品的价格则变贵了。当地居民购买更多的进口商品,而当地生产商的销售量低于其生产量,贸易赤字增加,贸易品的国内生产商怨声载道。回到 20 世纪 80 年代初期和中期,当时里根政府的预算和经常项目赤字导致美元升值超过了 50%,进口量猛增,出口崩溃,数百万制造业工作岗位丢失,国内要求得到保护以免受外国商品冲击的商品暴增。

经济学家用"实际汇率"的概念来阐释汇率对货币、对贸易品及非贸易品相对价格的影响。这一概念既考虑了"名义"汇率——一种货币相对于另一种货币的设定价值,也考虑了国内和国外价格之间的关系。某货币的实际汇率要么上升,要么下降,两种变化选其一。发生第一种变

---

① 名义产出及雇用率数据来源于以下文献中的表 654 及表 743N:U. S. Census Bureau, *The 2010 Statistical Abstract*, http://www. census. gov/compendia/statab/ (accessed December 28,2010)。

化时,货币名义价值上升,价格保持不变。如果美元价值从 1.0 欧元上升到 1.2 欧元,而美国和欧洲商品价格保持不变,那么,美国人可以用美元在欧洲多买 20％的商品。第二种变化中,货币价值保持不变,而美国物价和工资上涨 20％,这时,美国人用美元在欧洲依然可以多买 20％的商品,因为欧洲的价格现在比美国的价格低很多。

美国 2001 年后的发展轨迹与一个大幅举借外债的国家的典型经历相仿,但也有一些不同。在发展中国家,借贷剧增往往伴随着富裕阶层的豪华轿车、外国名酒、香水及昂贵电子设备等奢侈消费猛增,他们利用宽松货币政策的优势购买通常买不起的进口商品,或者出国旅行。当拉丁美洲处于债务周期的经济膨胀阶段时,飞往迈阿密和洛杉矶的航班都挤满了拉美游客。在回布宜诺斯艾利斯和圣保罗的路上,阿根廷人和巴西人的行李箱塞满了美国的电视和电脑,因为当时,这些产品在他们看来出奇便宜。与此不同,美国人如果要购买国外产品,不需要远行,只要到最近的沃尔玛,就能在家里填满外国货。同时,由于借款使得人们能够花费的资金增加,他们便利用部分新增的购买力置办金融资产和房产。因此,股票价格和房产价格戏剧性地上涨。

当时的美国,正照着这样的路径前行。

布什推动繁荣泡沫

到 2005 年,美国对外借贷和宽松货币政策的共同影响已经无处不在。资本流入使得进口膨胀,推高了对非贸易商品和服务的需求。非贸易品产业——特别是金融服务业、保险业和房地产业——规模迅速扩大。低利率使得消费者可以通过信贷购买更多的商品,也让更多的家庭可以购买房子。那些已经拥有房子的人发现,上涨的房价和较低的利率使得他们难以抵挡诱惑,从而开展更多的借贷和消费活动。股票市场的惊人崛起同样真实可见,而金融投资领域的繁荣景象则更为普遍:美国人看着自己的退休金及其他储蓄价值不断攀升,便有充分的理由增加消费、减少储蓄。

房价上涨,利率下降,以及消费飙升,这三者互为补偿。持有房产的家庭看到房产升值,感觉自身更加富有,而财富增加让支出增加合理化。新增的财富并非虚构,因为这些家庭可以利用增值的房产借钱,从而增加消费。数百万计的美国人发现,他们可以利用升值的房产,通过一种当时已经家喻户晓的金融工具——房屋净值贷款——来借贷更多的资金。新增的借款可以用来装修房子、购买新家用电器,或用于度假。2005 年时,一位拉斯维加斯居民这样告诉他的妻子:"亲爱的,我告诉过你,我们总有一天会住在一个百万美元的房子里……我只是从来没有想到,结果就是现在这个房子。"①

但到 2005 年,房地产市场的繁荣看起来明显已经化为泡沫。② 住房价格到处上涨,而且几乎可以肯定,某些地区的价格已经上涨到非持续水平。例如,2006 年年初,圣地亚哥的中位房价是 50 万美元。但是,一项标准指数——该指数通过计算有多少家庭能负担起基本生活水平来衡量支付能力——显示,只有二十分之一的圣地亚哥家庭能够买得起该地区中位房价的房子。③

早在 2003 年 9 月,美国最著名的房地产经济学家卡尔·凯斯和罗伯特·希勒便警告说,美国的房地产业可能正处在泡沫中。那时,他们的结论只表现出谨慎的悲观态度。④ 2005 年中期,希勒在《纽约时报》发表了一篇著名的文章,更加明确

① Hal Rothman, "Houses of cards," *Las Vegas Sun*, October 10, 2005,5.
② 经济学家运用"泡沫"一词的方式很特殊,有别于其一般的用法。学术上而言,泡沫指的是根据基础资产判断的资产价格的升值空间,而这一升值空间又以未来价格变动预期(可能是理性预期)为基础。与此不同,在一般用法上(我们这里采用的便是一般用法),泡沫指的是非理性、不切实际预期(如过分乐观预期)或犯罪行为(如庞氏骗局)驱动下的资产价格上涨。
③ 支付能力的标准指数测度了多少房产主可以将 30% 以上的可支配收入用于房产成本(抵押贷款、税收、保险)。*Builder* 29 (September 1, 2006)。有关传统支付能力指数的解释及数据,参见:California Association of Realtors, Market Data, Housing Affordability Index—Traditional, http://www. car. org/marketdata/data/haitraditional/。
④ Karl Case and Robert Shiller, "Is there a bubble in the housing market?" *Brookings Papers on Economic Activity* no. 2(2003):299 - 362.

地指出:"房产热潮是一场注定要以悲剧告终的泡沫。"①

从当时的情况可以清晰地看出,美国正沿着其他遭受过严重危机的国家走过的老路,迈着华尔兹舞步下滑。经济扩张已成为热潮,而这种繁荣已经在房地产和金融市场产生了泡沫。实际上,许多经济学家和其他观察员已经开始拉响关于潜在问题的警钟,而房地产泡沫只不过是潜在问题之一。同样令人担忧的问题,至少还包括财政赤字、经常账户赤字、快速增加的外债、消费热潮和肿胀的金融市场等。

许多安全警告来自于无懈可击的可靠信息来源。2003—2007 年,即大部分繁荣时期,格赫拉姆·拉扬教授请假离开芝加哥大学商学院的金融学课堂,到 IMF 担任首席经济学家。2005 年 8 月,他在怀俄明州杰克逊霍尔的一个年度聚会上,明确表示金融全球化存有内在风险。他认为,尽管金融业的发展带来了不容置疑的收益,但"当前由系统带来的财务风险"确实比过去"更大"。他指出,尽管较自由的、与国际挂钩的金融市场可以将各经济体联系在一起,但也可以把它们一起往下拉——可以预见,那将导致一场"灾难性的崩溃危机"。②

---

① David Leonhardt, "Be warned: Mr. Bubble's worried again," *New York Times*, August 21, 2005, B1.

② Raghuram Rajan, "Has financial development made the world riskier?" *European Financial Management* 12 (2006): 499 – 533 (quote on 502).

　　纽约大学经济学家努里尔·鲁比尼非常频繁、警醒地发出警告,指出麻烦即将来临,以至于记者们戏称他为"厄运博士"。2006 年年底,他警告听众说,美国将面临"房地产泡沫破灭、石油危机以及消费者信心急剧下降,并最终导致严重的经济衰退,都是一生难遇的严重状况……房产主拖欠按揭贷款,数万亿美元抵押贷款支持的证券将在全球散开,全球金融体系将在颤抖中叫停。"厄运博士接着指出:"这些事态发展……可能会削弱或破坏对冲基金、投资银行以及其他大型金融机构,如房利美和房地美。"①

　　2006 年年底,随着房屋价格开始下滑,关于厄运即将来临的警告激增。2008 年年初,房产市场已经陷入困境,但离危机显现还有较长的时间。经济学家肯·罗格夫和卡门·莱因哈特指出,有明显的迹象表明,美国出现了典

---

① Stephen Mihm, "Dr. Doom," *New York Times Magazine*, August 17,2008,26. 本书的作者之一杰弗里·A.弗里登通常会对任何与预测有一点关联的事情都保持警惕状态。2006 年夏天,弗里登已经很清晰地意识到存在危险。"当前的不安定状态是非持续的……紧随这种状态,可能会发生各种情况;在所有符合实际的情况中,房产的相对价格都会下降……由此所致按揭市场压力很可能会引起金融困境,而这种困境会让宏观经济压力加剧,并压在中产阶级身上。不管选择何种情况来作为当前不安定状态的终结,该过程都会导致美国宏观经济损失,美国政治也在劫难逃。"参见: Jeffry Frieden, *Will Global Capitalism Fall Again? Bruegel Essay and Lecture Series* (Brussels: Bruegel 2006),26。

型的、即将引发金融危机的资金流周期。罗格夫对危机了如指掌,和拉扬一样,他也曾担任国际货币基金组织的首席经济学家(2001—2003 年)。莱因哈特和罗格夫在发表的一篇论文中问道:"2007 年的美国次贷金融危机是否有显著不同?"在该文中,他们给了一个响亮的否定答案:"没有。"罗格夫和莱因哈特指出,"美国股票和住房价格的上涨"往往是经济行将崩溃的先兆,而现在的"上涨状况"的确"与第二次世界大战后工业国家 18 次银行危机的上涨均值十分接近"。① 但面对这些卡珊德拉式凶事预言家的警告,总会有一个阿波罗出来中和预言的悲剧性。有些人是被他们自身的经济或政治利益蒙蔽了,其他人则是被党派或意识形态所蒙蔽。

特殊利益和特殊诉求

经济处于不可持续的泡沫之中,为什么布什政府忽略所有的警告和迹象? 可以肯定的是,没有哪一个政府愿意在快速发展的硬驱动经济中拉刹车。1951—1970 年间在任的美联储主席小威廉·麦克切斯尼·马丁曾就经济政

---

① Carmen Reinhart and Kenneth Rogoff, "Is the 2007 U.S. sub-prime financial crisis so different? An international historical comparison," NBER Working Paper no. 13761 (Cambridge, MA: National Bureau of Economic Research, 2008),2.

策制定的里里外外，发表过一条最著名的言论，他把中央银行行长的工作任务描述为："就是要在政党着手推动进展的过程中扫除拦路虎。"

面对布什政府时期呼啸的经济发展和泡沫，一些势力强大的利益集团极力要保持金融及房产市场的增长势头。贷款热潮和放松管制使得金融体系出现前所未有的膨胀，而膨胀的方式与房产市场紧密相连。美国银行家放出了数百万计的抵押贷款，这些贷款的利润潜力是以预测房价不断上涨为前提的。如果住房价格趋于平稳，甚至下跌，许多抵押贷款会变成坏账并拖着债权人与他们一起下水。

房产本身的政治经济与之密切相关：大部分增加的贷款和支出进入房产业，因此房产建筑商及相关行业如房地产商一样，获得了惊人的利润。包括建筑商在内的建筑行业组织良好，与华盛顿政府的利益密切相关。该行业在历史上便与共和党保持亲密的关系，其2000—2006年对联邦政治行动委员会（PAC）的捐助中，有四分之三归于共和党。[①] 2005年，一次总统座谈会建议减少对住房建筑商和业主的补贴，房产业的游说大军随即采取行动，有效地扼

---

① Data available at "PACs by Industry," OpenSecrets. org, Center for Responsive Politics, http://www. opensecrets. org/pacs/list. php (accessed December 28,2010).

杀了有关改革的任何谈话。① 过了一些时候,作为全国主要政治捐款商业组织之一的美国房产商协会威胁要停止其对国会所有的捐款,以此回应国会在支持其游说团提议方面表现出的不情愿态度。关于此举,一位忠实的公民代言人如此评论:"房产建筑商的所作所为,暴露出金钱与政治关系中最薄弱的部位。"②

　　房地产经纪人也具有高度的政治性。全美地产经纪商协会通常是向国会议员候选人捐款最多的组织,他们明显偏向共和党。房地美和房利美是政府资助的两个机构,通过向房贷银行购买抵押贷款来支持房产市场的发展。在 10 年繁荣时期,这两个机构都进行了大规模的政治捐款,大约高达 1.7 亿美元。③ 随着繁荣景象不断发展,按揭贷款变得越来越政治化,这一大概印象已经在学术研究中得到证实。一个相关分析发现,抵押贷款行业的政治捐款和游说,和现存或潜在的次级抵押贷款借款人在国会议员选区内的重要作用,与房地产市场繁荣的程度有关。随着

---

① 可参见相关文献,例如:"4. Influence of the Housing Lobby on the Federal Tax Code," in "Top 10 Tax Stories of the Decade," *Commentary* (Tax Foundation), October 30, 2009, http://www.taxfoundation. org/news/show/25665. html♯♯4。

② Jessica Birnbaum,"Home builders halt campaign funds after setback," *Washington Post*, February 14,2008,D1.

③ Tom Raum and Jim Drinkard, "Fannie Mae, Freddie Mac spent millions on lobbying," *USA Today*, July 16,2008.

繁荣程度的提升,这种影响力不断增强。①

政府不得不将选举因素也考虑在内。诸多从建设热
潮中直接受益的州在政治上地位显赫,要么是因为这些州
规模较大,要么是因为它们是两党的竞争热地,如佛罗里
达州、科罗拉多州、亚利桑那州、内华达州等。

随着经济繁荣景象的持续推进,那些有影响力的利益
集团不仅依赖于 2001 年后形成的发展"公式",而且,该过
程中的任何干扰都构成威胁因素。许多新按揭的借款方
是只能勉强偿还——如果还能偿还的话——自身债务的
人,他们只是寄希望于上涨的房价能让房产变得更值钱,
进而提高这些贷款的信誉。但是,只有房价持续上涨,这
个赌注才能有好结果。金融体系大部分的增长以新住房
融资工具大厦为基础,而这些工具依赖于抵押贷款的潜在
价值。如果作为这座金融工具大厦地基的抵押贷款变成
坏账,那么整幢大楼便有一层一层坍塌的风险。因此,房
地产市场的繁荣不仅有利可图,而且使得依赖于该行业的
主要产业获得利润,甚至保证了这些产业的生存。然而,
大规模的经济放缓让这座由信用卡堆砌而成的房子面临
坍塌的风险。任何政府都会焦急地考虑这种可能性,而当

---

① Atif Mian and Francesco Trebbi, "The political economy of the U.S. mortgage default crisis," NBER Working Paper no. 16107 (Cambridge, MA: National Bureau of Economic Research, 2010).

一个政府依靠的政治支持主要来自于房地产市场最繁荣的地区和严重依赖房地产市场持续繁荣的产业时,情况尤其如此。因此,布什政府房产热潮的捍卫者比比皆是,通常是该政府内部或周边的人。早在 2005 年,曾担任过里根政府预算办公室主任的詹姆斯·米勒三世便在《华盛顿时报》撰文称赞"美国高效率的住房融资安排"是"所有其他国家羡慕的对象"。化身住房贷款的数万亿资金集中反映了一个强竞争力金融体系的智慧:"按揭信贷紧缩的日子一去不复返,高昂的抵押贷款利率广泛发展,美国房产主们……可以放心获得稳定的、流动的、一般市民可以负担的抵押贷款。国内和国外的投资者可以购买债券或抵押贷款相关的证券,这些证券流动性强、透明,而且安全可靠。"[1]

2005 年,卡托研究所的艾伦·雷诺兹也曾贬斥"那些经济悲观主义者,他们试图说服我们可怕的事情即将发生。他们不断反复的一个调子是'房地产泡沫'即将破灭,对家庭财富将造成所谓破坏性影响……总而言之,他们要求我们操心一些从来都没有发生过的事情,而那些促使他们坚持认为危机会发生的理由,仍然可以得到清晰的解释。'房地产泡沫'的杞人忧天者早已在绝望中糊涂不已。

---

[1] James Miller III, "Should homeowners worry?" *Washington Times*, January 7, 2005, A17.

如果 2002 年时听信了他们的话，无异于是金融方面有勇无谋的蛮干。现在呢，依然如此"。[1]

几个月之后，《国家评论》期刊的经济学主编拉里·库德洛撰写了题为《房产熊又错了》的文章，副标题声称房产部门正在"书写一部财富创造指南"。文中，库德洛驳斥了"所有那些预测拉斯维加斯或佛罗里达州那不勒斯房屋价格将崩溃，从而拖垮消费者、其他经济组成部分以及整个股票市场的笨蛋们"。[2] 在随后的 3 年里，房产部门目睹了数万亿美元的房产财富遭到破坏，拉斯维加斯和佛罗里达州那不勒斯的房屋价格下降超过 50%，拖垮了消费、经济的其他组成部分以及整个股市。尽管米勒对抵押贷款市场充满信心，但那些被国内外投资者匆匆抢购的证券缺乏透明度和流动性，几乎拖垮了整个国际金融秩序。

很多乐观主义者为房地产业效力，这一事实原本便是一个警告。第一，美国房地产经纪人协会的首席经济学家大卫·莱赫曾于 2005 年出版了一本书，题为《你是否错过房地产热潮》。该书在 2006 年 2 月再次发行时，

---

[1] Alan Reynolds, "No housing bubble trouble," *Washington Times*, January 8, 2005, http://www. washingtontimes. com/news/2005/jan/08/20050108 – 105440 – 9091r/? page = 1.

[2] Larry Kudlow, "The housing bears are wrong again: this tax-advantaged sector is writing how-to guide on wealth creation," National Review online, June 20, 2005, http://old. nationalreview. com/kudlow/kudlow200506201040 . asp.

换了一个更加醒目的新标题:《为什么房地产热潮不会
破产》。显然,莱赫的意见摧毁了其追随者。然而,他在
离开房产游说团的职位几年之后,曾告诉《商业周刊》:
"我曾为推动房产发展的协会工作,我的工作便是代表
他们的利益。"①

尽管如此,大多数美国人发现,坐观经济快速增长、住
房价格上涨和牛市发展,是更具吸引力的事情。当然,政
府也没有理由去控制可喜可贺的消费狂欢,尤其是在颇具
争议的伊拉克战争威胁到政府受欢迎度的时节,更不会这
么做。无论如何,美国并不是唯一一个处在金融和房地产
泡沫中的国家。

美国此行有伴

世界其他地区的人也发现了举债消费的诱惑力。当
地监管机构也鼓励推出新金融机会和新金融工具。他们
都像美国一样,经历了各种相同的过程。

英国政府及其民众,像他们的美国兄弟一样,从国外
借入巨资用以增加消费。和美国一样,2000—2007 年,英

---

① Prashant Gopal, "Former housing industry economist who famously
said there was no housing bubble now admits he was wrong,"
BusinessWeek, January 5, 2009, http://www. businessweek. com/
the_thread/hotproperty/archives/2009/01/former_housing. html.

国投资占 GDP 的比重实际上处于下降状态。该国进口猛增，而出口却停滞了，因此贸易赤字从 2000 年的 500 亿美元猛增至 2007 年的 1 800 亿美元。一位经济学家评论说："获得来自亚洲的廉价商品带动了购买力，因此，英国消费者在许多服务方面掀起了消费热潮。"①

同时，英国的房地产市场正在经历一场更甚于美国的繁荣：英国所卖房子的平均价格从 2000 年的 80 000 英镑飙升至 2007 年的 180 000 英镑，上涨了 125％。按市场汇率以美元来计算，增幅更是惊人，相当于从 130 000 美元上涨到350 000美元。到 2007 年，伦敦平均每座房子的价格近500 000 英镑，相当于近 1 000 000 美元。过去 10 年中，房价上涨的速度是人们收入增长速度的 4 倍以上。在英国三分之二的城市，住房售价超出了普通政府工作人员的经济承受能力。②

英国的金融市场随着房屋价格的上涨不断膨胀。伦敦金融区，即伦敦的金融中心，已成为全国经济增长的引擎。仅伦敦金融区的雇员数已接近 350 000 人，并且以每

① Susie Mesure, "Financial sector grows to 30％ of UK economy," *Independent*, August 21,2004.

② Judith Heywood, "Super-rich to push average price of London house to half-million pounds," *Times*, August 6, 2007; Jill Sherman, "Key workers are priced out of homes in most of Britain," *Times*, July 29,2006.

周将近 100 人的速度增加。到 2004 年,该国的金融业几近占了国家经济的三分之一,其经济总量是英国制造业总量的 2 倍。

如果说爱尔兰有什么不同的话,那便是:该国走入一场更加引人注目的举债消费热潮。随着数百亿美元来自亚洲及欧洲其他地区的资金倒入爱尔兰银行系统,进而进入爱尔兰经济体系,熟悉的模式便出现了。金融服务和建筑行业经历了更加超规模的增长。到 2007 年,近三分之一的爱尔兰雇员在建筑业或金融业工作,较不久之前的比例大约翻了一番。1997 年,只有 245 000 人在建筑和金融服务部门工作,比工业行业约少 15%。到 2007 年,这两个行业的人数高达 568 000 人,正好是制造业从业人数的 2 倍。

爱尔兰的借贷将整个国家变成一个主要的金融中心,创造了让其他国家都"自愧不如"的房地产泡沫。1997—2007 年,都柏林的平均房价从 115 000 美元上涨至 550 000 美元。对于一个建筑用地资源充沛的中等规模城市而言,这样的涨幅让人叹为观止。到 2007 年,都柏林房子的平均价格是美国大都市中位房价的 2.5 倍,与纽约大都市区的中位房价相比,也高出许多。大多数的房地产泡沫都受到外国资金的支持,爱尔兰各银行来自世界其他地区的净债务占 GDP 的比重从 2003 年的 10% 增加到 2008

年的60％。[1] 并且,爱尔兰进入这种状况,完全没有依靠任何不同寻常的金融发展方式,没有次级抵押贷款,也没有新颖的证券化过程。这只是一场由老式外国借款助长的老式房地产泡沫。

西班牙掀起房产和金融泡沫用的也是老式的方法,他们从国外借入了1万多亿美元。与其他赤字国家一样,大部分的借款份额融入房地产市场的繁荣和泡沫中。西班牙的房屋成本上升十分迅速,以至于有人非常担心设定的房价令市场中大多数人无法承受,这便推动了"小单元"房产的盛行。"小单元"是30平方米(约320平方英尺)大小的公寓,受到西班牙房产部长的强势推荐。即便如此,也不能保证人们都能买得起房子。在马德里偏远的郊区,"小单元"售价高达近20万美元。[2]

外国投资渴望借钱给西班牙和爱尔兰,不仅是因为它们都是欧元区的成员国,而且还因为法兰克福欧洲中央银行的货币政策鼓励西班牙和爱尔兰的家庭及企业对外借款。欧元于1999年推出,在此之前,西班牙和爱尔兰有相对较高的利率,而之后,这两国的利率都迅速下滑至欧元区的水平。除此之外,自1999年后,欧元货币政策由法兰

---

[1] Patrick Honohan, "Resolving Ireland's banking crisis," *Economic and Social Review* 40 (2009):207 - 231.

[2] *El Pais*, April 18, 2005.

克福的欧洲央行设定,在整个欧元区统一执行。2002—2005年,欧洲央行像美联储一样维持非常低的利率,低至2%或3%,而当时的通胀率是2%左右。这意味着,将通胀因素考虑在内,欧元区国家的平均实际利率在0上下浮动。但西班牙和爱尔兰的经济增长比新欧元集团的其他地区更快,这两国的物价也上涨得比其他地方更快。这意味着,在爱尔兰和西班牙,通货膨胀率为3%或4%,而实际利率为负。以西班牙为例,虽然抵押贷款利率在20世纪90年代末已经达到11%左右,但到2005年,却下降到3%或4%,大致与通货膨胀率相同。就像在美国一样,这一情况强有力地激励人们借尽可能多的廉价资金购买房产,而房产的价值以10%以上的速度逐年上升。

和爱尔兰一样,在西班牙建设热潮中,七分之一的雇员从事于房屋建筑工作。全国每年新建50万座新房子,这大约相当于意大利、法国和德国所有新房子的总数,而西班牙只是一个仅有1 600万个家庭的小国。未偿还的房屋贷款总额从2000年的1 800亿美元飙升至2007年8 600亿美元。在2007年之前的10年中,房价上涨了2倍,在发达国家中仅次于爱尔兰;到2007年,马德里平均每座房子的价格高达40万美元,这是之前闻所未闻的价格。

美国以及国外有很多人拉响了警报,警告说这些泡沫经济体即将带来麻烦。但是,面对经济蓬勃发展的各国政府难以重视这些警报。面对这些因素——银行家和房产商的政治经济利益、经济扩张受益者对选举的重要影响,以及在职者面临的政治要求,即便是最好的技工警告说这台机器存在问题,政府最容易做的决定依然是让它继续轰隆下去。毕竟,之前有的警告并没有成为事实。也许,这次资金流周期以及这场借贷热潮,不像之前经历过的那样可以持续下去,免于崩溃和毁灭的厄运。

"我们的情况有所不同"

美国、英国、西班牙、爱尔兰及其他借债大国的借款人并不是第一批相信或想要相信"自己能够逃避灾难,自己的情况与以往不同"的人。[①] 历史上,许多国家的政治家们说服自己相信,各种有关经济危机的警告只不过是信口雌黄。美国正在经历的这类资本流动几乎让每个人都感到极其愉快,尤其是那些可以让政府信誉直线上升的部门。那些有关问题即将发生的预先警告从来都不受待见,尽管后来回想,如果政府认真对待那些警告的话,其实是明智之举,甚至是符合自身利益的。舆论和选民很少善待

---

① 在此应向下述文献的作者致歉:Carmen Reinhart and Kenneth Rogoff, *This Time Is Different* (Princeton:Princeton University Press, 2009)。

那些预见到危机的政府。那么,为什么政客们要忽略那些有关厄运即将到来的暗示?

美好的时光往往能够强化自身,在政治家的头脑中尤其如此。当经济增长时,他们往往会归功于自身,而当经济走下坡路时,他们往往归咎于外部因素。当经济增长尤为强劲,吸引了来自世界各地投资者数万亿美元的资金时——人们会假定那些投资者都是把钱放在他们相信有质量保证的地方。当历史上最复杂的金融系统鼓吹先进的风险管理能够创造各种奇迹时,人们就很容易说服自己相信,以前以悲剧告终的经济周期对当前的发展完全没有参考价值。我们的经济是稳健的,我们具有不同寻常的生产力,我们的经济管理者非常胜任大局,我们的体制安全性独一无二。

然而,在几乎所有的资本流动周期中——包括那些结局无疑惨重的周期,这些信念和想法都很常见。全世界几乎普遍无视警告信号,这一趋势可以追溯到几百年前。①否认往往会在事实出现后持续良久,当回头看时,似乎每个人都清晰地共睹过自己所经历的非持续繁荣。在经历过最近的债务或货币危机后,至少某些当权决策者在危机

---

① 关于这一点,下列文献整理了大量的证据:Reinhart and Rogoff, *This Time is Different*,该文献的作者在其卓越的研究中探讨了800年中金融危机的情况。

时刻会继续坚持认为，问题出自非理性的投机者，或带有政治动机的对手，或持有错误消息的外国人。1994 年墨西哥经济崩溃后，情况便是如此。多年后，两位处于领导地位的经济政策制定者不顾所有的经济证据，坚持认为"墨西哥当时经历了异常政治驱动下的投机性攻击，并不是一场以实际现象错位为基础的危机"。① 导致阿根廷 1991—2001 年经济繁荣及萧条的"设计师"在其之后坚持认为，危机的来源是多样的，各种各样的崩溃或是由于"过度省级支出"，或是源于"阿根廷主要贸易伙伴强烈贬值本国货币"的事实，或"如重要领导人所感知的，有国外势力支持要求所有债务进行清算，包括私人债务"。②

决策者可能希望自己可以凭运气渡过难关，或者，他们可能是在搞所谓的"理性拖延"。经济崩溃可能发生，这是一件坏事，但这件坏事可能在遥远的未来才会发生——

---

① Francisco Gil Díaz and Augustín Carstens, "Pride and prejudice: the economics profession and Mexico's financial crisis," in Sebastian Edwards and Moisés Naím (eds.), *Mexico 1994*: *Anatomy of an Emerging-Market Crash* (Washington, DC: Carnegie Endowment, 1997), 189. At the time of the crisis Gil Díaz was vice governor of the central bank; Carstens, the general director of economic research.

② Domingo Cavallo, "La tragedia argentina," July, 17 2002, 2, http://www. cavallo. com. ar/wp-content/uploads/9. pdf (first two quotes); Domingo Cavallo, "*En qué sentido fue la Deuda Externa el detonante de la Crisis Argentina?*" December 11, 2003, 8, http://www. cavallo. com. ar/wp-content/uploads/article%202. pdf (third quote).

对于政客而言,遥远的未来往往意味着下一次选举之后。是现在还是未来面对经济衰退与萧条?对于这一权衡,做出选择很简单:你现在在任,而以后,在任的将会是其他人。① 又或者,预测可能是错的,可能会出现一个美妙的惊喜,如油价下滑、出口商品价格上涨等,问题可能会迎刃而解。所以,你开始掷骰子:不要调整,保持繁荣的势头,希望专家们是错误的,经济要么长期保持稳健,为你赢得选举,要么会有一些愉快的巧合,让经济走出困境。这是一个不大可能成功的尝试,但是,如果另一个选择将结束你的政治生涯,那么,赌一把,试着让你的政治命运起死回生,可能也是值得的。

因此,也许,共和党人不只是简单地忽视了经济建议。也许,他们希望,经济下滑会来得晚一些,直到让他们赢得2008年的大选。又或者,他们也许希望意想不到的美妙事情会降临,从而挽救起垂危的经济。在该事件中,他们两个方面的打算都是错的,但也许从政治上而言,值得冒这个险。不管怎样,在控制经济扩张和实施经济约束方面,似乎没有巨大的政治压力。那么,为什么不行动呢?当然,除了学术观察者外,还有一些人,在保持美国经济免

---

① 可参见相关文献,例如:Guillermo Calvo and Carlos Végh, "Inflation stabilization and nominal anchors," *Contemporary Economic Policy* 12(1994):35 – 45。

受坍塌方面利益攸关。

谁可能会挺身而出?

支持美国克制经济的力量很疲弱。在经济繁荣时期通常如此,但也并非总是如此。被专家们标记为"非持续发展"的泡沫经济被逐渐拉下来,这种情况也有先例。只是这样的情况不会经常发生,而且是有代价的。然而,如果决策者能在蓬勃发展的经济变成不可逆转的泡沫之前为之降压,也许便能避免可怕的崩溃。

20世纪90年代中后期的情况便是如此。就像之前几年阿根廷的情况一样,巴西于1994年设定了对美元的固定利率,以降低通胀。这个举措奏效了,到1997年,经济一直蓬勃发展,但存在压力的迹象随处可见。由于通胀已逐渐回落,实际汇率便上升了(这意味着货币升值):与贸易品相比,非贸易品的价格相对上涨约50%。结果,贸易品部门丧失了数以百万计的就业机会,特别是在制造业和农业部门,而服务部门的就业增长未能弥补其他地方工作机会的损失。不久,经济学家开始坚持认为,政府需要让货币(雷亚尔)与美元脱钩,使之贬值。巴西政府拖延了一段时间,一直拖到1998年选举结束后,该政府在选举中取得了胜利。而到1999年1月,该政府让雷亚尔实现贬值。这个小震荡将该国推入一场非常轻微的经济衰退,但经济迅速从中得到恢复。[1] 同时,越来越清楚的是,阿根廷需要做同样的事情——货币贬值——来避免危机。然而,历届阿根廷政府拒绝采取行动。到 2001 年,全国被迫进行拖延已久的调整,这一调整导致了阿根廷历史上最大规模的贷款违约和最严重的经济崩溃。而巴西已经成功避免了最坏的情况。这表明,政府通过采取行动避免崩溃,并非不可能。那么,应该何时采取行动?

有的事情会让政府拖延时间,不对即将发生的危机采取建设性的应对措施,而其他一些因素似乎允许甚至催促政府采取行动。[2] 即将进行的大选促使政府非常不情愿踩经济刹车,这毫不奇怪。政治上的疲软同样如此,因为,一个脆弱的政府不太可能得到足够的支持,难以推行严厉的

---

[1] OECD, *Trade and Competitiveness in Argentina*, *Brazil and Chile*: *Not as Easy as A-B-C* (Paris: Organisation for Economic Cooperation and Development, 2004).

[2] 关于政府如何保持或放弃货币挂钩政策,参见:Michael Klein and Nancy Marion, "Explaining the duration of exchange-rate pegs," *Journal of Development Economics* 54, no. 2(1997):387 - 404; Brock S. Blomberg, Jeffry Frieden, and Ernesto Stein, "Sustaining fixed rates: the political economy of currency pegs in Latin America," *Journal of Applied Economics* 8, no. 2(2005)。在此,问题变得更加明确,即政府何时脱离非持续的货币挂钩政策? 但是,推迟脱离货币挂钩与推迟放缓过热的经济具有相似的特征,都要求政府结束短期盛行的举措,以保证经济的长远健康发展。因而二者情况相似,货币挂钩文献中的启示也与此相关。

政策。根据这个标准,如果阿根廷选举时间提早一些,并且其在任政府像巴西政府一样稳操胜券,该国也有可能推动其经济实施渐进式的减压。

另一股拖延力量是债务。如果繁荣经济中的政府、企业以及家庭都承担了巨额债务,经济放缓便很可能会增加债务的实际负担。在繁荣时期,由于房屋资产和股票的价格上涨,那么与之相关的贷款依然有利可图。但是,如果价格停止上升或下降,实际债务负担便会增加。而且,这也是大多数 20 世纪八九十年代金融和货币危机中的情况:负债累累的公司和政府需要经济的"旋转木马"继续旋转下去。

一些经济和政治力量,特别是制造商和农民,往往会支持控制借贷繁荣。究其原因,可以追溯到对外借款对贸易品和非贸易品的影响。借款国所经历的"狂欢"会提高国内商品价格和工资。本地制造商和农民最终发现,由于价格原因,他们无法在世界市场竞争。由于借贷也会导致进口增加,通常,进口品会与当地产品形成竞争,对于国内工业和农业而言,其结果可能是灾难性的。政府是否在货币或金融泡沫大到不可控制之前采取行动击而破之,其中最强的影响因素是制造业和农业部门的规模。这两个部门的规模越大,拥有的政治权力越强,政府采取行动就越迅速。

其实,在美国 20 世纪 80 年代早期和中期的借贷热潮中,美国农民和制造商已经表达出他们的担忧。1980—
1985 年,当时的资本流入导致服务价格涨幅是制成品价
格涨幅的 2 倍,而农产品价格实际上却下降了。在这种情
况下,问题反映在美元的强烈升值中,农民和制造商们不
顾一切地想要限制或扭转这一趋势。卡特彼勒总裁说,强
势美元是"美国面临的最重要的贸易问题"。① 部分富有
同情心的国会成员介绍了一系列贸易保护主义法案,而与
之前在国际贸易委员会备案的投诉量相比,有关保护主义
的制造商投诉量增长了 2 倍。② 这些压力十分重要,鼓励
里根政府采取措施抑制了美元升值,最终调节并逆转了货
币升值带给美国农民及制造商的损失。

但在 2001 年后,很少有人表达这样的担忧。在不到
20 年的时间里,美国经济已发生了根本性改变,而且许多
在 20 世纪 80 年代痛苦投诉过的制造商早已离开美国。
20 世纪 80 年代,美国有将近 2 000 万制造业工人;到
2006 年,勉强只有 1 400 万人——制造业从业人员数量
占美国雇员总量的比例从五分之一以上剧减到仅有十

---

① I. M. Destler and C. Randall Henning, *Dollar Politics: Exchange Rate Policymaking in the United States* (Washington, DC: Institute for International Economics, 1989),33.

② 可参见相关文献,例如:Jeffry A. Frieden, "Economic Integration and the Politics of Monetary Policy in the United States," in Robert Keohane and Helen Milner (eds.), *Internationalization and Domestic Politics* (Cambridge, UK: Cambridge University Press, 1996).

分之一。全球化促使美国许多行业将生产外包给低工资地区,主要集中在东亚和拉丁美洲。许多产业没有转移生产,仅仅是缩小规模或干脆歇业了。与此同时,美国农民已经十分依赖政府支持,以至于其市场地位已经与其政治支持关联甚小。而且,2007 年,全球农产品价格的上涨遏止了与农业相关的任何忧虑。因此,尽管"布什繁荣"期间还曾经有人特别担心当时状况对美国制造商和农民参与国际竞争的影响——国际竞争导致了巨大的商品进口并提高了在美国做生意的成本,但此时,已经很少有制造商或农民能够在政府身边表达这样的担忧了。潜在的投诉者已经把他们的工厂开设在别处,或者停业了,或者辞职不干了,转而去依靠政府的救济。几乎没有人留下来向政府投诉。

远离麻烦

有些人认为,2001—2007 年布什政府时期的繁荣是独一无二的,但他们错了。美国发展道路呈现的主要特点与西班牙、爱尔兰和英国、冰岛、希腊以及立陶宛、爱沙尼亚和拉脱维亚等波罗的海国家无异——这些国家在 10 年之中变成了主要债务国。对外借款促进了这些国家金融和房地产业的繁荣,导致了贸易赤字,恰如过去数百年中很多其他国家经历过的一样。① 2001 年后的美国也难逃借款国的宏观经济现实。

但是,借款人导致危机,却并非必然。借款国的问题导致危机,也并非必然。即便问题是国家内部原因所致,情况也是如此,就像在美国财政和货币政策是借贷热潮和最终泡沫产生的极为重要的原因。

本·伯南克于 2006 年接替格林斯潘成为美联储的掌舵人,他学识渊博,能够对金融威胁进行较好的评估。伯南克是受训于麻省理工学院的经济学家,在 2002 年加入美联储州长理事会之前,曾担任普林斯顿大学经济学系的主任。3 年后,伯南克接任布什政府经济顾问委员会的主席,只在那一职位待了几个月,便被任命为美联储主席,接替格林斯潘。

伯南克仅是第二位具有经济学学术背景的美联储主

---

① 有关这一点的论述很多。马里兰大学的卡门·莱因哈特以及美国企业研究所的文森特·莱因哈特回顾了 50 多年中成百上千的"资本流动幸事";马里兰大学的恩里克·门多萨和国际货币基金组织的马尔科·特伦斯分析了同时期 49 次"信贷热潮"。这两个研究(以及其他多个研究)发现,各种"幸事"与"热潮"促使房价、股价以及贸易赤字飙升。参见:Carmen Reinhart and Vincent Reinhart, "Capital flow bonanzas: an encompassing view of the past and present," NBER Working Paper no. 14321 (Cambridge, MA: National Bureau of Economic Research, 2008): 53 – 55; Enrique Mendoza and Marco Terrones, "An anatomy of credit booms: evidence from macro aggregates and micro data," NBER Working Paper no. 14049 (Cambridge, MA: National Bureau of Economic Research, 2008): figures 9 – 12。

席(第一位是亚瑟·伯恩斯,曾于 20 世纪 70 年代在任)。[1]
上任之前,伯南克确实是一个卓越的、受人尊敬的学术型
经济学家。他的很多学术作品冠以类似于"汽车行业长期
收入、流动性及支出"这样的标题,只有其他学者才感兴
趣。[2] 但伯南克的主要研究兴趣也包括金融危机,他最有
名的文章分析了大萧条期间发生在各国的情况。基于对
美国及其他地区大萧条经历的详细研究,伯南克认为,一
个国家的经济崩溃规模不只取决于它的宏观经济状况,或
其债务负担,或其所面临的冲击有多严重;真正把一个国
家从不景气推向全面大灾难边缘的,是一个容易出现恐
慌、无法承受一系列货币及其他冲击的金融体系。[3]

---

[1] 有些人可能认为艾伦·格林斯潘是具有经济学学术背景的美联储
主席之一。但是,格林斯潘的经济学博士学位是纽约大学 1977 年
授予的,当时他已经 51 岁,正是他担任美国经济顾问委员会主席三
年之后不久。从大多数标准来看,这并不能说明他接受了经济学的
学术训练。

[2] Benjamin Bernanke, "Permanent income, liquidity, and expenditure
on automobiles: evidence from panel data," *Quarterly Journal of
Economics* 99 (1984):587 - 614.

[3] Benjamin Bernanke, "The macroeconomics of the Great Depression:
a comparative approach," Journal of Money, Credit, and Banking 27
(1995):1 - 28; Benjamin Bernanke, "Non-monetary effects of the
financial crisis in the propagation of the Great Depression,"
American Economic Review 73 (1983): 257 - 276; and Benjamin
Bernanke and Harold James, "The Gold Standard, Deflation, and
Financial Crisis in the Great Depression: An International
Comparison," in R. Glenn Hubbard (ed.), Financial Markets and
Financial Crises (Chicago: University of Chicago Press, 1991).

伯南克在结论中指出,金融力量可以对国家形成保护,免受危机,这一结论给美国人吃了一颗定心丸。当然,这也让伯南克感到放心。2007年年初,似乎抵押信贷市场中一个市场细分所面临的日益增加的困难都将预示着可能产生更广泛的问题,文中的结论让伯南克放松了对这种可能性的担忧之心:"在更广泛的房产市场上,次级抵押贷款这一麻烦部门产生的影响可能会受到限制,我们预测,次贷市场对经济其余部分或金融系统不会产生显著的溢出效应。"①

尽管抵押贷款市场的一部分——次级抵押贷款——问题涌现,尽管房地产市场的发展在2006年和2007年已经开始放缓,但决策者和广大公众继续保持如此淡定的状态。大家一致同意,美国的金融体系是世界上最稳定的金融体系之一。自20世纪30年代以来,美国便没有出现过银行恐慌。有几十个国家和联邦监管机构监视着金融体系。宏观经济失衡可能是该国对外借款不可避免的结果,但强大的银行和清醒的监管者是该国免受严重危机的有力保证。

或者说,看起来如此。

---

① Benjamin Bernanke, "The economic outlook," Testimony before the Joint Economic committee, U. S. Congress, Washington, DC, March 28, 2007.

第三章
高风险商业模式

对华盛顿州国王郡（包括西雅图在内）的财务官肯·盖伊来说，情况看起来便是如此。盖伊负责监管该郡图书馆、消防部门、学区及其他机构约 40 亿美元的投资。2007年 9 月中旬，他突然意识到一个残酷的现实：他把大量资金投到之前自认为几乎没有风险的项目，但此时可能已经让国王郡的纳税人损失了数亿美元。

盖伊把 2.07 亿美元投资于由企业推出的结构性投资工具（SIVs）。银行及其他金融机构通过设立结构性投资工具来发行商业票据（即低利率的短期债券），并且在推销时称其为安全投资，适合诸如国王郡资金池这样需要规避风险的投资者。结构性投资工具将销售商业票据筹集的资金用于有利可图的投资项目，其投资回报在支付完借用商业票据后的差额，便是获得的利润，归属出资行或套保基金。谨慎的投资者认为,贷款给结构性投资工具安全可靠,部分是因为工具背后的赞助金融机构。

让肯·盖伊觉察到存在问题的结构性投资工具被称为"莱茵桥"(Rhinebridge)。这个名字很贴切,因为"莱茵桥"的出资行是德意志 IKB 工业银行,一家总部设在莱茵河畔杜塞尔多夫的德国银行。该银行部分所有权归德国政府,这一点似乎让这种投资变得安全性大增。实际上,2007 年 6 月,当"莱茵桥"成立,盖伊将国王郡的资金投入其中时,穆迪和标准普尔都对该投资给予最高评级。美林证券的评级也让盖伊觉得,购买结构性投资工具证券安全可靠。"它们(这类证券)的评级都非常高,AAA 级。"他说。[1]

但不到 3 个月,"莱茵桥"便遇到了麻烦。2007 年 10 月,该证券宣布无法履行其偿付义务,包括国王郡的投资。国王郡投资的"莱茵桥"以及其他结构性投资工具同大多数这类证券一样,是用筹集的资金购买基于美国住房抵押贷款的债券。当时,这类债券回报率很高。但"莱茵桥"只能

---

[1] Peter Robison, "King County gets back less than half its money in failed SIVs," *Bloomberg*, October 23, 2009, http://noir. bloomberg. com/apps/ news? pid = newsarchive&sid = aWkDmTv7Nwxo. See also Peter Robison, Pat Wechsler, and Martin Z. Braun, "Back-door taxes hit Americans with public financing in the dark," *Bloomberg*, October 26,2009.

兑现其发行的、国王郡购买的商业票据,而兑现的前提是"莱茵桥"的投资回报能够偿付这些票据。随着美国住房市场放缓及开始下滑,越来越多的美国房产主不能履行抵押支付,很快,类似于"莱茵桥"的结构性投资工具便都坍塌了。

"莱茵桥"违约欠款只是海量结构性投资工具失败的一部分。盖伊将另外 5 000 万美元投资到另一个结构性投资工具"主帆 II"后,穆迪将其评级从最高级别降低至垃圾级别。几周之内,国王郡投资的另一个结构性投资工具也土崩瓦解。该郡的财政管理人员原以为购买的是安全资产,由主要银行及对冲基金发售,并被世界领先的信用评级机构认定为非常安全。然而,国王郡损失了大约一半的投资,其资产池中的成员必须承受大部分非预期的损失,例如图书馆系统必须担负约 180 万美元的损失。贷款给美国房产主的德国贷款可谓命运多舛,将西雅图图书馆的金库消耗殆尽。

国王郡及其图书馆并不是唯一受损的单位。马萨诸塞州斯普林菲尔德市将 1 400 万美元投资于另一种以住房抵押为基础的证券(债务抵押债券,或 CDO),损失将近 1 300 万美元。加利福尼亚州的奥兰治县在结构性投资工具上损失了数千万美元。① 印第安纳波利斯、费城、迈阿

---

① 奥兰治郡的困境具有讽刺性,因为该郡在 1994 年时曾因为早先投资于问题衍生资产而宣告破产。参见:Andrew R. Sorkin, "Dealbook: another city where C. D. O. spelled trouble," *New York Times*, January 28,2008。

密、奥克兰、加利福尼亚州以及华盛顿州的斯诺霍米什郡都因购买另一种金融资产亏傻了眼。这些城市投资于"利率掉期"交易——这种金融工具承诺，只要没有大的意外，便可以用低于通常支付利率的利率借到资金。但金融危机正是这样出其不意，引爆了特殊的资金供应，在这些城市正处于经济衰退、最缺乏支付能力的时候推高了利息费用。①

为什么美国的金融体系会让细心的投资者遭受这样的损失？世界上最发达的金融市场为什么未能履行其最基本的职能？是什么让一个表面上秩序井然的，旨在扩散、监控和减少投资者风险的金融体系如此深远地误入歧途？谁应该为国王郡以及全国其他多个城市的财政崩溃负责？

大稳健、难解之谜及逐利行动

美国借贷热潮典型的金融特征是银行家们不顾一切地提高利润，并不断搜索新的方法来做到这一点。这是因为该国的金融机构发现，美国走出 2001 年的短暂衰退之后，钱越来越难赚了。20 世纪 90 年代末的互联网泡沫已经破灭，一个利润中心消失。2002 年的利率非常低，并继续下降。对于金融机构来说，那是一段糟糕的日子。

银行及其他金融机构的利润受到挤压是由几个原因

---

① Robison, Wechsler, and Braun, "Back-door taxes hit Americans".

共同所致。首先是该国获得了巨大的外资池。随着每年
0.5万亿~1万亿美元流入美国,资金供给的增加促使利
率下降。这就是当时受到广泛讨论的"全球储蓄过剩"。[1]
更具体的影响如下:大部分流入资金来自于东亚和波斯湾
各国的政府,这些政府想找到低风险的地方停泊资金,进
行投资。他们大多把资金投向美国国库券及相关的美国
政府债务,这是因为,更多驱使他们的,是投资安全性,而
非对高回报的渴望。涌入市场、购买美国政府证券的资金
促使美国利率大幅下降,大大降低了这些高安全投资的回
报率。致使银行利润受到挤压的第二个原因是美联储的
极低利率政策,2001年经济衰退结束后,该政策持续
多年。[2]

　　银行面临的另一个问题是艾伦·格林斯潘所说的
"难解之谜"。[3] 通常情况下,长期利率远高于短期利率。

---

[1] Ben Bernanke, "The global saving glut and the U. S. current
account deficit," Speech delivered at the Homer Jones Lecture,
Federal Reserve Bank of St. Louis, St. Louis, April 14,2005.

[2] Maurice Obstfeld and Kenneth Rogoff, "Global imbalances and the
financial crisis: products of common causes," Paper presented at
Federal Reserve Bank of San Francisco Asia Economic Policy
Conference, Santa Barbara, CA, October 18 - 20,2009.

[3] Alan Greenspan, "Federal Reserve Board's semiannual monetary
policy report to the Congress," Testimony before the Committee on
Banking, Housing, and Urban Affairs, U. S. Senate, Washington,
DC, February 16,2005.

这是因为,如果通货膨胀率和利率上涨,持有长期债券将促使投资者蒙受重大损失,因此,投资者要求有一些额外的费用作为他们承担更大风险的回报。短期利率和长期利率之间的"差价"对银行来说非常重要,因为他们一般通过借入短期贷款、放出长期贷款来盈利。他们通过存款(可以随意支取)或者从短期货币市场(如商业票据市场)借款,放贷给消费者、企业和房产主,而借贷期限偏向期限频谱较长的一端。与存款及其他短期投资者不同,银行愿意发放较长期的贷款,这大概是因为他们擅长收集有关长期风险性质的信息。基于这一专长,银行及其他金融机构获得颇丰的回报:短期借款成本与长期贷款回报之间的差额,便是他们的利润所在。当其他因素不变时,差额越大,利润越大。

通常情况下,长期和短期利率的走势相当一致,因此,当美联储提高短期利率时,长期利率也会上升。2001 年的经济衰退之后,美联储将利率维持在极低水平,然而,当最终美联储在 2004 年开始提高短期利率时,长期利率几乎没有变化。事实上,在某些情况下,长期利率实际上下降了。当时,引发这一不解之谜的原因激起了很多辩论。而其中一个主要因素又是外国央行购买美国长期国债带动了长期利率下降。据估计,国外央行的购买量至少解释了这一难题一半的原因。①

　　另一个因素是持续 20 年之久的低通货膨胀率和稳定的经济增长，这种现象被称为"大稳健"。至于大稳健是归功于决策者较好的宏观管理，还是好运气（20 世纪 70 年代，没有发生过诸如石油价格上涨之类的意外事件），抑或是让美国经济变得更加灵活的各种潜在变化，这一点尚不清楚。②

　　不管怎样，大稳健促使人们预测未来的发展会更加稳定，因而降低持有长期资产的风险预期。不管是什么原因，那一"不解之谜"——短期利率与长期利率之间不同寻常的低差额——为金融机构制造了难题。

　　外资流入，美联储的低利率政策，短期与长期利率之间不同寻常的低差额，这些与银行利润相互关联的压力因素，引发了投资者自 2002 年以来发起的"逐利行动"。逐利行动促使金融家们尝试寻找不同的利润来源。事实上，

---

① Roger Craine and Vance L. Martin, "Interest rate conundrum," *B. E. Journal of Macroeconomics* 9, no. 1 (2009). 也可以参见：Veronica C. Warnock and Francis E. Warnock, "International capital flows and U. S. interest rates," *Journal of International Money and Finance* 28, no. 6(2009):903－919. 据他们估计，由于外国投资者购买美国政府证券，长期利率下降了 0.8%。

② 该观点的一个分支强调美联储通货膨胀控制方面的信誉增强。通货膨胀预期固定下来，意味着未来短期利率的预期降低，持有较长期证券的风险降低。因此，与过去复苏期相比，持有长期债券必须要有较小的溢价。

有几种方法可以实现这一目的。

杠杆风险

"逐利行动"促使金融家们做的事情之一是"举债经营",借入更多的资金是为了贷出更多。杠杆指的是借来的资金与一个公司自有资金的比例。高杠杆公司相对于其股本而言(指的是资本价值),持有大量的债务。对于银行来说,杠杆正是其业务所在:金融机构确实自己持有资本,但他们贷出资金的来源正是借入的资金。他们作为"中间人",把储蓄者借给他们的钱作为贷款转移到债务人手中。金融机构借入的钱越多,能够放贷的钱也就越多。[1]

银行通过运用杠杆实现利润最大化。他们以尽可能低的利率借入尽可能多的资金,并且以尽可能高的利率将这些借入的钱尽可能多地放贷出去。理想情况下,银行不会愿意用自有资金冒险,完全是"玩"其他人的钱。但银行确实也在"玩"自己的资本,他们必须留存部分借入的资金用来偿还借入的债务,例如,兑现商业票据或在储蓄人需

---

[1] 有关现代银行业的总结回顾(包括周期性危机),参见:Richard Grossman, *Unsettled Accounts* (Princeton:Princeton University Press, 2010)。

要的时候偿付其存款。然而,用于投资的借入资本与银行
自有资本的比例越高,即杠杆越高,银行便可以运用其资
本赚取更多的利润。

高杠杆在带来更大盈利的同时也带来高风险,杠杆账
簿的资产方和负债方都是如此。首先,该公司持有的资
产,包括所投资的抵押贷款或由抵押贷款支持的资产等,
可能会成为坏账。如果不良资产的总和超过了公司的资
本,公司很可能会破产。如果某些资产"酸化变质"了,越
是高杠杆的金融机构,越会暴露更多的问题。其次,即使
资产确实能保留其价值,公司的负债——公司欠他人的
钱——也可能出现问题。如果商业票据持有人及银行其
他的短期出借方担忧借出的资金,不愿贷款展期,又或者
如果储户急于把自己的钱从银行取出来,金融机构可能就
会资金耗尽,无法兑现偿付借款。同样,公司杠杆越
高——欠他人资金越多——那么,公司暴露的问题也就越
多。导致银行破产的典型原因,要么是资产方的问题,要
么是负债方的问题,或者是两方均存在问题。

2002—2007 年,外资充裕,利率较低,短期与长期利
率之间的差价较小,在这些因素构成的环境中,金融机构
有很强的动机提高其杠杆水平,借入尽可能多的资金,从
而转借出去更多的贷款。杠杆反过来也强有力地促使他
们放出比通常情况风险更高的贷款,例如,把贷款发放给
信誉低于通常信誉水平的借款人。更大的风险能够让

贷款人从每一美元的投资中得到额外的回报。杠杆增加了他们对风险的"胃口":高杠杆金融机构所有者涉险的自有资金更少了。如果出现了错误,公司业绩下滑,所有者承受的损失仅限于他们的自有资本。另一方面,他们潜在的利润上升空间却是巨大的。杠杆越高,承担的风险越大,那么,潜在利润也更多。经济环境引致较高的杠杆和较多的冒险行为,而杠杆本身会引致更多的冒险行动。

次级抵押贷款是一个让金融家在风险梯上越爬越高的金融创新,促使他们放出风险更高、也更加有利可图的贷款。次级抵押贷款首先出现在 20 世纪 80 年代,其产生源于 10 年放松管制过程中的部分调整及变化。[①]

而次贷的爆炸性兴起则源于住房价格上涨。这些贷款通常被拓展发放给信誉评级较低的人群,所需的备份资料很少或干脆不需要,首付很低。许多次贷的还款结构也是基于房屋价格继续上涨的假设。典型的次级抵押贷款

---

① 《1980 年存款机构放松管制与货币控制法案》超越了早先存在的、有关利率的州级限制;《1982 年可选择抵押交易评价法案》允许采用可调整利率抵押贷款;《1986 年税收改革法案》取消了消费者债务利率的可抵扣政策,但该政策继续适用于住房抵押贷款。所有这些法律政策加起来,使得借款人和贷款人可以、并且愿意将可变高利率抵押贷款发放给信誉较低的借款人。参见:Souphala Chomsisengphet and Anthony Pennington-Cross, "The origination of the subprime mortgage market," *Federal Reserve Bank of St. Louis Review* 88, no. 1 (2006): 31 – 56。

在开始 2 年只需支付相对较低的固定利率。为期 2 年的
"温情"期结束后,按揭贷款在未来 28 年里将"复位"到高
得多的可变利率。当时的想法是,到温情期结束的时候,
房子会比当初值钱很多,这样可以让房主通过更具吸引力
的条款进行再融资。只有房价继续上涨,这种抵押贷款才
行得通。如果行得通,贷款会被再融资,偿付资金会被赚
回来,旋转木马式的借款和还款便可以继续下去。

　典型的次贷与 2006 年年初放出去的贷款看起来相
仿。[①] 房主承担 225 000 美元的按揭和很低的首付便足以
将 2006 年 240 000 美元的中位价格房子买回家。这是一
种很受欢迎的按揭方式:2/28 只付息类可调整利率抵押
贷款(ARM)。只付息选项指的是借款人第一个 5 年只需
要支付利息即可,之后则必须同时偿付本息。2/28 选项
意味着,在前 2 年,抵押贷款具有"温情"利率,在这种情况
下,只有 7.75 个百分点。2 年之后,利率变成可调利率:
利率将"复位"到相当于伦敦银行同业拆借利率(LIBOR,
即伦敦各银行之间借款应支付的利率),再加上 6.13% 利

---

① 该例子引用于:Adam B. Ashcraft and Til Schuermann,
"Understanding the securitization of subprime mortgage credit,"
Staff Report 318 (New York: Federal Reserve Bank of New York,
2008); the example uses the typical characteristics of the mortgages
in the special purpose vehicle (SPV) Ashcraft and Schuermann
discuss (of which more later).

润率的水平;并且,之后每6个月,利率都会被调整到等于LIBOR 加上 6.13 个百分点的水平。当时,伦敦银行同业拆借利率为 5.31 个百分点。所以,假设 LIBOR 稳定不变,2 年后的抵押贷款利率上升至 11.44%(LIBOR 为5.31%,再加上 6.13%的息差),而一两年后,本金也要开始偿付了。[①]

按照通常的情况,我们假设这样设计的抵押贷款中,原本的债务偿付占抵押人总收益的 40%,由此我们可以得知房产主的财务状况。这意味着房产主在这种情况下可以获得大约 42 000 美元的收入。按计划,前 2 年抵押贷款成本占收入的 40%。复位后,上升为收入的 58%,5年后一旦开始偿付本金,则占到收入的 62%以上。很显然,由于很少的房产主——如果有的话——有能力支付近三分之二的利息和本金收入,借贷双方都预计按揭可以依赖于房价的快速上涨,进行快速再融资。因为如果房子在头 2 年每年升值 15%,截止到复位时,房子的价值将近320 000 美元,房产主以 320 000 美元的房子作抵押,当然可以用很低的利息获得 225 000 美元的抵押贷款。

虽然次贷在引发最终危机时作用显著,但它们只是繁

---

① 事实上,有一个条款限定了利率 6 个月内可以上升的幅度,以保证利率的上升速度比伦敦同业拆借利率要低。为了更简单地说明问题,我们在此忽略这一细节。

荣时期各金融机构推出的多种高风险贷款中的一种。在
相对正常的时期,通过标准固定利率抵押贷款购房的人很
难负担起相关贷款,但房价的上涨让这些人能较容易地获
得贷款。次级抵押贷款只是借债狂潮的一个极端表现。
尽管持有这些抵押贷款的人比持有其他抵押贷款的人更
有可能违约拖欠,但即便在 2006 年泡沫最多的时期,次贷
占所有新发放抵押贷款的比例也从未超过 20%。[①] 然而,
它们说明了逐利的银行家如何充分发挥想象力,尝试开发
各种新的手段来赚取利润。

在贷款繁荣时期,金融家遵循一个简单的原则,若要
获得更高的回报,最简单的方法是进行更高风险的投资。
但其实,高风险投资能够获得高利息还有一个原因,即它
们走向破产的可能性更大。银行家们清楚地知道他们正
在玩一个高风险的金融游戏,无论次级抵押贷款,抑或其
他高风险资产,都是如此。然而,他们通过分散风险设计
出自认为优化风险控制的机制。

---

① 原始数据,参见:Paul Mizen, "The credit crunch of 2007 – 2008: a
discussion of the background, market reactions, and policy
responses," *Federal Reserve Bank of St. Louis Review* 90, no. 5
(2008):531 – 567。对贷款违约数据,参见 Doris Dungey, "More
Moody's subprime data," *Calculated Risk* (blog), October 4, 2007.
http://www. calculatedriskblog. com/2007/10/more-moodys-subprime-
data. html。

分散风险：证券化

　　寻求更高收益率杠杆的证券银行家们推出风险更高的贷款，同时开发出自认为可以降低所致风险的新方法。主要的金融创新是"证券化"，指的是将风险分散到大量投资者中，从而实现风险稀释。证券化指的是金融机构将一大堆贷款或其他资产重新包装为证券——如债券，然后出售给投资者的过程。其中证券化最常见的形式是对抵押贷款进行打包，并作为"抵押贷款支持型证券"发售。这一过程也被普遍用于信用卡贷款、汽车贷款和学生贷款。在抵押贷款支持证券的情况下，房产主支付的利息及本金不是流向发出抵押贷款的银行，而是进入资金池，而创建资金池是为了偿付由大量抵押贷款组成的债券。

　　证券化在 20 世纪 80 年代成为分散风险的重要方式。证券化确实也能从几个方面分散风险。首先，证券化促使银行降低对当地业务的限制。证券化之前，大部分本地银行通常贷款给各自社区的借款人。当经济衰退冲击地方经济时，影响了许多从银行贷款的个人或企业，银行陷入困境。而现在，当地的银行可以发放贷款，将贷款证券化，然后发售给投资者，从而将贷款从银行账户中移出来。一旦银行将高风险贷款售出，原则上便不必持有尽可能多的资本。这样一来，银行便可以发放更多的贷款。这不仅提高了银行股东的利润率,而且允许银行发放更多的贷款。这也使得一家银行在本地经济衰退时受到的影响相对较小。反过来,投资者可以投资于由来自全国各地抵押贷款组成的证券,从而分散其风险。从这个意义上讲,证券化使银行得以卸下他们承担的风险,并允许投资者可以购买原本无权购买的债券(如抵押贷款及其他消费债务等),从中赚取较高的回报。证券化非常成功,以至于美国原来"发放即持有"的抵押贷款发放方式大多被"发放即分散"的方式所取代。之所以被称为"发放即持有",是因为在这种方式下,银行发起抵押贷款后便持有这些贷款;而"发放即分散"指的是银行发放抵押贷款的目的是为了将贷款证券化,然后分销给全国各地。

为了从证券化中受益,银行首先会设立一个"特殊目的实体"(SPE),其特殊的目的是要从出资行或其他人手中买下一套抵押贷款。该实体会再次发行债券,即抵押贷款支持的证券,而这些债券将被投资者买入。出售债券取得的收入被用于融资,以购买抵押贷款,而抵押贷款正是债券背后的支撑性资产,偿付抵押贷款的资金会流向债券持有人。

和住宅抵押贷款被打包成债券出售一样,商业地产抵押贷款以及汽车贷款、学生贷款和信用卡应收款也被打包成债券出售。在整个借贷热潮中,大部分金融行动都与抵押贷款支持的证券相关,如图3所示。该图显示出证券化的爆炸式发展。证券化也被称为"结构性融资",因为该过程经过精心"设计",以适应投资者的需要。

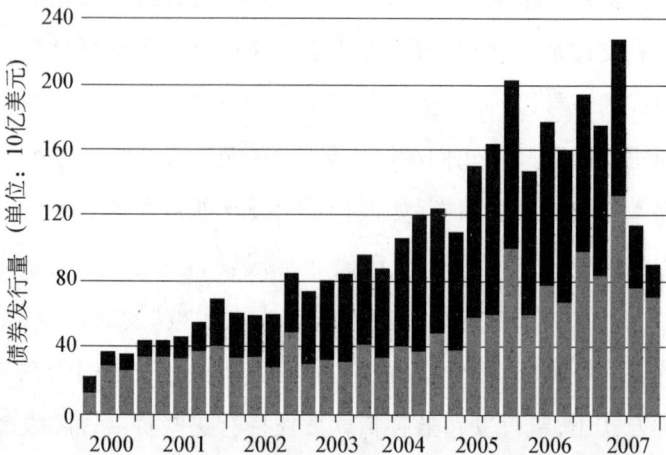

注:2000—2007年每季度结构化金融产品的发行量(单位:10亿美元)。深色柱条代表住房抵押贷款支持证券,浅色柱条代表资产支持证券、债务抵押债券、商业房产支持债券以及其他资产支持衍生品的总和。

资料来源:IMF, *World Economic Outlook* (Washington, DC: International Monetary Fund, April 2008), 15。

图3　证券化的起落

　　新型结构化金融的发展要归功于华尔街很多新型的财务专家:定量分析师或"金融工程师"(Quant)。从20世纪80年代开始,金融机构便开始雇用具有数学、物理和统计背景而非金融背景的人员。他们的工作是开发数学模型来创建资产并为资产定价,这些资产可以在更深入、更复杂的国际金融市场进行买卖和交易。到2000年,估计有1 000名物理专业的人在华尔街工作,同时还有相当数量的人具有类似高等数学类学科研究生学历而非金融或经济学科学历。[1]

这些新型金融工程师开发出数量庞大的证券化产品，包括更为复杂的、从标的资产衍生出来的证券，因此被命名为"衍生品"。其中包括最初由德崇证券于 1987 年开发出来的债务抵押债券（CDO）。债务抵押债券类似于抵押贷款支持证券，将某种形式的债务（如公司债券）转换为以原债务为抵押品的债券。

大多数结构性融资的一个重要结构特点在于，这类融资通常被分为不同质量级别，级别不同，风险层次便不同，与此对应，回报率也不同。

证券被结构化了，这样投资者便可以购买其中不同"片"（slices）的证券——在英语中被称为"批次"（tranches），在法语中的意思则是"片"（slieces）。不同批次有不同的支付优先顺序，这意味着，权力最大或最"高级"的批次将首先得到偿清。信用评级机构，如穆迪和标准普尔等，往往会就银行如何设计证券结构提供建议，以便有尽可能多的债券可以获得最高的评级，即 AAA 级。级别较低的批次，也就是本息偿付次序远远靠后的证券，将获得较低的评级。即便有少数批次级别较低的债券被拖延了，未能及时偿付，购买了优先、高评级证券的投资者

---

① Dennis Overby, "They tried to outsmart Wall Street," *New York Times*, March 10, 2009.

也没有损失资金的危险,因此他们受到较好的保护,可以
规避较大的风险。通过这种方式,整包的抵押贷款被组合
成"较高质量"及"较低质量"的金融工具,并混合在一起。
发起银行可以将证券出售给不同的投资者,这样一来,那
些安全性需求较高的投资者会购买评级为 AAA 的证券
批次,而那些愿意承担更多风险的人会购买评级较低的证
券批次,即利率更高、但风险也更高的证券。

　　总部设在南加利福尼亚的新世纪金融公司是美国第
二大次级贷款发放机构,他们曾于 2006 年 6 月与高盛一
起发行了一种典型的特殊目的实体证券。① 新世纪发起
了这批抵押贷款,一共由 3 949 个次级抵押贷款组成,总
价值 88 100 万美元,并将其出售给高盛的子公司,通过他
们进入到另一个销售渠道,成为信托资产,并被冠与一个
严肃的名字"2006－NC2 高盛 AMP 信托资产"。这个资
产池的平均按揭贷款是 223 221 美元,其中十分之九被设
计为利率可调、具有"温情"期限的证券。这批抵押贷款而
后被分成 17 个不同优先级别(偿付优先顺序)的批次,穆
迪和标准普尔给各批次予以评级。投资者可以购买代表
每一批次的证券,而所购证券将根据批次的风险获得相应

---

① 这个例子同样源自:Ashcraft and Schuermann,"Understanding the
securitization of subprime mortgage credit"。我们感谢原文作者允
许我们引用他们的例子,并从他们清晰的解释中受益匪浅。

的利率。最受保护的高级批次将获得伦敦同业拆借利率外加0.07％的利率,而受保护最少的批次,将支付伦敦同业拆借利率外加2.50％的利率。和所有这类资产支持证券一样,虽然明显有一部分抵押贷款将成为坏账,但购买了较高级别批次证券的投资者感觉他们受到了较好的保护,因为最先受袭的将是级别较低的批次。总体而言,由这笔信托资产发行的证券平均获得伦敦同业拆借利率外加0.23％的利率,而当时的 LIBOR 是 5.32％,因而总的平均回报率为5.55％。该资产池中抵押贷款的平均利率约为8.30％,因此,该信托资产及其发起者可以凭借自身支出与收入之间的差价获得很好的利润。

在许多方面,证券化依赖于两个重要的"政府支持企业"(GSE)——联邦国民抵押贷款机构和联邦住房贷款抵押公司,分别被称为"房利美"和"房地美"。联邦政府最初于 1938 年大萧条期间成立房利美,以便通过该公司购买银行的抵押贷款,重新包装出售给投资者。这是早期形式的一种证券化,具有许多优点,特别是允许银行发放更多的抵押贷款,这是 20 世纪 30 年代后期的一个关键目标。政府在 1968 年将房利美私有化,并在 1970 年成立了与之形成竞争关系的房地美。相关政府章程为这两个政府资助企业提供非明确性的政府支持保障。但是,投资者看起来似乎认为,如果这两个企业陷入困境,便会得到政府的救助。由于有这种隐性担保,它们可以通过非常低的利率借入资金,同时保持较低的资本比率。①

如果没有这两个政府资助企业,证券化的难度将大大提高。这是因为,如果没有它们,投资者可能会认为,银行只会将信誉最低的抵押贷款分割出来,持有对自身最有利的贷款。鉴于此,投资者在购买这些证券时会持有谨慎的态度。但由于这两个政府资助企业都全力购买合格的抵押贷款,极大地扩充了抵押贷款的"二级市场"。抵押贷款二级市场指的是投资者愿意购买的抵押贷款池,因此有大量的投资者愿意参与其中。这使得抵押贷款市场有更多的可用资金,从而为房产主开辟了更多的抵押贷款机会。此外,由于大部分投资者认为房利美和房地美受到隐性的政府支持,这很可能降低了许多房主的借款费用。如果没有房利美和房地美,证券化便不会如此广泛地推广开来,对住房的需求也不会如此之大。

一些观察家指责说是房利美和房地美导致了次级抵押贷款的剧增。但是,有相关法律约束这两个政府资助企业购买抵押贷款。民营企业从事次级抵押贷款证券化的程度要比它们高得多,尤其是在 2006 年以后。那一年,政府资助企业的监管机构对允许这两个企业进行证券化的

---

① 房利美被一分为二,其中一部分被私有化了,这样该机构的债务便从联邦政府的资产负债表上清除掉了;另一部分被转型为一家联邦融资支持的机构,即政府国有抵押贷款机构(或被称为吉利美),该机构享有官方保障。

抵押贷款施加了新的限制。[①]

这些贴着"私有标签"的抵押贷款支持证券存在非常严重的问题,因此它们变成坏账的速度要比早些年证券化的那些资产快得多。[②] 虽然银行家们知道,即使通过证券化,把越来越多的钱贷给信誉越来越低的房产主意味着他们自身要承担更大的风险,但是他们依然用更富有想象力的方式留住高风险债券,以免"抹黑"他们的资产负债表。

卸下风险:影子银行体系

随着杠杆的提高和所承担风险的增加,银行家面临着一个问题:他们需要留存更多的钱,以保护自己免受更大的风险。监管部门不允许银行随心所欲地发放贷款,要求他们必须自己持有一些资金。这是银行运作的"资本要求",要求银行必须持有相当于其未偿还贷款一定比例的资本(通常是股东权益)。资本要求像是存款准备金,限制银行发放有利可图的贷款,使之不超过银行资本的若干

[①] David Goldstein and Kevin G. Hall, "Private sector loans, not Fannie or Freddie, triggered crisis," *McClatchy Newspapers*, October 12, 2008.

[②] 参见下属文献中的图 1.8:IMF, *Global Financial Stability Report* (Washington, DC:International Monetary Fund, October 2008)。

倍。[①] 更高的杠杆和风险更高的贷款都需要满足较大的资本要求,但这会拉低利润,与这些贷款的赚钱目的相悖。金融工程师们想出了一个处理这一问题的创新手段。

银行必须储备相当于其贷款一定比例的资本,但银行设立的独立公司——尤其是特殊目的实体、"莱茵桥"之类的结构性投资工具以及不管如何命名的各种融资渠道,则没有这样的储备要求。银行可以将贷款转移到这类渠道,并且不必增加资本。由于这些渠道不受银行监管机构的约束,便没有必要持有任何储备资本。这意味着银行可以发放有利可图的贷款,进行证券化,将它们转移到某个发起的融资渠道中,不必增加资本或其他储备。[②]

例如,2004 年 5 月,德国萨克森州银行在都柏林建立了一个渠道,以一条都柏林沿河街道的名字命名为"奥蒙德码头"。[③] 通过奥蒙德码头,该银行在商业票据市场借入了约 120 亿美元,其中三分之二是欧元。然后,该渠道买入了差不多 120 亿美元由金融工程师设计的资产支持

[①] 资本规定并不是法定准备金要求(法定准备金是要求持有的资产量,以抵抗潜在损失),但在我们的讨论中,二者影响相似,都能约束银行借贷。

[②] 以下文献对这一点进行了很好的总结:Viral V. Acharya and Matthew Richardson, "Causes of the financial crisis," *Critical Review* 21, no. 2 – 3(2009):195 – 210。

[③] 该例子引自下列文献:Viral V. Acharya and Philipp Schnabl, "Do global banks spread global imbalances?" *IMF Economic Review* (in press)。

证券。五分之四的购入证券是以美国、英国、西班牙和其他借款国家的住宅或商业抵押贷款为基础。如果该银行自身发放 120 亿美元抵押贷款,原本需要持有高达 10 亿美元的储备资本。资本储备的具体数额很难计算,因为不同层次、不同品质贷款的资金需求各异,通常为 2%～8%。但奥蒙德码头的股权资本只是 3 600 万美元,不到其资产的 0.3%,甚至少于发起银行需要储备的资金的十分之一。毕竟,奥蒙德码头并不计入"资产负债表",不计入发起银行的账簿,也不受银行管制条款的约束。

投资者愿意购买奥蒙德码头的商业票据,以很低的利率将钱借给这一渠道。因为它的发起行是萨克森州立银行,这为该渠道的债务提供了保障。在这种情况下,商业票据是加倍安全的,因为反过来德国的发起银行有来自于德国各所在州(萨克森)提供的政府担保。这些担保促使穆迪给该渠道中的商业票据予以最高评级。

这一特殊的金融工程壮举允许发起银行通过奥蒙德码头发放高达 120 亿美元利率相对较高的抵押贷款及其他贷款。这些贷款必须支付很高的利率,因为它们有很高的风险,但是该银行及其渠道只需预留一笔微不足道的资金来抵消风险。这一伎俩有两个基本部分:第一,银行设立一个资产负债表外的渠道;第二,银行担保渠道的运作。可以肯定的是,创建该渠道的银行必须担保一定的风险。

如果渠道崩溃,银行将不得不进行救助,但大多数银行家认为这不大可能发生,即使确实发生了,他们预计政府会介入其中,助其渡过难关。

到 2007 年,出现了数百个像奥蒙德码头一样的渠道,总资产额高达 1.2 万亿美元。[1] 而且,他们只不过是新金融秩序的一部分,该新金融秩序被称为"影子银行系统"。在美国,这个影子银行系统比传统商业银行、储蓄贷款及信用社发放更多的贷款。[2] 越来越高比例的资金被转移到了影子系统,在很大程度上规避了涵盖传统银行体系的各种法规。主要商业银行本身也利用影子银行体系规避对其活动的限制。例如,到 2008 年,花旗银行有 1.1 万亿美元的资产未反映在其资产负债表中,与此对比,其记录

---

[1] 有关融资渠道更详细的阐释,参见：Viral Acharya, Philipp Schnabl, and Gustavo Suarez, "Securitization without risk transfer," NBER Paper no. 15730 (Cambridge, MA: National Bureau of Economic Research, February 2010), http://nber. org/papers/w15730. pdf (accessed December 28,2010)。

[2] 结构性融资工具及标售利率优先证券中的资产支持商业票据渠道、软性选择权债券、可变利率即期票据拥有的资产额高达 2.2 万亿美元。票据交换所(三方回购)中介交易、通过回购协议隔夜融资的资产额增长到 2.5 万亿美元。对冲基金持有的资产额增长至约 1.8 万亿美元。当时五大投资银行持有的资产额高达 4 万亿美元,银行系统的总资产额为大约 10 万亿美元。相关数据被引用到下列文献中：Timothy F. Geithner, "Reducing systemic risk in a dynamic financial system," Speech at the Economic Club of New York, New York City, June 8,2010。

在账簿的资产额度为 2.2 万亿美元。[①]

影子银行体系由金融中介机构组成,他们做着大多数银行所做的工作:以低利率借入,高利率贷出,从中赚取差价作为利润。影子银行系统的成员包括投资银行(如高盛)、对冲基金(如布里奇沃特协会)、私募股权基金(如凯雷投资集团和黑石集团)以及各种银行自身建立的、用来规避管制的合法实体(如特殊目的实体、结构性投资工具和其他融资渠道等)。影子金融体系在突破金融创新限制方面作用尤为显著,一部分是因为它吸引了一些更具创造精神的企业家,另一部分是因为它即便受到管制,也是很宽松的管制。

新金融工具的复杂性不断增加。通过抵押贷款证券化创造出抵押贷款支持的证券,这仅仅是个开端。这个过程可以不断重复,一层一层地进行证券化。金融工程师可以在每一轮证券化中将证券重新包装成新的证券,对其进行结构设计,以满足投资者的需求,原则上并不限制证券化的层数。金融工程师推出债务抵押债证券,如分批次、由抵押贷款池支持的证券,而那些抵押贷款池是通过"莱茵桥"、奥蒙德码头之类的结构投资工具组织而来。这样层层叠加的证券化似乎没有理由停下来。如果抵押贷款

① Bradley Keoun, "Citigroup's $1.1 trillion of mysterious assets shadows earnings," *Bloomberg*, July 13, 2008.

可以汇集成证券,那么这些证券本身便可以汇集成其他证券。因此,如果存在一个债务抵押债券(CDO),那么,便可以有债务抵押贷款 2 号(CDO²,即 CDO 的平方):由债务抵押债券池支持的证券。这仅仅是另一种形式的衍生品,从债务抵押债券衍生而来,就像债务抵押债券是由抵押贷款衍生而来一样,而投资者可以利用 CDO² 实现风险多样化,就像他们利用原来的 CDO 一样。[①]

尽管金融工程师及其客户的创造力都很强,但影子系统存在其弱点。其中一个问题是该系统推出、交易的金融工具复杂度迅速增加。在"发起即持有"抵押贷款方式流行的年代,本地银行知道谁欠了他们的钱以及借款人将如何偿付欠款。但现在,成千上万的抵押贷款被捆绑、分档、切片甚至切丁,出售并转售,几乎不可能知道抵押贷款最终的所有者是谁——很可能只是一千位每人持有千分之一个抵押贷款的人,也无从知道资产的真实性质。随着复杂性的增加,透明度下降。同时,随着证券化每增加一层,要计算出某一给定证券的真

---

① 有关抵押贷款支持证券及债务抵押债券更细致的描述,参见: Gary Gorton, "The panic of 2007," in *Maintaining Stability in a Changing Financial System: A Symposium Sponsored by the Federal Reserve Bank of Kansas City*, Jackson Hole, Wyoming, August 21 - 23,2008 (Kansas City: Federal Reserve Bank of Kansas City, 2009)。

实价值,会变得越来越难,而要估算其风险有多高,则是难上加难。

影子银行体系中不断增加的金融运作规模和复杂性促使其运营商推出各种方法尽力保全自身。方法之一是设计一种针对自身的保险。金融工程师们想出了另一种创新衍生工具,可以用来保护投资者免受之前创新工具带来的风险:信用违约掉期(CDS)。信用违约掉期是一种捆绑债券等相关基础资产的金融工具,如果债券变成坏账,信用违约掉期可以偿清债务。例如,一个持有 1 亿美元通用电气公司债券的投资者,可以每年花 200 000 美元购买一份信用违约掉期。如果通用的债券变成坏账,那么 CDS 的发行人则应偿清全部 1 亿美元的债券。信用违约掉期通常被认为是一种保险,因为它们保护投资者免受投资中的损失。[①]

影子金融系统中另一种投资者尝试保护自身的方式依赖于信用评级机构:标准普尔、穆迪及惠誉等。这些机构负责为新推出的、日益复杂的金融资产进行认证。很多投资者以信用评级为指导,有的金融机构如货币市场共同基金等,在法律上便被要求只能投资于评级较高的资产。甚至,那些规范的大型国际银行的协议要求必须使用这些

---

① 本例子来源:Michael Lewis, *The Big Short* (New York: W. W. Norton, 2010), chapter 2。

评级来确定相关机构必须持有多少资本。①

　　尽管这些信用评级机构提供相关信息,但它们并不是完美的。一方面,他们怀有一些不正当的动机。毕竟,他们受聘于创建资产的公司,对其资产进行评级。因此,当奥蒙德码头或莱茵河想通过发行商业票据满足其营运所需时,它们便会去找穆迪或其他信用评级机构,付钱请其对要发行的商业票据评级。当然,如果一个评级机构未能给出想要的评级,该公司总是可以"货比三家",寻求一个更好的评级。因此,信用评级机构有充分的理由为他们评估的证券提供尽可能积极的评级。② 在某种程度上而言,在不透明的证券化和可疑的信用评级之间,影子银行体系神奇地将金融糟粕转化成黄金,但实际上,可能只是傻瓜

---

① 这些都是巴塞尔银行监管委员会的协议。巴塞尔银行监管委员会为常规的银行监管合作提供了一个探讨平台。该委员会最著名之处,是制定了资本充足率国际标准、银行监管的界定原则以及有关跨境银行业监管的理解性协议。《巴塞尔协定 I》和《巴塞尔协定 II》设定了资本标准;《巴塞尔协定 II》进一步改善资本标准,以考虑风险因素,所依赖的正是在 2008 年危机中失效的信用评级方式及风险评估统计模型。下述资料描述了巴塞尔委员会的组织构成:Bank for International Settlements, "About the Basel Committee," http://www. bis. org/bcbs/(accessed December 28,2010)。

② 参见下列文献中的讨论:Simon Johnson and James Kwak, *13 Bankers* (New York:Pantheon, 2010)。Acharya and Richardson, *Causes of the financial crisis*。后文认为,鉴于债务抵押债券的主要持有者是其他银行,这些"误导性"评级的主要目标是规避资本要求。

们手中的黄金。①

有人质疑影子金融体系的稳健性,以及该系统创造出的连锁性金融关联巨型大厦的稳健性,这些质疑不仅仅关注那些与金钱直接利害攸关的方面。如果金融困境中受损的当事人只是直接借款人和贷款人,那么,在整体社会方面,则不会有什么担忧。但金融机构,包括那些在影子银行体系中运作、资产不计入其资产负债表的金融机构,为现代经济机器提供了润滑油。如果多家银行特别是一些大银行失败,其倒闭产生的影响远远超出了直接当事人。如果金融机构足够大,或它们之间的关联足够紧密,其失败便可以威胁到整个经济体。借贷繁荣时期引起的危害让美国内外的金融监督者有足够的理由采取行动。

但影子金融体系的发展以及对其安全性的关注,突出了传统商业银行和新秩序之间的两个关键区别。首先,商业银行受到存款保险的覆盖性保护。存款保险的目的是限制或消除储蓄人进行银行挤兑的动机,银行挤兑不仅对一家银行,而且对整体经济造成破坏性影响。但影子金融体系中的公司并没有通过公众存款进行借款。例如,投资银行通过短期信贷市场借款,而对冲基金依赖个人投资者。特殊的投资工具通过在商业票据市场发行短期债务

---

① Effi Benmelech, "The credit rating crisis," *NBER Reporter* 1 (2010):10.

借款,这些公司均不受任何形式显性保险的覆盖,保险只会让他们变得更容易受害。其次,商业银行受到美联储承诺的支持,充当"最后贷款人"。美联储承诺借钱给那些陷入困境、不能从别处得到资金支持的银行。这就像存款保险一样,解决了可能会萦绕于整个银行体系的短期流动性问题。但是,没有任何最后贷款人可以在需要稳定影子金融体系时跳出来。如果没有存款保险或最后贷款人,那么,处在影子金融体系和全系统危机之间的便只有政府监管人的警觉度了。

监管风险?

美国人已经以很痛苦的方式了解到金融市场的风险操作会如何搞垮整个经济体。在 1929 年前的一个多世纪里,美国的银行体系一直间歇性地受到恐慌和危机的冲击。从根本上来说,银行是脆弱不堪的,其核心是存在不对称性,即"期限错配",反映出贷款和债务之间、资产和负债之间期限上的分歧。银行借入短期资金,贷出长期资金,如果把钱借给银行的人(储蓄人,商业票据的持有人)决定现在就想取钱,银行不能转身就要求欠他们钱的人立即提前还款。

由于存在"期限错配",信任成为银行运营必不可少的关键因素。即便一家银行在本质上具有偿付能力,但担心陷入困境的储户仍会尽快取走其资金。

整个 19 世纪以及 20 世纪早期,政府在金融危机管理方面动作很小。政府对银行没有任何实质性的支持,这意味着,基本上只能靠存款人自己去了解银行的经营状况。存款人的关注对银行形成一定的约束,但银行活动信息不完整的环境很容易引起不稳定、银行挤兑及恐慌等情况。当这样的问题出现时,往往由银行本身采取必要的干预来稳定市场,通常的做法是以贷款的形式挽救摇摇欲坠的银行。1907 年的大恐慌期间,摩根大通率先劝说其他主要纽约银行为其濒临破产的竞争对手提供支持。

这种私有化的危机管理方法在 1929 年股市崩盘后遭遇惨败。随着房地产价格和股票价格的下跌,银行体系崩溃。由于没有存款保险制度,银行挤兑的浪潮此起彼伏,1930—1933 年,9 000 家银行破产倒闭。银行是企业和家庭获得贷款的关键渠道,银行系统的破坏导致实体经济的急剧下滑,进一步加剧了经济大萧条的严重性和扩散度。

1933 年 3 月,富兰克林·罗斯福就任总统,当时他面对的是一个失败的金融系统和严重的经济破坏。他在就职典礼过后的第二天,宣布开始为期一周的银行假日,其间政府接管、关闭没有偿付能力的银行,并颁布了新的立法,实际上是允许美联储站在背后支持所有的银行存款。几周之内,人们对银行系统的信心得到恢复,银行挤兑停止,经济开始复苏。①

　　但是,1933 年的银行假期,只是一个临时措施。根本上的问题依然存在:紧张的贷款人总是在压力时期随时准备提取存款,这将大大增加压力,并增加紧张度。为了减少这种根本上的不稳定性,《1933 年银行法案》要求成立联邦存款保险公司(FDIC),为商业银行提供存款保险。存款保险消除了储户进行对银行挤兑的诱因。然而,存款保险也存在负面作用,即减少了高警惕储户对银行行为的约束。有了存款保险的支持,银行便有动机去承担比可取水平更高的风险,毕竟,如果他们遇到了麻烦,将会得到联邦存款保险公司的救助。这种被保险人想要承担更大风险的趋势被称为"道德风险",是任何保险活动都存在的一种内在问题。

　　存款保险的益处被保险诱发的过度风险承担抵消了。如果政府提供存款保险,那么它必须对被保险机构进行严格的监管和监督,以确保它们不会承担不必要的风险。因此,1933—1934 年,一个全面的监管框架建设到位,在很大程度上限制了存款保险产生的道德风险。新的监管架构包括一系列机构,要么是美国联邦存款保险公司,要么

---

① 有关这些举措及其影响的总结回顾,参见:William Silber, "Why did FDR's bank holiday succeed?" *FRBNY Economic Policy Review* 15, no. 1(2009):19 - 30。

是货币监理署的库房办公室,抑或是有关国家银行监管机构,与美联储一起对商业银行实施监管。联邦储蓄和贷款保险公司(FSLIC)、财政部储蓄监理办公室或者相关国家机构也同样对储蓄和贷款进行监管。美国证券交易委员会(SEC)对投资银行和股票交易进行监管。部分金融机构是商业银行和投资银行的组合,许多观察家认为,这两类银行的混合经营是 1929 年金融系统产生各种财务问题的根源。因此,《1933 年银行法案》其中有一部分被称为《格拉斯-斯蒂格尔法案》,规定一家公司同时经营商业银行和投资银行是非法的,而现存的混合实体必须拆分或卖断其中一类业务。

但是,美国的金融监管比这里陈述的要复杂得多。有些银行是各州特许建立的,有的则是联邦政府特许建立的。此外,美联储负责监管银行控股公司,即那些控制一个或多个银行的企业实体。因此,甚至商业银行也受到众多州和联邦监管机构的监管。考虑到该系统中还有许多其他类型的金融机构,如保险公司、对冲基金等,人们便可以理解,为什么美国的金融监管经常被描述为一块"拼布床单"。

尽管非常复杂,美国的监管架构在数十年中运作良好。但是,在第二次世界大战过后的几十年里,其监管效果越来越差。金融机构逐渐学会如何通过在管制宽松的司法管辖区重新选址或设立子公司,或通过自我重新界定规避最严格的限制措施。金融家过去曾是寻找套利机会的专家,利用那些机会在一个市场低价买入,然后在另一个市场高价卖出。如今,他们成为"监管套利"的专家,精心选择公司形式及地址,限制监管约束,甚至利用一个监管机构应对另一个监管机构,包括利用一个国家的监管机构应对其他国家的监管机构。① 这就是为什么那么多美国金融机构在伦敦进行更大胆的资产负债表外业务,因为在那里美国监管机构鞭长莫及。其中一个例子便是美国国际集团——全球最大的保险公司,该公司于1987年在伦敦设立了金融产品部。

很明显,到了20世纪90年代,监管架构需要进行一些修正性调整。银行及其他金融机构已经找到方法将许多业务向金融系统中不受管制或管制宽松的部分转移。影子银行系统中传统银行与复杂投资工具的混杂意味着商业银行和投资银行之间的区别实际上已经不复存在。完全不受监管的对冲基金是增长最快的金融市场业务。为了使监管架构更加符合实际,国会通过了《1999年金融服务现代化法案》。该法案允许金融机构之间进行更多的合并和整合。最突出的是,它废除了《格拉斯-斯蒂格尔法案》,打破了投资银行、商业银行和保险公司之间的壁垒。这样一来,该法案让金融机构面临更大的竞争,对它们形成压力,促使他们承担额外的风险,做出一些立法尚未涉

---

① 监管套利有不同的定义。这里引用的定义指的是挖掘、运用不同类别机构或不同行政辖区的管制差异。

及的行为。① 然而,1999 年放松管制,包括废除《格拉斯-斯蒂格尔法案》,更多是认识到金融活动的快速发展,而不是为了进一步为其加速。

监管架构修订以后,金融机构依然有很多机会找到更宽容的监管机构,从事更可疑的业务操作。例如,全国金融公司是住宅抵押贷款最大的发起行之一,该公司在 2006 年将自身从一家银行控股公司改为储蓄和贷款机构。很明显,其目的是要逃脱美联储更严厉的监管,移步至储蓄监督办公室相对宽松的监管范围。②

全国金融公司乐于转变为一个储蓄和贷款机构。这不足为奇,因为这样一来,该公司将在"更富同情心"的监管机构下经营。尤其在乔治·W. 布什政府期间,储蓄监督办公室骄傲地宣称自己反对严格的监管。布什任命的该机构的第一任负责人詹姆斯·吉拉让,对此表现得尤为热情。《华尔街日报》报道说:"2003 年的一次新闻发布会上,几个银行

---

① Barry Eichengreen, "Anatomy of a crisis," VoxEU, September 23, 2008, http://www. voxeu. org/index. php? q = node% 2F1684. Barry Eichengreen, *Exorbitant Privilege*: *The Decline of the Dollar and the Future of the International Monetary System* (Oxford, UK: Oxford University Press, 2010)。该文献认为,《格拉斯-斯蒂格尔法案》的终结将美林证券等独立的投资公司留在监管真空里,监管真空使得它们可以保持过高的杠杆率,也使得它们在危机中脆弱不堪。

② Barbara A. Rehm, "Countrywide to drop bank charter in favor of OTS," *American Banker* 171, no. 217 (November 10,2006):1-3.

监管者手持园艺剪刀,以示他们承诺减少对银行业繁文缛
节般的监管。而吉拉让先生居然搬来了一把小型机械链
锯。"吉拉让管理期间,该机构的工作人员缩减了 20%。^①

    2000 年以后,监管机构不仅发现控制金融系统越来
越难,而且在布什政府期间,有人认为当时的情况需要更
加严格的金融监管。面对这些担忧,监管机构往往无动于
衷,甚至持敌视态度。然而,无论是新金融技术,还是大量
涌入该国的资金,都提出了需要解决的重要问题。其中最
首要的是,随着大幅提高自身的杠杆率,金融机构承担起
更高的风险。图 4 形象地说明,一些金融机构已经处于十
分危险的状况。该图显示了金融部门不同部分的杠杆率,
即资产与资本的比率。银行受到监管机构的限制,但对冲
基金和政府资助企业却没有受到监管,因此,对冲基金杠
杆比率高于 30,这意味着贷款总额是股权的 30 倍。当
然,这些数字并不包括那些已经涌入影子金融体系的渠道
和其他实体融资。

    随着杠杆比率的飙升,金融家们努力确保监管法规不
会限制他们的利润。该国的五大投资银行尤为坚决,因为
与对冲基金等一些"死对头"竞争者相比,它们受到更加严

① Greg Ip and Damian Paletta, "Regulators scrutinized in mortgage meltdown states, federal agencies clashed on subprimes as market ballooned," *Wall Street Journal*, March 22, 2007, A1.

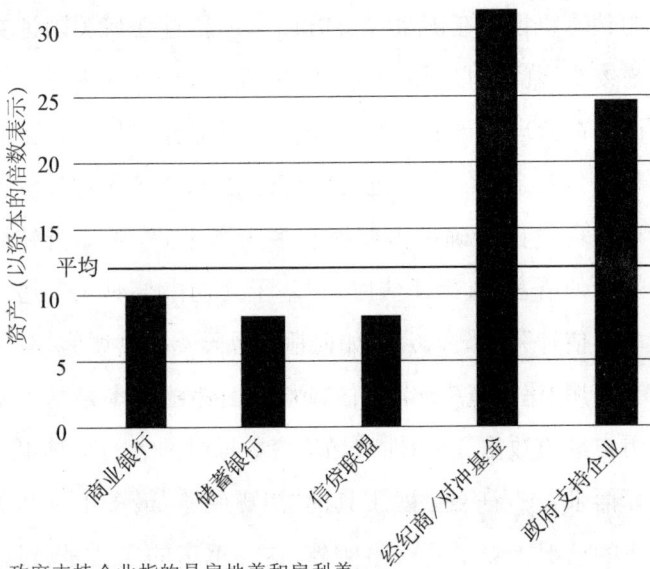

注:政府支持企业指的是房地美和房利美。

资料来源:David Greenlaw, Jan Hatzius, Anil Kashyap, and Hyun S. Shin, "Leveraged Losses: Lessons from the Mortgage Market Meltdown," U. S. Monetary Policy Forum Report no. 2, February 2008。

图 4　高风险产业:2007 年 7—9 月金融部门的杠杆率(资产与资本的比率)

格的监管。2004 年年初,包括高盛总裁亨利·保尔森二世(2 年之后成为财政部长)在内的投资银行代表前往其监管机构证券交易委员会,要求允许他们增加杠杆率。具体而言,投资银行希望美国证券交易委员会放松对其所控经纪公司持有资金的限制。

投资银行认为,监管机构对其各项活动的风险评估有误,比实际情况高得多。他们非常明确地提出,监管机构应当允许投资银行对其投资活动的风险进行自我评估及报告。投资银行声称,这种自我监管是合理的,因为其先进的计算机模型在衡量风险方面远远超过任何美国证券交易委员会的衡量手段。而且,公司及其经理人有充分的理由谨慎管理自己的风险,因此,美国证券交易委员会的参与将是多余的。合乎逻辑的结论便是,应该允许投资银行根据自我评价确定需要持有多少资本。① 正如雷曼兄弟的律师所言,风险评估应当"基于公司内部对年度违约概率的估计"。那么,公司如何评估风险?据其所言,公司将会采用"违约概率(来评估风险),而违约概率是基于实际历史经验数据、前瞻性市场暗含数据或两者的某种组合计算而来"。② 许多金融工具的"历史经验"最多不过回溯几年的情况。除了这一事实外,这一承诺的实质是,银行会根据以往的经验或其模型来得出自己的结论。

2004 年 4 月 28 日,美国证券交易委员会(SEC)的 5 名委员在该机构总部的一间地下室里会面,考虑投资银行提出的要求。该讨论由威廉·唐纳森主席主持,他是一个不折不扣的华尔街人,是帝杰投资银行的创始人,并曾任

---

① Stephen Labaton, "The reckoning: agency's '04 rule let banks pile up new debt," *New York Times*, October 3, 2008, http://www.nytimes.com/2008/10/03/business/03sec.html.

② Joseph Polizzotto and David A. DeMuro, "Comments on proposed rule: alternative net capital requirements for broker-dealers that are part of consolidated supervised entities," March 8, 2004, http://www.sec.gov/rules/proposed/s72103/lehmanbrothers03082004.htm. 约瑟夫·波利佐托是雷曼兄弟的总顾问,而戴维·A.德穆罗是雷曼兄弟法律法规的全球总管。

纽约证券交易所主席。他担任美国证券交易委员会主席
有一年多一点的时间了。对于投资银行的恳求,委员们讨
论了不到 55 分钟。只有一名 SEC 委员即哥伦比亚大学
证券法教授哈维·戈德史密德,说出了他的疑虑,他当时
从大学告假在委员会任职。当安然公司的倒闭让大家注
意到公司存在滥用资产负债表业务的潜在风险时,他正在
保罗·萨班斯参议员(马里兰州)手下工作。安然丑闻导
致了新管制条款的诞生,要求企业对公司账户进行额外汇
报。这位 SEC 委员向戈德史密德保证,只会允许大型成
熟的投资银行提出自身的资本金要求。他指出:"我们提
出只会让那些大型银行这么做,这意味着,一旦有什么差
错,将会引起十分可怕的大麻烦。"[1]其他委员都紧张地笑
起来。但不到一个小时,他们便一致决定答应投资银行的
要求。美国证券交易委员会放宽资本要求,允许投资银行
使用自己的风险管理技术确定各自需要持有多少资本金。
就这样,负责维持金融体系中一个重要组成部分安保工作
的机构便如此高效地决定让金融家们进行自我监督。[2]

---

① Labaton, "Reckoning." "大"被界定为资产超过 50 亿美元的机构。
② 美国证券交易委员会的这一决议也被迫符合巴塞尔协议 II 的基本
  结构,该协议规定了资本要求的标准。但是,是否需要如此仓促地
  做出决定,却并不清楚。美联储直到 2007 年 11 月才同意关于实施
  巴塞尔协议 II 的最后规则。参见:Board of Governors of the Federal
  Reserve System, Press Release, November 2, 2007, http://www.
  federalreserve. gov/newsevents/press/bcreg/20071102a. htm。

面对资金流入和金融繁荣,美国证券交易委员会不是唯一一个报以放松管制的机构。部分监管机构担心商业银行的账簿外经营业务的安全性。因为即使这些融资渠道不记录在银行的资产负债表上,但发起银行仍然要对其特殊目的实体活动负责,而它们并未持有任何额外资本储备来防止这些资产最终产生问题。2003 年,美国证券交易委员会指定的会计准则仲裁者裁定,商业银行必须收回由他们担保的渠道,这将要求他们拨留、存储比之前多得多的资本金。但美国的主要银行监管机构,美国联邦存款保险公司、美联储、美国储蓄管理局、货币监理署办公室等,几乎是马上出面,共同扭转了这一决定,下令说所有发行资产支持商业票据的重要渠道不受这一要求的约束。这实际上意味着,商业银行在影子金融系统中主要的账簿外业务都将置身其外。[1]

无视风险?

随着金融机构不断发放风险更高的贷款和投资,将杠杆提高到前所未有的水平,监管机构的反应最多不过是发出一些微弱之声。20 世纪 80 年代和 90 年代都放松过管

---

[1] 更多细节,参见:Acharya, Schnabl, and Suarez, "Securitization without risk transfer," 13 - 14。

制,很多都是为了解决电子银行和商贸中的新金融现实问题。但 2000 年之后,放松管制转向无管制。对于影子金融体系而言,尤其如此。影子金融体系发展很快,对于经济的平稳运行越来越重要。监管机构本该实施充足资本金需求,以确保该系统能承受冲击。然而,和美国证券交易委员会一样,美国金融监管部门明确决定,要么放手影子金融体系不管,要么由金融机构对其风险实施自我管理。

对于像金融葛根一样疯长的信用违约掉期来说,情况同样如此。《2000 年商品期货现代化法案》将信用违约掉期置于管制之外,允许投资者在场外交易中购买和出售信用违约掉期,即私下直接完成交易,而不是在有组织的市场中进行。这种做法令人十分惊讶,因为信用违约掉期既是衍生工具,也是证券,通常会要求在中心交易所进行交易,其信息发布、业绩披露及谨慎操作,都必须服从明确的规定。其他衍生工具,如利率期货和标准普尔 500 指数期权等,都在芝加哥商品交易所和纽约商品交易所等中心交易所进行公开交易。但信用违约掉期不受任何衍生工具或证券法规约束,因为是私下进行交易,没有什么真实可行的方法可以确切地知道哪些企业在困难时期受到或未受到保护。很明显,若信用违约掉期像保险一样运行有效的话,发行人必须在指定信贷成为坏账时把资金偿付给购买者,但那些发放这类证券的机构也未被要求必须持有储备。信用违约掉期的不透明性掩盖了影子金融体系构成的危险。许多投资者认为，CDS 保障他们免受所承担的风险，但事实证明，风险只是被伪饰起来了。

本来可以期望金融监管机构试着抑制这些活动。然而，所有繁荣时代的产物，包括充斥着未检验新金融工具的影子市场、让投资者无从知晓投资性质的金融创新、利润依赖于规避潜在损失的金融机构，将整个金融体系以及整个经济体置于危险之中。①

但当时华盛顿的气氛被放任金融系统不受管制的强大倾向所主导。美联储主席格林斯潘是放手做法的一个关键发言人。2005 年时，他坚持认为："对过度承担风险的私有化管制已被证明远远优于政府管制。"②虽然在理论和经验上都有很好的理由来质疑他的说法，但当最高金融监管者如此强有力地支持放手的做法时，别人也便尾随其后了。

因此，很少或几乎没有人尝试控制金融中的过度风险。保护银行不受监管者及政治家们干扰的，不只是思想

① 有关这一点的清晰阐述，参见：Viral Acharya, Thomas Cooley, Matthew Richardson, and Ingo Walter, "Manufacturing tail risk: a perspective on the financial crisis of 2007 – 09," *Foundations and Trends in Finance* 4, no. 4(2010):247 – 325。

② Alan Greenspan, "Risk transfer and financial stability," Speech to the Federal Reserve Bank of Chicago's Forty-First Annual Conference on Bank Structure, Chicago, May 5, 2005.

意识。金融作为一个行业,在政治上力量强大。美国的金融机构长久以来便与国家的经济政策制定者保持紧密的联系,而在金融扩张风头正盛的时期,他们利用手中的权力保护金融机构免受潜在的监管。

当然,金融家们冒着很大的风险。2005 年,即 10 年繁荣的中期,金融活动占 GDP 的比例达到前所未有的 8%,高达 4 000 亿美元。[1] 而金融繁荣的参与者获得丰厚的回报,所有企业三分之一的利润被金融业占有。[2] 金融业每一层次,特别是最高层次的报酬都获得上涨,金融业员工与其他行业员工薪酬差额的三分之一来源于金融业对经济体其他部分利润的摄取,而并非源于他们自身创造的经济价值。[3]

2001—2007 年的借贷繁荣时期,金融在美国现代政治经济中的特殊作用显而易见。如果要列出繁荣时期之前、之中以及之后参与关键政策决策的华尔街人名单,这张清单几乎没有尽头。确实,一位记者针对当时作为主要投资

---

[1] Thomas Philippon, "The evolution of the US financial industry from 1860 to 2007: Theory and evidence," Working Paper (New York: New York University, 2008). 菲利蓬估计,企业金融服务占到全球金融服务 GDP 的 70%。

[2] Paul Krugman, "Making banking boring," New York Times, April 9, 2009.

[3] Thomas Philippon and Ariell Reshef, "Wages and human capital in the U. S. financial industry: 1909 - 2006," NBER Working Paper no. 14644 (New York: National Bureau of Economic Research, 2009).

银行之一的高盛,想调查与之相关的有影响力的组织协会。这位记者评论说,记录这些关联"就像列出一张包含一切的清单"。①高盛的前主席罗伯特·鲁宾曾在比尔·克林顿大部分任期担任财政部长,而其继任人是他的门徒劳伦斯·萨默斯。他们作为核心人物制订了重要的监管决策,使得布什政府时期金融热潮成为可能。高盛前首席执行官亨利·保尔森于 2006 年春天开始,在布什政府关键的最后几年里担任财政部长,而布什的幕僚长乔舒亚·博尔顿,是高盛的另一名前任高管。"加拿大和意大利国家银行的负责人都是高盛'毕业生',"制作该名单的记者继续说,"世界银行的负责人、纽约证券交易所的负责人、纽约联邦储备银行的前两任负责人,恰恰是负责监督高盛的监管者。"②

华尔街对华盛顿的影响已经不仅仅是金融家和政策制定者之间的个人关联,2001—2007 年二者存在深刻的相互依存关系。随着赤字的增长,政府依赖国内及国际融资支付其自身的债务,而私有部门的活力同样依赖来自于全球金融机构的持续资金流。金融市场对政府政策的影

① Matt Taibbi, "The great American bubble machine," *Rolling Stone*, July 13, 2009, http://www. rollingstone. com/politics/news/the-great-american-bubble-machine-20100405.

② Matt Taibbi, "The great American bubble machine," *Rolling Stone*, July 13, 2009, http://www. rollingstone. com/politics/news/the-great-american-bubble-machine-20100405.

响主要源于金融在当代美国经济中的中心地位。这一现实促使民主党战略家詹姆斯·卡维尔评论说,如果有轮回,"来世我愿意做债券市场,因为这样便可以威胁到所有人"。① 这一切都不排除利己主义者故意操纵政治进程的可能性——这其实有着悠久的历史。但是,即便没有任何阴谋,美国的政治经济也日益以金融服务业、保险业和房地产复合体为中心。②

所有这一切都使美国的金融体系更加不稳定。资本流入提供了燃料,杠杆操作和更多的风险承担提供了氧气,并确保随时能擦出火花。尽管如此,金融监管机构忽略了这些危险,甚至关闭了一些报警器,而政治影响力极强的金融家们说服决策者,让他们在大火即将燃烧时继续像往常一样办事,就像完全没有烟雾一般,更不用说火灾了。大规模燃烧需要的所有成分都已经到位。

"我们现在都是次贷了"

尽管警告大幅增多,但主要政策制定者继续平静地坐

① David Wessel and Thomas T. Vogel Jr., "Market Watcher: arcane world of bonds is guide and beacon to a populist president—rally seen as endorsement of policy —and it helps economy as rates fall—but it could be a fickle friend," Wall Street Journal, February 25,1993, A1.
② 有关该观点的详细论述,参见:Johnson and Kwak, *13 Bankers*。

观住房价格热涨。① 他们将房价上涨归咎于经济活力：随着生产率和工资上涨，利率又很低，住房和其他资产的价格自然也要上涨。有人则把原因指向人口增长趋势以及土地利用率、税收政策等地区性因素，因为发展热潮主要集中在沿海地区。

2006 年夏天，越来越多的迹象表明，房地产价格已经停止上涨，而且一些地区的住房价格指数甚至下降了。乐观者认为，房地产市场这样的问题是可控的。他们指出，早期的下滑只局限在美国的部分地区。而住宅建筑在国家经济中没有占到特别大的比例，甚至在其高峰期，占比也没有超过 GDP 总量的 5%。而且，2004 年后，美联储已经通过加息给房地产市场降温，因此，也许央行能够轻而易举地实现成功的调控。

新金融体系的生存能力取决于房价的不断上涨，当时的情况确实需要乐观主义者。只要假设住房价格会继续上涨，那么新的抵押贷款便是安全的，包括那些次贷借款人持有的贷款。如果新的抵押贷款是安全的，那么它们支

---

① Dean Baker 早在 2002 年便警告存在泡沫经济。参见：*Dean Baker*, "The run-up in home prices: a bubble," *Challenge* 45, no. 6 (2002): 93 - 119. Dean Baker and David Rosnick, "Will a bursting bubble trouble Bernanke? The evidence for a housing bubble" (Washington, DC: Center for Economic and Policy Research, 2005). See also Robert Shiller, "The bubble's new home," *Barron's*, June 20, 2005.

持的金融资产便是安全的,而那些基于这些资产的资产、为另外资产提供保险的合约资产以及新金融系统下的其他组成部分也便都是安全的。不过,如果房屋价格在全国范围内下跌,整个金融大厦将处于危险之中了,麻烦会从资产跳转到资产,层层相扣,直到整个金融结构都陷入火海之中。

这样的情况将让政策制定者们想起大萧条中的一个核心教训:金融体系经历了间歇性的繁荣和萧条,而这种萧条可能不仅对银行家来说是灾难性的,而且对整个经济都是灾难性的。当城市中心的一个主要建筑着火,势必危及所有其他建筑。这便是消防法规的合理性所在,必须确保房产主们要同时考虑自身行为对他人和自己的影响。就像防火一样,金融稳定是一项公益事业,不能仅通过私营部门来有效实现,而是需要政府参与其中,这是对金融实施全面政府调控的原因。没有调控,银行系统、整个金融体系乃至整体经济都可能会遇到周期性的恐慌和崩溃。2001—2007 年的金融扩张在很大程度上是受到住房价格持续上涨的驱使,这种扩张在突然而至的转变以及随之而来的恐慌面前显得脆弱不堪。乐观的金融界及其政府支持者认为,房价在全国范围内深度大跌,这种转变不可想象。然而,2007 年,这个不可想象的转变开始了。

第四章
死亡漩涡

2008 年 9 月 18 日(周四)晚上,全球金融体系的运转似乎要慢慢停止下来,美国的主要经济政策制定者及国会领导人在众议院议长南希·佩洛西(加利福尼亚州)的办公室召开圆桌会议。财政部长亨利·保尔森宣布会议开始,证券交易委员会主席克里斯托弗·考克斯坐在他身边。保尔森立刻将议程转交给美国联邦储备委员会主席本·伯南克。

"我们在多个方面面临金融危机,"伯南克说,"尽管我们在过去数月积极采取行动,但投资者信心仍在不断丧失。货币市场基金出现了挤兑。最后两家大投资银行处于围困之下。形势是严峻的,美联储已经无计可施了。"美国必须迅速采取一些措施。"我们正走向美国历史上最严重的金融危机……我们正在谈论的,只不过是数日内便即将发生的问题。"伯南克直言不讳。

这次讲话是为了让参会的参议员和国会议员深刻明白,必须立即采取行动。会议达到了预期的效果。参议员查尔斯·舒默(纽约州)说:"你听他们描述情况时,会感觉喘不过气来……在某种程度上,历史停留在那里,就像停滞的一刻。"据参议员克里斯托弗·J.多德(康涅狄格州)回忆说:"我们从来没有听说过这样的话。"①

资本流动周期已经伴随着一声巨响结束,经济前景似乎安危未定。怎么会这样?到底是什么让借款狂潮变成了威胁到美国及世界经济方方面面的金融崩溃?

错误估计的风险

7年来,正如我们已经看到的那样,外国资本大量涌入美国,推动房产融资和住房价格的暴涨。关于这一点,没有什么特别令人惊讶的,因为大多数大规模的资本流入与戏剧性的金融、地产扩张有关。最终出现在房产以及房产融资中的泡沫,也同样不足为奇:扩张常常发展为繁荣,然后形成泡沫。上升最终走到尽头,这也没什么不寻常之

① Lori Montgomery, Neil Irwin, and David Cho, "A joint decision to act: it must be big and fast," *Washington Post*, September 20, 2008, A1.

处。泡沫在增长过程中自我膨胀，但假以时日，它们终究会破灭。在泡沫即将破灭的最后阶段，所需的只是一个情绪逆转，拉动投资者退出市场。这是因为，对于投资者来说，泡沫破灭时的第一规则便是越早脱身越好。因此，美国房产市场将付出一些代价，住房价格将不再以每年10％～15％的速度上升，这些都不可避免。而这场特殊的泡沫具有一些特殊之处，因此，当它突然出现时，整个金融体系都崩溃了。

20 大城市的席勒房价指数——最常见的衡量房价的指标——跟踪记录了泡沫的结束。2006 年年中至 2007年年中，住房价格下降了约 3％。2007 年夏天，该指数开始直线下跌，在之后的 6 个月里下跌 10％。2008 年这一年里，价格下降了近 20％。一年时间里，美国人见证了其房产价值损失了 3.3 万多亿美元。2009 年伊始，美国住房价格不到 2006 年鼎盛时期价格的三分之一，并且继续下降。① 到那时候为止，六分之一美国房主的房产价值低于其所担负的按揭，用该行业的话来说，成为"水下"按揭，五分之一以上的售出房产丧失了抵押品赎回权。

房价的整体下降掩盖了美国某些地区严重得多的经

---

① The Case-Shiller indices are available at Standard & Poor's website：http://www. standardandpoors. com/indices/sp-case-shiller-home-price-indices/en/us/？ indexId = spusa-cashpidff--p-us----.

济崩溃,房产主受损尤其严重。发展热潮曾经尤为突出的地方,崩溃也尤为骇人。对于许多中低收入房主来说,摧毁程度加倍。在洛杉矶、迈阿密和圣地亚哥地区,较低层级房屋的价格于 2007 年年初见顶,是 2000 年价格水平的 3～3.5 倍,之后 2 年的过程中,它们的价格下降了 50％～60％。拉斯维加斯受到的打击更为严重:低层级房产的价格在 2007 年上升到峰值,是 2000 年价格的 2.4 倍,但危机来临时,价格下跌了近三分之二,到 2009 年年中,价格比 2000 年的水平还低了 15％。在这些地方,有一半到三分之二的按揭沉至水下,并有一半的房子丧失了抵押品赎回权。[①] 始于 2007 年 12 月的经济衰退打击最严重的,恰恰是那些原本就已经难以偿付债务的地区和人们。

随着价格的下降,泡沫存活的反馈回路已经反过来了,且变本加厉。那些抵押贷款超过甚至远远超过房产价值的房主,有很好的理由直接放弃房产,把房子交给银行。很多人取消抵押品赎回权,债务人努力摆脱束缚他们的房子,房产价格被迫随之进一步下跌。甚至许多想要努力继续还款的人也被各种金融创新工具拖垮了——而之前,那些金融创新曾让他们的抵押贷款变得极具吸引力。房屋价格上涨时,很容易以极具吸引力的利率对抵押贷款进行再融资;但当房产价格下跌时,再融资便成了不可能的事

①　数据来源:*Zillow.com*:http://www.zillow.com/local-info/。

情。对于数百万享受 2～3 年"温情"还款期限的房产主来说，更是问题重重。他们原本计划在贷款复位到较高利率之前进行再融资，但此时，对于大多数这类房产主而言，利率复位简直让他们无法偿付抵押贷款。2007 年之前，获得充裕的抵押贷款有赖于住房价格不断上涨，与此类似，价格下跌几乎抽干了贷款供给，包括最佳信誉借款人的再融资活动。出于若干原因，抵押贷款市场中的次级抵押贷款市场最先破灭。由于大多数次级抵押贷款并不需要较多的首付，房价稍微下降便可以将抵押权所有人在房产中持有的权益一扫而光，使抵押贷款沉至水下，抵押权所有人便有了很强的违约动机。此外，大多数次级抵押贷款的"温情期—复位期"结构过于极端，利率上涨时尤其如此。这使得次级抵押贷款的存活严重依赖于房价上涨，意味着房屋价格的下降很可能会让房产主面临难以偿付利息的状况。① 而且，许多次级抵押贷款的基础房产正位于曾经经历最严重泡沫、当前正经历最严重萧条的地区，房产主们最初的财务基础通常都很差。到 2008 年年初，四分之一以上的次级抵押贷款房主至少拖欠了 3 个月

---

① Gary Gorton, "The panic of 2007," in *Maintaining Stability in a Changing Financial System*: *A Symposium Sponsored by the Federal Reserve Bank of Kansas City*, Jackson Hole, Wyoming, August 21 – 23, 2008 (Kansas City: Federal Reserve Bank of Kansas City, 2009).

的还款。尽管次级抵押贷款只占到了所有抵押贷款的五分之一,但这类贷款房产占到了取消抵押品赎回权房产的一半。[①]

对于房产部门的其他部分而言,次贷市场只是"煤矿中的金丝雀"。不可持续的借贷和可调利率并不只限于次贷市场。预期房价持续上涨,这也不是次级抵押贷款特有的预期。住房金融部门的旋转木马一直保持向上的自我强化状态:购买房子的人预期房产会升值,而银行家们为这些交易提供融资,是因为他们持有同样的预期。在那样的环境下,低首付、利率复位和可调利率,都不是问题。但这一过程同样可以反过来运行。随着房价下跌,违约激增,住房需求崩溃,丧失抵押品赎回权的房产数量倍增。以上每一个因素都会推动其他因素的产生。一位密切观察房地产市场的观察员于 2008 年年初总结说:"现在,我们都成了次贷。"[②]

房价的持续下跌开始引起布什政府中决策者的关注。

[①] 原始数据参见:Paul Mizen, "The credit crunch of 2007 – 2008: a discussion of the background, market reactions, and *policy* responses," *Federal Reserve Bank of St. Louis Review 90*, no. 5 (2008): 531 – 567. 违约数据,参见 Doris Dungey, "More Moody's subprime data," *Calculated Risk* (blog), October 4, 2007, http://www. calculatedriskblog. com/2007/10/more-moodys-subprime-data. html.

[②] Doris Dungey, "We're all subprime now," *Calculated Risk* (blog), February 12, 2008, http://www. calculatedriskblog. com/2008/02/were-all-subprime-now. html.

然而,2007年3月,伯南克主席确切地告诉联合经济委员会:"次贷市场上的问题似乎可以遏制住了。"①伯南克和其他人都没有意识到,下滑的住房价格会贯穿过去10多年构建起来的住房融资结构。但是,房价下降如何能够拖累整个美国金融体系?金融家们曾经采用的商业模式究竟哪些地方存在缺陷,以至于让他们受损如此严重?

把房产危机转变成金融危机的第一步,是摧毁结构性金融工具赖以建构的基础假设。开发出这些工具的金融工程师们和定量分析师们创造出复杂的模型用以评估与各种资产相关的风险,推出创新证券来降低现存风险带来的冲击。②当住房价格停止上涨、开始下跌并持续下跌时,金融工程师及其客户很快就认定所发生的事情是罕见的、令人难以置信的且难以预料的事。用纳西姆·尼古拉斯·塔勒布的话来说,是一只"黑天鹅"。③高盛的财务总

① Ben Bernanke, "The economic outlook," Testimony before the Joint Economic Committee, U. S. Congress, Washington, DC, March 28,2007.

② 房价除了在个别年份出现下降之外,1929—1933年曾持续下降。相关数据参见下列文献的图2.1: Robert J. Shiller, *Irrational Exuberance*, 2d ed. (Princeton: Princeton University Press, 2009).

③ 塔勒布将黑天鹅界定为"异常值……因为过去没有什么能够确信地指出其存在的可能性"。参见: Nassim Nicholas Taleb, "Black swans and the domains of statistics," *American Statistician* 61, no. 3 (2007): 198 – 200. Nassim Nicholas Taleb, *The Black Swan: The Impact of the Highly Improbable* (New York: Random House, 2007).

监大卫·温尼亚尔在回应房产危机时这样评价资产价格
的变化:"我们观察到的东西,是以 25 倍标准差的速度发
生变化,几天形成一个序列。"① 这完全是无稽之谈:标准
偏差被用来测量变量如何变化,25 倍标准差变化每隔几
千年才会发生一次,而所用的模型仅仅是基于所收集的短
短几年的数据。这种说法也是天真的,因为预测错误是金
融家们不合理地假设房价持续上涨、否定全国性衰退可能
发生——尽管这样的衰退在过去一个世纪发生过好几
次——而导致的明显结果。② 而且,大多数被预测过的金
融工具存在最多不超过 10 年,如果要准确估计它们存在
的风险,10 年的时间实在太短了。③

　　金融工程师错估的,不仅仅是住房价格下跌的可能
性。抵押贷款池的证券化本应大幅降低风险,因为它包括

① Peter T. Larsen, "Goldman pays the price of being big," *Financial Times*, August 14, 2007, http://www. ft. com/cms/s/0/d2121cb6-49cb-11dc-9ffe-0000779fd2ac. html♯axzz19HIZzeQ5.

② 战后时期,房价在 1964 年和 1991 年出现下降。相关计算以下列文献中图 2.1 的数据为基础:Shiller, *Irrational Exuberance*。如本文献更新的数据所示,以通货调整后的数据来看,住房价格下跌相对普遍,20 世纪 70 年代中期、80 年代早期以及 90 年代早期均有出现。

③ 运作模型、理解假设脆弱性的建模者并不是做出相关交易及资产持有决策的高管们,理解这一点很重要。在下列文献中,Gillian Tett 讲述了一名统计专家如何被踢出苏格兰皇家银行,该专家担心统计模型低估了最高批次证券的潜在风险。Gillian Tett, *Fool's Gold* (New York: Free Press, 2009)。

来自许多地区的抵押贷款,而投资者们被确切地告知,那些地区的住房价格不会同时下跌。但 2007—2009 年,房地产市场的低迷基本上是在全国各地同步上演。尽管某些地区的价格下跌开始得比其他一些地区更早,而某些地区价格下跌的幅度超过别的地区,但到 2009 年,几乎整个国家的房价都在下降。抵押贷款支持证券的多样化消失了,因为这一情况对相关基础资产的冲击——住房价格及相关抵押贷款——是息息相关的,而非互不关联。

但是,要把一场住房危机转变成一场金融崩溃,所需的不只是糟糕的预测,还需要金融市场明确依赖这些糟糕的预测才行。事实上,住房价格的崩溃对支撑影子金融体系的资产提出了质疑。同样受到质疑的,还有美国金融业的整体架构。所有这一切都依赖于之前 10 年构建金融创新工具时的基础性预期,而这个预期,现在被证明是错误的。伴随房地产市场繁荣设计出来的结构性金融有着精妙的架构,但这一架构,已经开始危险地摇摆起来。

复合式风险

现在推动美国传统及影子金融体系发展的商业模式都是以与抵押贷款相关的证券为基础的。实际上,几乎每家金融机构——商业银行及其渠道、投资银行、对冲基金等——都依靠对住房抵押贷款证券的投资。如果抵押贷款成为坏账,基于这些贷款的证券也同样会变成坏账,甚至情况会糟糕得多。抵押贷款相关证券体现的预测问题越多,证券以及主导整个美国金融体系的商业模式所遭受的结果便越具灾难性。

债务(或抵押贷款)抵押债券(CDO 或 CMO)得以流行的一个主要原因是它们背后有抵押品或抵押房屋担保。即便以 25 万美元房产抵押发放的 20 万美元贷款未能实现偿付,银行(或其他服务代理)依然可以收回房子的抵押品赎回权。这一过程烦琐且成本高昂,但至少或多或少地保证了投资者可以拿回自己的钱。然而,这种计算是以房产价格持续上升,或至少不下降为基础。如果根据全国房子价格下跌的情况,房子目前只值 15 万美元,那么即便收回房子的抵押品赎回权仍然意味着投资者要遭受巨大的损失。随着抵押品价值的下降,抵押贷款的价值也会下降,之后,基于抵押贷款推出的证券的价值以及相关投资的价值也便会下降。抵押品本应提供的安全性一去不返。

已成为美国财政支柱的结构性金融遭受了严重的损失。不仅抵押贷款支持的证券正在失去抵押品的支持,而且房产主已经拖延支付其贷款,抵押贷款的价值下降,基于这些抵押贷款的任何证券的价值也随之下降。如果只是一个或少数房主遇到了麻烦,那么问题可能可以通过多元化的抵押贷款池消散掉。但现在,一千多万房主都严重拖延付款,并且有五分之一的抵押贷款沉至水下。

主导市场的复杂金融工具竟然如此脆弱不堪。批次构建设计是为保护高级别的投资者(信誉更高)免受低信誉抵押贷款所致问题的困扰。如果抵押贷款池陷入困境,高级批次的投资者本应受到保护,免受低级批次投资者遭受的危险。但是,由于问题的恶化速度远远超过金融工程师们的预计,困境一直上行,危及评级最高的批次。房价下降速度越快,违约率和丧失抵押品赎回权的次级抵押贷款量飙升速度越快,破产的证券批次越多。原本的想法是要建立起一个结构,让稳健的证券免受一般抵押贷款的感染,但不仅没有实现这一目的,而且批次结构使得成为坏账的抵押贷款——有毒资产——可以感染毒害更高级别的批次,而那些高级别的批次原本被视为几乎没有风险。

随着这种资产腐化的蔓延性得到证明,低批次证券的问题很快就以越来越快的速度影响到较高批次的证券。2007年3月,第一太平洋咨询公司的罗伯特·罗德里格斯及其同事在与惠誉信用评级机构的分析师进行讨论时,深刻认识到这些影响的严重性,他们想看看事情可以变得有多糟糕。惠誉分析师告诉罗德里格斯一行,他们的评级依赖于每年对房产价格升值(Home Price Appreciation, HPA)的预期。罗德里格斯回忆说:"我的同事接着问:'如果长时间内房产价格升值(HPA)持平的话,会发生什么情况?'他们回答说,他们构建的模型便会开始瓦解。他接着问:'如果 HPA 在持续一段时间内下降 1%~2%,会发生什么情况?'他们说,他们的模型将彻底崩溃。他又接着问:'如果下降 2％,可以危及哪个级别的证券?'他们回答说可能会危及 AA 甚至 AAA 级别的证券批次。"[1]意思非常清楚:房价下降 2％便能够把级别最高的资产变为垃圾资产。而在实际下降过程中,房产价格在 6 个月中下降了 10％以上。

随着危机进一步聚集,投资者及其他人在过去 10 年构建的金融构架中发现了新的问题。其中一个便是,金融工程师们使得投资者很难弄清楚他们的投资究竟出现了什么状况。这一难点是由最终投资者和最初抵押贷款债务人之间的复杂关联导致的,这在《纽约市人》刊载的一幅漫画中得到生动的体现:漫画中两个颇为困惑的歹徒在一间办公室里抱怨说:"有了这些信用违约掉期,我就再也搞不明白我到底该折断谁的腿。"[2]金融工程师们在添加复杂度越来越高的证券化层次时,同时也降低了整个金融体系的透明度。这意味着,随着复杂化程度增加,问题便不只局限于特定的抵押贷款、特定的抵押贷款池、特定的抵押贷款人或特定的抵押贷款支持证券投资人。这些不透明的操作层层堆积,而堆积的方式几乎没有人能够理解,

---

[1] Robert L. Rodriguez, "Absence of fear," Speech to the CFA Society of Chicago, June 28, 2007.

[2] Published in the *New Yorker*, February 9, 2009, 44; 漫画的作者是 Paul Noth.

到处引发巨大的不确定性，到处充斥着惊恐的投资者。

　　随着抵押贷款市场在漩涡里不断下滑，另一个问题涌现出来，"发放即分散"这一抵押融资模式带来的优势降低了银行审慎评估借款人及其借款目的的动力。如果银行可以摆脱贷款负担，那么便不用真正担心过几年借款人是否违约。届时，这将成为别人的问题。当投资者逐渐认识到抵押贷款人曾在许多情况下毫不考虑贷款标准时，他们对自身投资资产潜在价值的担忧只会增加。

　　也有人怀疑，许多次级抵押贷款是有问题的，甚至具有欺诈性。事实上，联邦调查局发现，抵押贷款欺诈已经越来越普遍。通常情况下，业内人士会串通借款人伪造收入报表，夸大房产评估，或以其他方式欺骗最终投资者，使他们误以为购买到比实际情况更有价值的资产。① 一些涉及其中的金融机构甚至被指责故意将证券与不良抵押贷款挂钩，这样他们和他们的客户便可以针对这些证券投机下注。2010 年 4 月 16 日，美国证券交易委员会指控高

---

① Suzanne Kapner, "FBI to target mortgage fraud," *Financial Times*, June 11, 2010. "Fraud for Profit is sometimes referred to as 'Industry Insider Fraud' and the motive is to revolve equity, falsely inflate the value of the property, or issue loans based on fictitious properties." FBI, "Financial crimes report to the public: FY2006" (Washington, DC: Federal Bureau of Investigation, March 2007), 21, http://www.fbi.gov/publications/financial/fcs_report2006/publicrpt06.pdf.

盛与对冲基金经理约翰·保尔森合伙推出一旦房价下跌便会破产的证券,这样保尔森便可以就此进行投机下注。之后,高盛将这些证券出售给其客户,其中包括德国银行IKB德意志工业银行,而且没有透露这些证券预期会破产的信息。这其中便包括肯·盖伊代表国王郡投资池购买的证券。随着事件的发展,保尔森通过押注这些证券获得近10亿美元,高盛获得了1 500万美元的费用,而IKB 1.5亿美元投资中的大部分则成为损失。① 之后,这些损失便转嫁给包括国王郡在内的其他证券投资者。

美国金融业的复杂结构使得掩盖欺诈、滥用和误用等行为更加容易。随着住房价格暴跌,这些弱点显露无遗,纸牌搭成的金融大厦层层坍塌下去。

没有市场时的逐日盯市

2007年一整年中,住房融资困难一直都在增加。很明显,住房价格已经停止上涨,甚至开始下降,但由于结构化金融工具缺乏透明度,人们更难估测问题的严重程度。正如一位资产管理者所言:"没有人知道次贷证券真正值

---

① Dan Wilchins and Karen Brettell, "Factbox: how Goldman's ABACUS deal worked," Reuters, April 19, 2010. The SEC reports on its complaint at http://www. sec. gov/news/press/2010/2010-59. htm (accessed December 29,2010).

多少钱。"①但之后，另一个金融创新修正了这一错误。2006年1月，一个名为麦盖提的公司推出了一个名为ABX的资产支持证券指数，跟踪计算次级抵押贷款支持证券的价值。该指数根据一组基于次级抵押贷款、由大投资银行发起的证券编制而来，不同信用评级的证券对应不同的指数。先前投资者只能用相对不精确的方法来评估他们考虑购买或者持有的抵押债务证券，新的指数能够通过不同的评级反映CDO的估值。在第一年，该指数是稳定的。但到2007年年初，随着灾难暗示开始流传，它给出了明确的警告。

2007年2月，信用评级机构已开始下调部分较低批次抵押贷款支持证券的评级，ABX指数开始下滑。到了月底，次级抵押贷款支持证券最低批次的ABX指数下跌近40%。这些下跌都集中在低评级批次中，一些投资者对此甚感安慰，甚至期望这些下跌的指数到春天能够稳定下来。但7月，较低批次债券开始另一轮下跌，而这一次的下跌触及评级较高、相对安全的证券批次。到2007年8月底，较低批次债券每美元勉强值35美分，而位居第二位的AA级别批次的指数下降了30%以上，甚至AAA级

---

① 下列文献引用了这一观点：Grace Wong, "Behind Wall Street's subprime fear index: understanding the ABX," *CNNMoney. com* (2007), http://money.cnn.com/galleries/2007/news/0711/gallery. abx _index/index. html (accessed December 29,2010)。

别的指数也下跌了 10％。① 与此同时,穆迪迅速下调数千
批次结构性融资证券的评级,其中三分之一被降级的证券
曾高居穆迪的最高评级:AAA,这一类别本被认为是几乎
无风险的。这意味着,价值数万亿美元由次级抵押贷款支
持的证券现在贬值到只占原始值的一小部分,而且这一小
部分还在不断萎缩。② 住房金融市场的次级抵押贷款业
务接近于自由落体下滑。

甚至会计准则都难辞其咎。一般公认会计原则要求
金融机构必须确保其资产要"按市价计值"。这意味着,他
们必须根据当时市场对资产的估值将资产的价值记录在
账簿上,而不是记录购买价格或其他数值。银行可能会
花费 100 万美元购买某种抵押贷款支持证券,如 CDO,
购入时背后支持这一证券的抵押贷款都是最新的。但
随着房主拖延贷款偿付或违约拖欠大量基础抵押贷款,

---

① ABX 实际上是信用违约掉期的一个指数,该指数计算了为这些交易
提供保险的成本,并不是交易本身的成本。不同形式的指数定价不
同,这里引用的 7—1 系列指数反映了 2006 年下半年抵押贷款的情
况。更详细的描述,参见: Markus Brunnermeier, "Deciphering the
liquidity and credit crunch," *Journal of Economic Perspectives* 23,
no. 1 (2009): 77 - 100; and Gary Gorton, "Information, liquidity,
and the (ongoing) panic of 2007," *American Economic Review* 99,
no. 2 (2009):567 - 572。

② Effi Benmeluch and Jennifer Dlugosz, "The credit rating crisis,"
NBER Working Paper no. 15045 (Cambridge, MA: National
Bureau of Economic Research, 2009).

银行所购债务抵押证券的价值便会下跌。这时,银行必须重新估值该证券的市场价格,目前已经大大低于 100万美元了。

在正常情况下,当市场提供有关资产真实价值的准确信号时,以市定价原则是有道理的。但在动荡时期,市场会受到各种力量的猛烈冲击,这些因素影响市场资产估值能力,并通过与经济基础无关的方式发送出旋涡式价格信号。由于越来越多的抵押贷款同时被拖欠,尽管它们仍然持有相同的负债,仍然持有监管者规定的相同数量的准备金和资本要求,但它们所支持的证券的市场价格下跌,银行记录在册的资产价值变少。这会迫使银行出售部分资产,如债务抵押债券等,以保持自身偿付能力。这类"火灾品拍卖"本身会产生更多的压力,促使CDO 价格下降,从而使得银行投资组合中剩余资产价值变得更少,又会迫使银行出售更多的资产,造成 CDO 价格的进一步下跌。按市值计价这一合理会计原则在大规模不良反馈回路上又添加了一个要素,使得资产价格变化更加极端,推动价格无节制地降低,就像当初推动它们无节制地上涨一样。

聪明的金融工程师们继续加剧金融困局。正如连续多层的证券允许金融机构利用杠杆作用提高投资的规模,分层使得某一层次的问题通过影响其他层次成为复合式问题。特别是 CDO^2,对于抵押贷款市场的恶化极为敏感。先前设计这些证券的假设便是全国各地的抵押贷款问题不会同步发生。但随着住房价格在全国范围内下降，相关系数很快上升并突破预期，证券很快失去原有的价值。即便是评级最高的 CDO^2 也是如此。如果各种抵押贷款违约拖欠比原先假设情况下的相互关联度更高，那么具有 AAA 评级的次贷支持 CDO^2 也可能会直接成为垃圾资产。

CDO^2 甚至对日益升高的抵押贷款违约率更加敏感。一个典型的评级为最高级别 AAA 级的 CDO^2 可能会导致5％的违约率。如果实际违约率升至10％，相关批次的证券将成为垃圾证券，最多每美元仅值50美分。截至2007年年初，发放于2005年或2006年(鼎盛时期)的某个次贷发生违约的概率为20％左右。[1]

随着越来越多的抵押贷款支持证券成为有毒资产，以信用违约掉期(CDS)为代表的、类似于保险的金融工具在很大程度上也成了虚幻之物。从理论上讲，信用违约掉期让投资者可以保护自己免受风险。但在实践中，其主要市场中的投资者视其为投机金融工具，也就是说，作为一种

---

[1] Joshua Coval, Jakub Jurek, and Erik Stafford, "The economics of structured finance," *Journal of Economic Perspectives* 23, no. 1 (2009):3–25。只要违约相关性从0.2上升到0.6，AAA 批次的证券便会成为垃圾债券。

对其他资产下注的方式。① 截至 2007 年,CDS 基础信用
违约掉期合约的实际价值约为 2 万亿美元,但当时,CDS
未偿贷款的价值超过 50 万亿美元,其中大部分是纯投机
目的,使用借款购买。② 有了这种增值扩散之后,一旦有
事情出错,合约背后便很可能没有足够的资金作为支撑。
此时看来,这类工具被称为"保险"似乎越来越有道理了,
很显然,其持有者不可能兑现所有保护合约。信用违约掉
期是进行场外交易,也就是说,只是在两个当事人之间进
行,这一点让问题变得更加混杂,因此,没有人可以从更广
阔的视野来了解金融系统整体可能会产生如何严重的
问题。③

随着抵押贷款支持的资产分布到整个金融系统,危机
迅速蔓延到整个经济体。只有三分之一抵押贷款支持的
资产由联邦保险公司承保的商业银行持有,其余的持有者
都是投资银行、人寿保险公司、养老基金、外国投资者以及

---

① 这是 ABACUS 2007 - AC1 交易的案例。在该案例中,证券交易委
员会最终控诉了高盛投资公司。对冲基金经理约翰·保尔森购买
了信用违约掉期,如果高盛发行的债务抵押债券出现违约,该掉期
将对其进行偿付。但是,保尔森实际上并没有购买任何与 ABACUS
相关的债务抵押债券。参见: Steve R. Waldman, "Deconstructing
ABACUS," *Interfluidity* (blog), April 25, 2010, http://www.
interfluidity. com/v2/date/2010/04。

② *BIS Quarterly Review*, June 2010, table 19.

③ Rene Stulz, "Credit default swaps and the credit crisis," *Journal of
Economic Perspectives* 24, no. 1 (2010).

州市政府基金,如华盛顿国王郡的肯·盖伊。①

　　这一下滑构成一个巨大的讽刺。证券化及抵押贷款衍生工具的共同目的都是要把特定地区的风险扩散到整个国家甚至全世界。如此一来,全国各地到处都能感受到南佛罗里达州和南加州的住房灾难。与风险分散相对应的是证券化增加了整个系统的风险。美国最重要的金融机构都已经投资于那些被隔离保护、不受区域房地产低迷影响的资产,但这些资产都受到了全国住房价格下降的大幅影响。因此,面对遍及整个系统的冲击,美国金融体系几乎毫无防备。对整个国家财政至关重要的所有层次的投资都进入瓦解状态,随之拉垮整个金融系统。②

　　2003 年,沃伦·巴菲特曾警告伯克希尔·哈撒韦控股公司的股东,要提防复杂的、缺乏透明度的金融创新工具。这位美国最著名的投资人说道:"衍生品是大规模杀伤性金融武器,其所带来的危险尽管现在处于潜伏状态,但都具有致命的潜力。"③巴菲特的警告现在看来似乎特

---

① Joseph G. Haubrich and Deborah Lucas, "Who holds the toxic waste? An investigation of CMO holdings," Federal Reserve Bank of Cleveland Policy Discussion Paper no. 20 (Cleveland: Federal Reserve Bank of Cleveland, 2007). 商业银行是最大的持有个体。

② Coval, Jurek, and Stafford, "Economies of structured finance," 4.

③ Letter from Warren E. Buffett, Chairman of the Board, Berkshire Hathaway Inc., to the Shareholders of Berkshire Hathaway Inc., February 21, 2003, http://www.berkshirehathaway.com/letters/2002pdf.pdf.

别恰当,因为以住房为基础的衍生工具变成了有毒资产,毒害原来稳健的投资。各处投资者对金融体系的信心迅速丧失,并且呈现漩涡式下滑,导致传统的银行挤兑。但是,当一个国家的金融体系不再由银行而是由衍生品市场主导时,怎么会产生银行挤兑呢?世界即将找出这一问题的答案。

对手风险

即使没有银行,现代金融体系依然可能会遇到银行挤兑,因为结果表明,投资者可以在影子银行系统中进行挤兑,就像传统的银行挤兑一样具有毁灭性。在传统的银行挤兑中,储户担心银行会破产,于是决定撤出资金。借钱给银行的存款人通常会担心银行自身的投资变成坏账。用会计语言来说的话,银行对存款人持有负债,即欠存款人钱,对债务人持有资产,即债务人欠银行钱。如果银行的债务人无法偿还银行的钱,或者银行的投资赔钱了,银行便不能偿付存款人的钱,即银行的资产不足以支付其负债。银行挤兑会导致更广泛的恐慌,进而冻结整个金融体系,随之冻结的是整个经济——20 世纪 30 年代初,在美国出现存款保险和广泛的金融监管之前,便出现了这样的状况。

当人们对对冲基金、投资银行、特殊目的实体及衍生工具失去信心时,类似的情况也会出现在影子银行体系。例如,为了进行投资,投资银行在短期货币市场借入资金。这意味着,他们必须不断让短期借款"续期",以满足资产要求,就像商业银行必须说服储户把钱保存在银行一样。许多这样的贷款期限都非常短,通常只是隔夜投资。在鼎盛时期,连全国最小的投资银行贝尔斯登都持有约 4 亿美元资产,每天必须续期 5 000 至 6 000 万美元。[①] 杠杆越高的金融机构,越依赖于短期市场借贷,也更依赖于能否将这些借贷续期。[②] 如果那些把钱借给投资银行的人担心银行的资产会变成坏账,他们便会拒绝将短期贷款续期。如果投资银行借不到钱,则必须卖掉部分资产以偿还债务。如果所有的投资银行借钱都越来越难——这可能是因为有关其投资安全的担忧广泛散布——那么,他们都会试着一次抛售所有资产,拉动资产价格下跌。

信心丧失会启动"死亡漩涡"。例如,关于抵押贷款支持证券的担忧会促使短期贷款发放者减少给投资银行的

---

① "Bear Stearns execs to face financial crisis panel," *All Things Considered*, NPR, May 4, 2010.

② 拉格拉姆·拉詹在下列演讲中阐释了冒更大风险的诱因:Raghuram Rajan, "Global current account imbalances: hard landing or soft landing," Speech at the Crédit Suisse First Boston Conference, Hong Kong, March 15, 2005, http://www.imf.org/external/np/speeches/2005/031505.htm。这篇演讲也以论文的形式发表,在当时散播甚广。

放贷;投资银行不得不卖掉他们的抵押贷款支持证券,来偿付负债;抵押贷款支持证券的价格会进一步下降,促使短期贷款发放者从投资银行撤出更多的贷款;如此反复。

对冲基金、特殊目的实体以及影子金融体系的其他组成部分都面临类似的问题。诸如莱茵桥和奥蒙德码头之类的融资渠道通过发行短期资产支持商业票据来筹集资金,而获得资金后会再次投资于抵押贷款相关的证券,如债务抵押债券。奥蒙德码头的贷款人愿意购买该渠道的商业票据,是因为这些短期债券背后有奥蒙德码头所购买的抵押债务担保的支持(毕竟,奥蒙德码头是资产支持商业票据)。2007 年年初,危机袭来之前,奥蒙德码头购买了价值 100 亿美元的资产、CDO 以及其他证券,作为 98 亿美元商业票据的抵押品。

但是,渠道融资依赖于其所能提供的抵押品,而抵押品则有赖于融资渠道投资的表现。2007 年,作为基础支持资产的抵押贷款价值下跌,CDO 的价值也随之下跌;而由于 CDO 的价值下降了,它们作为抵押品的价值也便下降了。截至 2007 年 9 月,甚至评级很高的 CDO 也价值下跌了,100 亿美元的 CDO 只能为 90 亿美元商业票据借贷作抵押。奥蒙德码头不得不卖掉 8 亿美元的资产来偿还无法续期的商业票据。当然,这种被迫抛售进一步加剧了 CDO 价格的下降,如死亡漩涡一般发展。截至 2007 年年底,100 亿美元的高评级 CDO 只允许发行 80 亿美元的商业票据,因此奥蒙德码头不得不卖掉另外价值 10 亿美元的资产。这是大多数最高评级抵押贷款支持证券经历的情况。低评级 CDO 的价值以至少 2 倍的速度下降,到 2008 年初期,它们甚至已经不能作为抵押品了。到 2008 年中期,甚至 AA 级的 CDO 都不再被视为好的抵押品。[①]

把钱借给金融机构的短期贷款人开始越来越多地相信,这些机构做出了糟糕的投资决策,正冒着失败的风险。投资者拒绝给投资银行、对冲基金、融资渠道以及其他非银行机构赖以依存的短期贷款,如短期商业票据等。[②]

描述这种市场挤兑现象的流行词是"对手风险",即合约的一方未能履行其义务。最常见的对手风险是债务人违约拖欠债务。随着次贷危机演变成范围更广的金融危机,以前一直乐于贷款给商业银行、投资银行、对冲基金、特殊目的实体和融资渠道的投资者越来越担心这些金融机构背负着某些非常糟糕的投资,可能无法偿还债务。这

---

① 这些数字源自下列文献中的表 1:Gorton, "Information, liquidity, and the (ongoing) panic." 这些数字时间上指的是回购市场中的估值折扣,即作为担保或抵押品的资产市场价值中扣除的百分比估值折扣,但为了简化解释,我们将其直接与资产支持商业票据联系起来。也可以参见:Randall Dodd, "Subprime: tentacles of a crisis," *Finance and Development* 44, no. 4 (2007); and Randall Dodd and Paul Mills, "Outbreak: U. S. subprime contagion," *Finance and Development* 45, no. 2 (2008).

② 大多数的实际举措都是在回购市场中,而不是商业票据的直接问题,但影响是相同的。

让商业票据市场受到尤为严重的打击。2007年中期,许多投资者干脆停止购买资产支持商业票据。这时,短期贷款仓皇逃离,引发银行挤兑时产生的所有影响。

影子金融体系各主导元素如何导致短期融资干涸的另一个表征是从前鲜为人知的一个指标——"泰德利差"(TED)。这是3月期国库券(缩写"T")利率与3月期伦敦银行同业拆借利率(LIBOR,最初是欧元与美元的汇率,缩写"ED")之间的差额。因此,TED中的"T"是银行或者其他金融机构将资金囤放在无风险的3月期国债所获得的收益,而"ED"指的是银行借款给3月期伦敦银行同业市场获得的收益。在平常情况下,一家银行借款给另一家银行几乎是无风险的,泰德利差通常约为0.3%,也就是说,3月期伦敦银行同业拆借利率比3月期国库券的利率高出0.3个百分点。但2007年夏天,这种利差开始上升,因为对手风险使得借款给银行及其他机构变得非常谨慎,甚至借款给非常大的国际银行也是如此。2007年8月,泰德利差上升到2%以上,是正常水平的7倍,即便世界上最大的银行也越来越难借到资金。这是终极的对手风险,花旗银行不愿借钱给高盛,反之亦然,因为它们担心借出去的钱得不到偿付。死亡漩涡拉开了帷幕。商业银行的挤兑和影子金融系统的挤兑看起来似乎有一个很大的区别。商业银行体系的挤兑可以通过存款保险避免死亡漩涡,因此储户没有理由撤出资金,也可以由最后贷款人发放紧急贷款来阻止漩涡出现。影子金融体系既没有存款保险，也没有最后贷款人，进入死亡漩涡后很快便面临死亡的危险。

崩溃

2007 年 6—7 月，由于评级机构下调了一批又一批 CDO 的评级，对冲基金面临越来越大的压力。对冲基金的投资者撤出越来越多的资金。由于对冲基金提供给贷款人的抵押品价值下跌，投资者对其寻找更多资金付现的要求达到最高。很快，与贝尔斯登相关的两个对冲基金无法提供足够的支持。其中一只基金的债权人购买了 8.5 亿美元已被用作抵押品的 CDO，但他们的买家只购买了 1 亿美元的证券。这样让贝尔斯登陷入任人摆布的困境：尽管母公司只在这些基金中注资约 4 000 万美元，但杠杆非常高，以至于 2007 年 6 月的救助计划要求贝尔斯登向这两只基金注入高达 32 亿美元的资金。^① 即使有这样大规模的援助，这两只基金到 7 月底还是破产了。在大致相同的时间，莱茵桥融资渠道的崩溃带动其赞助行德国银行

---

① Mark Pittman, "Bear Stearns fund collapse sends shock through CDOs," Bloomberg, June 21, 2007, http://www. bloomberg. com/apps/news? pid = newsarchive&sid = a7LCp2Acv2aw&refer = home.

IKB 走向失败。肯·盖伊和各处的市级资金都开始受到影响。接下来的几个星期,更多的美国及欧洲银行倒闭。

高盛的一些内部旗舰对冲基金是下一个感受到压力的对象。其中一只被称为"全球证券机会"(GEO),在 2007 年 8 月初损失了三分之一的价值。高盛作为该基金的发起者,不得不向该基金注入 20 亿美元以充实其资本金。高盛另外两只基金,"北美股票机会"(NEO)和"全球阿尔法"(Global Alpha),也倒霉地走上下坡路。在接下来的几个月里,这 3 只基金的资产从 160 亿美元暴跌到不到 40 亿美元,而 NEO 不得不被关闭。① 恐惧蔓延至欧洲,美联储和欧洲央行注资约 1 500 亿美元到隔夜市场,允许银行之间更加自由地借贷。

随着问题的蔓延,美联储做出反应,以极快的速度放松货币政策。2007 年 9 月,央行再次降低利率(联邦基金利率),从 6.25% 降至 5.75%,之后到 12 月再降到 5.50%。然而,糟糕的局面仍然在蔓延。2008 年 1 月 22 日,美联储将联邦基金利率降低到前所未有的 75 个基点(即 0.75%),并且仅仅在一周之后便再度降低了 50 个基点。3 个月内,美联储将利率降低了 2.25 个百分点。政策制定者开始严肃地对待这些问题。但只要房价继续恶

---

① James Mackintosh and Ben White, "Goldman reclaims most of $2bn rescue funds," *Financial Times*, March 26,2008.

化,他们的选择便十分有限。①

　　央行剩下的主要调控工具是把钱借给那些身陷囹圄、在其他地方难以借款的金融机构。在正常时期,美联储通过"贴现窗口"把钱借给需要流动性(现钱)的商业银行。这一方式能让美联储以相对便宜的利率发放贷款,要求借款银行提供抵押品,通常是国库券或其他高级别证券。到2007年年底,许多最需要钱的银行没有足够的合格证券作抵押。此外,求助于贴现窗口的银行被视为深陷困境,这可能会加剧他们面临的挤兑。由于这些原因,2007年12月,美联储为商业银行设立定期拍卖工具(TAF)。根据TAF条款,美联储可以接受许多其他资产作为抵押品,包括抵押贷款支持证券,只要它们的评级达到AAA级。此外,使用该工具将是匿名的,这样银行可以避免贴上任何潜在的困境标签。

　　但央行不能采取措施影响持续下降的房屋价格,而这正是金融风暴集中爆发的根本原因。支持金融系统的基础资产——抵押贷款支持证券背后的抵押贷款——以更快的速度变质。次贷以外其他类别抵押贷款的拖欠和违约率持续上升,全国各地都是如此。随着抵押贷款相关证券、债务抵押债券以及其他衍生产品的价格不断下降,有

_____

① Brunnermeier, "Deciphering the liquidity and credit crunch,"该文献对年代大事做了非常好的梳理和总结。

关金融公司整体健康状况的猜疑快速增加。投资者甚至开始担心与房利美和房地美所欠贷款相关的风险,这两个政府资助企业是抵押贷款支持证券的主要发行者。

随着忧虑贯穿整个金融系统,更多脆弱的机构开始受到威胁。主要投资银行中最小的贝尔斯登银行曾在繁荣时期进行十分积极的扩张。这让该公司的基础尤为摇摇欲坠。贝尔斯登一直非常倚重短期借款为其持有的资产提供资金:它有将近 4 000 亿美元的资产,但只勉强持有 110 亿美元的资本金,杠杆率超过 35∶1。[①] 这让它在流动性风险面前很容易受到冲击——流动性风险指的是每天债务续期的可能性。贝尔斯登在 CDO 及其他抵押贷款支持证券方面也存在非常严重的问题,包括了质疑声与日俱增的房利美和房地美债务。2008 年 3 月,贝尔斯登被发现持有巨额的凯雷资本。凯雷资本是一个以抵押贷款支持证券融资的渠道,已经成为坏账,其违约拖欠的债务超过1 600 亿美元,其中便包括欠贝尔斯登的债务。

贝尔斯登的投资走向失败,没有人愿意借钱给它,它的消亡似乎是不可避免的。美联储和财政部的官员担心这一美国主要投资银行的失败会进一步扰乱市场。该公司拥有 1.5 亿活跃交易,交易对手分布在世界各地;理清

---

① Roddy Boyd, "The last days of Bear Stearns," *Fortune*, March 31, 2008.

这些债权人非常困难,任何有关他们可能难以得到偿付的暗示都将把市场抛入到白热化的恐慌之中。美国联邦储备委员会认为:"鉴于金融市场当前的脆弱状况、贝尔斯登在这些市场中的显著地位以及贝尔斯登失败将导致的蔓延预期,最佳的解决办法是通过摩根大通公司的金融安排为贝尔斯登提供临时紧急融资。"①

因此,2008 年 3 月 16 日,政府安排摩根大通以每股 10 美元接管贝尔斯登,不足一年半前股价的 95％。即便价格如此低廉,美联储为了说服摩根大通接受这笔交易,必须保证购买 300 亿美元由贝尔斯登的抵押贷款支持的资产。

贝尔斯登的问题与其他备受困扰的金融机构遇到的问题并无太大差异。随着恐惧蔓延,经济决策者尝试寻求更多的方式稳定市场。央行将联邦基金利率降至 2％,并建立一个新的机制——定期证券借贷机制(TSLF)。这是第一次允许商业银行采用资产抵押证券作为担保品向美联储借钱。

然而,坏消息依然不断。自 2007 年年中起,美国最大的抵押贷款机构、负责近五分之一美国抵押贷款的全国金融公司开始陷入困境。2008 年 1 月,美国银行接管全国金

① Minutes of the Board of Governors of the Federal Reserve System, March 14, 2008, http://www. federalreserve. gov/newsevents/ press/other/other20080627a1. pdf.

融公司的谈判开始。随着谈判一拖再拖,该机构显然已经深陷困境。最终,美国银行在2008年6月达成交易,以全国金融公司上年同期市值六分之一的价格成交。同时,伊利诺伊州和加利福尼亚州起诉全国金融公司曾有欺骗性借贷行为。显然,会有越来越多这样涉及抵押贷款者的法庭诉讼战。[①]

几个星期后,7月14日,周一,成百上千的人黎明之前便在印地麦克银行的帕萨迪纳总部的大门外排队。这家由全国金融公司拆分而来的公司是加州一个主要的抵押贷款机构,持有320亿美元的资产。之前一周的周五,在该银行的一轮挤兑开始后,美国联邦存款保险公司临危受命,接管印地麦克,但储户依然急于将钱尽可能快地取出来。[②] 主要银行遭到挤兑的消息广为传播,更有大批陷入困境的银行为这样的传言煽风点火。

死亡漩涡仍在继续,并开始影响抵押贷款市场最大的主体——房利美和房地美。随着私人抵押贷款市场冻结,只剩下这两个政府资助企业手握几乎全国所有的抵押贷款证券化业务:全国12万亿美元的抵押贷款几乎有一半由房利美和房地美持有或担保。但是,这已经成为一项几乎不值得企业去垄断的业务。两家企业持有超过50万亿的

---

① E. Scott Reckard, "Countrywide sued by state over lending," *Los Angeles Times*, June 26, 2008.

② Christina Hoag, "Customers line up at IndyMac to withdraw money," *USA Today*, July 14, 2008.

抵押贷款支持证券,这代表它们欠世界各地的钱,或已作有效担保的钱。随着抵押贷款业务刹车,房利美和房地美的股票下跌,房地美股票在 7 月第一周下跌了将近一半。

尽管相关法律改革意在撇清政府与这两个公司之间的关系,投资者却一直认为,美国政府暗中站在两大巨头背后,给予支持,而最后的情况也表明,他们的看法居然是正确的。政府没有坐视美国抵押制度崩溃。7 月 13 日,美国财长亨利·保尔森宣布政府将采取必要的措施避免房利美和房地美下沉。美联储为政府资助企业开放贴现窗口,而财政部将注资数十亿美元到这两家公司。保尔森的理由很简单:"房利美和房地美在我们的住房金融体系中发挥着核心作用⋯⋯当我们积极改善提高现有住房市场状况之际,他们对住房市场的支持尤为重要。"①

但政府对房利美和房地美的明确承诺没有国会的批准便无法兑现。7 月底,国会通过并签署了《美国住房救援赎回预防法》(The American Housing Rescue and Foreclosure Prevention Act),政府的救助承诺得以兑现。但该法案讨论的过程并非没有争议。尽管实际上这是由共和党政府提出来的法案,但只有 3 名民主党国会成员没有投票支持该法案,而同时,超过四分之三的共和党成员

① Stephen Labaton, "Treasury acts to shore up Fannie Mae and Freddie Mac," *New York Times*, July 14,2008.

投了反对票。这不足为奇,四分之一投票支持该法案的共
和党成员都来自于抵押贷款违约率特别高的地区,这些地
区将从这一承诺为悲惨的房产金融系统提供救援的法案
中受益最多。[①] 无论是政府还是国会——至少其中大部
分人——现在都专心致志地努力阻止死亡漩涡。

黑色九月

但是,2008 年,房价下跌了 20%,而且没有什么能掩
饰这次下滑产生的影响。在之后 2 个月中,政府都在尝试
帮助房利美和房地美保持维持和独立的状态,但到 9 月 7
日,联邦政府别无选择,只能接管这两家企业,把他们从带
有隐性政府担保的私营公司变为完全归政府所有的企业。
股东们失去了一切所有权,联邦政府现在直接负责该企业
的任何损失。政府承诺提供高达 2 000 亿美元的资金来
弥补损失,并在未来 2 年内将为两家公司斥资 1 500 亿
美元。

死亡漩涡的下一个转点涉及另一主要投资银行雷曼
兄弟。雷曼兄弟在华尔街规模巨大,2007 年,该银行持有

---

① Atif Mian, Amir Sufi, and Francesco Trebbi, " The political economy of the U. S. mortgage default crisis," NBER Working Paper no. 16107 (Cambridge, MA: National Bureau of Economic Research, 2010).

6 000 多亿美元资产,利润高达 42 亿美元。但该公司当年大部分时间处在困境中,紧随贝尔斯登的失败之后,其股价在一天早晨暴跌了 50%。尽管该公司的管理层继续表示充满信心,但它在 2008 年第二季度的亏损高达 28 亿,这是不能掩盖的事实。

雷曼兄弟开始寻找兼并伙伴,但其损失继续以每天 4 000 万美元的速率加剧。几乎没有公司愿意兼并,更没有雷曼管理层愿意接受的兼并机会。2008 年 9 月 13 日和 14 日那个周末,美国财政部和美联储拼命地想帮助雷曼找到买家,而就在那个周末,另一家巨型投资银行美林陷入困境,被美国银行匆匆接管。在某一刻看来,英国巴克莱银行似乎可能要收购雷曼,但英国监管机构拒绝批准该交易,当时他们自己的银行体系也正处于危险之中。①9 月 15 日,周一,雷曼兄弟申请破产。

尽管政府一再试图挽救崩溃的金融机构和失败的

---

① 巴克莱银行最终确实购买了雷曼兄弟的北美投资银行、固定收益及股票销售、贸易及调研等业务。参见:Andrew R. Sorkin, *Too Big to Fail: The Battle to Save Wall Street* (New York: Viking, 2009)。与此同时,英国最大的抵押贷款银行 HBOS 也面临着很大的压力。政府介绍劳埃德银行兼并该银行,并最终注入政府资金。事实证明,英国金融服务局在巴克莱银行交易中极为谨慎,这一点是对的。雷曼通过衍生品"repo 105"将高达 500 亿美元的资产从其资产负债表中剔除出去。参见:Francesco Guerrera, Henry Sender, and Patrick Jenkins, "Lehman file rocks Wall Street," *Financial Times*, March 12, 2010。

金融市场,但这一次,政府向后退了几步,让雷曼兄弟自行倒闭。众议院金融服务委员会主席巴尼·弗兰克(马萨诸塞州)召集了下一次委员会听证,试图寻找相应的解决方案,进而宣布9月15日为"自由市场日"。弗兰克开玩笑说:"国家奉行的自由市场仅仅持续了一天。那天是星期一。"①

　　和贝尔斯登的情况不同,最终有许多其他公司表示愿意接管雷曼兄弟,财政部和美联储没有为潜在的雷曼兄弟收购提供资金支持。这有两个原因。首先是有关道德风险的考虑:如果政府随时准备救助所有陷入困境的大型金融机构,金融家们便没有理由自己寻找出路,闯出自行驶入的沼泽地。第二个有关的原因是,政府感觉雷曼兄弟一直在试图与整个系统博弈,尝试迫使联邦政府介入解救该行。正如管理经济事务的财政部助理部长菲利普·斯瓦格尔所言:"财政部感觉……对雷曼兄弟的管理层,已经给了很多警告,对于即将发生的破产,联邦政府不打算给出什么援助,市场参与者知晓这一点,并且有时间做好准备(迎接困境)。看来雷曼兄弟管理层几乎一直在玩懦夫博

---

① Damian Paletta, "Barney Frank celebrates free market day," *Real Time Economics* (*Wall Street Journal* Blog), September 17, 2008, http://blogs. wsj. com/economics/2008/09/17/barney-frank-celebrates-free-market-day/.

弈,坚决不愿意转过弯来。"①

　　紧随雷曼兄弟破产之后,另一个规模更大的公司,卷入了死亡漩涡。美国国际集团(AIG)于 1919 年在上海成立,但在 1949 年之后,该公司将总部搬到纽约市。从那时候起,它便成为世界上最大的保险公司之一,拥有超过 1 万亿美元的资产,单单在美国,就有 3.75 亿个保单,面值 19 万亿美元。②

　　AIG 似乎不太可能威胁到国际金融秩序的稳定。这是一个历史悠久、盈利颇丰的公司,其核心业务是汽车和财产保险、人寿保险以及与退休相关的服务。在公众眼中,这家一向沉稳的公司在 2005 年曾遭遇了一个主要制约:美国证券交易委员会和其他监管机构指控 AIG 存在欺诈和滥用会计行为。这一丑闻迫使该公司扩张战略的主要设计师汉克·格林伯格在掌舵该公司近 40 年后引咎辞职。但那些麻烦似乎被 AIG 抛到了脑后,该公司继续保持规模和盈利的增长。看起来,这似乎是一个运营良好、中规中矩的保险集团。不过,该企业巨头有一小部分

---

① Phillip Swagel, "The financial crisis: an inside view," *Brookings Papers on Economic Activity Spring* 2009 (conference draft), 30, available online at http://www.brookings.edu/economics/bpea/~/media/Files/Programs/ES/BPEA/2009_spring_bpea_papers/2009_spring_bpea_swagel.pdf.

② William K. Sjostrom Jr., "The AIG bailout," *Washington and Lee Law Review* no. 66(2009):943 - 991.

业务是为债务抵押债券提供信用违约掉期,并且是这一业务的主要玩家。

20世纪60年代,美国国际集团开始积极寻求企业市场扩张,并于1987年成立了伦敦子公司,即AIG金融产品部(AIGFP),从而开始经营衍生品业务。金融服务部门增长迅速,2005年利润高达32.6亿美元,这是AIG近五分之一的利润来源。而这个了不起的成就仅由一个子公司便实现了,该子公司拥有雇员377人,不足AIG总员工数116 000的0.5%。鉴于伦敦员工们的成功,AIG对他们给予极高的薪酬补偿,平均每人每年的薪酬超过100万美元。[①]

AIGFP最赚钱的战略之一是利用母公司极好的声誉从事信用违约掉期(CDS)交易,这不需要任何抵押物,只要借用AIG背后的好名声作支撑即可。这意味着,伦敦办事处提供了一些类似于保险的服务,却无须持有相应的资金储备——在其他保险业务中,它不得不面临资金储备问题——而且,该业务不受保险监管部门的监管。截至2007年年底,AIGFP持有5 000多亿美元这种类似于保险的未完成合约。其中很多是针对公司或其他优质贷

---

① Gretchen Morgenson, "Behind insurer's crisis, blind eye to a web of risk," *New York Times*, September 28, 2008, http://www.nytimes.com/2008/09/28/business/28melt.html.

款的合约,极其安全,但超过 600 亿美元的信用违约掉期旨在保护基于次级抵押贷款的 CDO。如果抵押贷款成为坏账,债务抵押债券也会变为坏账,那么,AIG 将不得不向合同的被保护人支付巨额赔偿。即便在住房价格下跌时,^①AIGFP 的负责人约瑟夫·卡萨诺依然对这一战略超级自信。2007 年 8 月,他向持怀疑态度的人保证:"毫不轻率地说,基于可以考虑到的任何一种原因,我们都很难看到会在任何一桩这样的交易中损失哪怕一美元。"

但是,随着住房价格下跌,抵押贷款违约率激增,许多 AIGFP 信用违约掉期本应提供保护的证券实际上已经违约拖欠了。伦敦办公室开始在信用违约掉期组合中赔钱。2007 年中期的赔款为几十亿美元,而到 2008 年 9 月时,最终超过 250 亿美元。更糟糕的是,随着次贷危机持续发展,本应由 AIGFP 信用违约掉期保护的债务抵押债券的市场价值下降,站在伦敦办事处背后的母公司被迫提供抵押品来支持其保护行动。2008 年 7 月至 8 月,抵押品总额要求达到 60 亿美元。AIG 根本没有足够的钱支持其子公司的债务。伦敦办事处以衍生品为基础的业务曾经拥

---

① Gretchen Morgenson, "Behind insurer's crisis, blind eye to a web of risk," *New York Times*, September 28, 2008, http://www. nytimes. com/2008/09/28/business/28melt. html. 也可以参见: Sjostrom, "AIG bailout," 955–959.

有非同寻常的盈利能力,如今变成了非同寻常的损失,并导致整个公司破产。

在决定不救助雷曼兄弟的同一个周末,财政部长保尔森和美联储主席伯南克便面临着这一局面:世界上最大的保险公司之一即将破产失败。这一局面带给他们的恐惧超过了雷曼兄弟的破产。AIG 与非常多的大型金融机构相互联通——它持有很多尚未偿付的对手债务,该公司的破产可能会启动整个金融体系中一连串的破产。伯南克这样说起美国国际集团:"它的失败可能会导致一场 20 世纪 30 年代式的全球金融、经济危机,对生产、收入和就业产生灾难性影响。"①

因此,9 月 16 日傍晚,即巴尼·弗兰克"自由市场日"的后一天,美联储宣布正在筹措 850 亿美元用来救援 AIG,以此换取该公司 80% 的股权。美联储的目标是清除 AIG 的金融产品部门,逐步兑现其积累起来的数十亿美元的债务。这样做意味着政府将弥补该子公司自掘坟墓造成的损失,并且,随着 AIG 的损失变得清晰化——在 2008 年时高达 990 亿美元,财政部被迫拨出更多资金用于救助。短短几年内,这项救援花费了联邦政

① Ben Bernanke, "American International Group," Testimony before the Committee on Financial Services, U. S. House of Representatives, Washington, DC, March 24, 2009, http://www. federalreserve. gov/newsevents/testimony/bernanke20090324a. html.

府 180 多亿美元。① 尽管针对 AIG 的救助阻止了迫在眉睫的财政灾难,但一位分析师指出,这也表明,"美国财政部是处于当前市场环境与金融系统崩溃威胁之间的唯一支撑"。②

尽管对 AIG 实施了救援,金融体系继续在下降的漩涡中挣扎。雷曼兄弟破产引起了市场的关注,并且,是以一种很糟的方式予以关注。雷曼兄弟破产的 2 个月后,该事件持续影响金融体系,业绩突出的投资经理穆罕默德·埃里安如是评价:"实际上,几乎所有经济和金融关系指标都呈现出心脏骤停的特点。情况在好转之前,只会变得更糟糕。"③而实际上,情况确实越来越糟。

"世界末日来了"

当政府官员尝试任由雷曼兄弟破产时,该公司的律师

① Congressional Oversight Panel, *January Oversight Report* (January 13, 2010), http://cop. senate. gov/documents/cop-011410-report. pdf.

② Lilla Zuill and Jonathan Stempel, "AIG has ＄61. 7 billion loss," Reuters, March 2, 2009, http://uk. reuters. com/article/ idUKTRE5210SZ20090302.

③ Andrew Gowers, "Exposed: Dick Fuld, the man who brought the world to its knees," *Sunday Times* (London), December 14, 2008, http://business. timesonline . co. uk/tol/business/industry_sectors/ banking_and_finance/article5336179. ece.

警告他们:"末日即将来临。你们不知道会有什么严重的后果。"①联邦政府鉴于雷曼兄弟的情况提出"自由市场日",在很大程度上是相信金融系统可以吸收雷曼兄弟的失败——与美国国际集团不同,这家投资银行并没有如此紧密地与其他金融机构联系在一起,因此不会引起更广泛的问题。事实证明,这是错误的。雷曼兄弟与其他金融机构的关联,比财政部和美联储预期的要紧密得多。雷曼兄弟一宣布破产,其交易便被冻结了。这意味着,包括其他金融机构在内的、把钱借给雷曼兄弟的投资者都拿不回自己的资金了。在复杂的国际金融市场,几乎每家金融机构都借过钱给所有其他的金融机构,因此,这意味着没有一家机构是安全的。任何需要使用雷曼兄弟公司还款来实现自身经营的企业都倒霉了。

雷曼兄弟破产马上打击到那些普遍被视为几乎无懈可击的金融机构——货币市场共同基金。这些基金为投资者们提供的存款之处,本应该是绝对安全的。他们的业务就像支票账户,给投资者每股 1 美元的股票,投资者只要写一张美元账户的支票,便可以把自己的份额"赎回",

---

① 有关此处引用的细节信息,参见:Bob Ivry, Christine Harper, and Mark Pittman, "Missing Lehman lesson of shakeout means too big banks may fail," *Bloomberg*, September 8, 2009, http://noir. bloomberg. com/apps/news? pid = newsarchive&refer = top _ news&sid = aX8D5utKFuGA。

并且清楚地知道,每1股值1美元。投资于货币市场共同基金的3.6万亿美元短期资产几乎是没有风险的,尤其是那些投资于评级非常高的商业票据的资金。投资者、基金经理甚至几乎所有人都认为商业票据超级安全,如果投资者需要现钱的话,他们能够在发出通知时自由出售这些票据。

雷曼兄弟宣布破产后,也便停止了其债务偿付,包括商业票据兑现。影响立刻被感受到了。最早的冲击对象是基础储备基金,这是历史最悠久的货币市场共同基金。该基金持有超过620亿美元的资产,其管理者是发明了货币市场共同基金的布鲁斯·本特。基础储备基金持有的资产中,包含雷曼兄弟7.85亿美元的商业票据,这些票据在雷曼兄弟破产后便无法售出了。9月15日的那个周一,就在雷曼兄弟破产后数小时内,随着相关消息传开,基础储备基金的客户要求赎回180亿美元,这超过了该基金四分之一的资产。到了第二天的中午,要求赎回的数额已经上升到近400亿美元。该基金无法满足这些需求,它被迫"跌破面值",每股的价格减少到97美分。这就像一家银行告诉持有支票存款的人们,他们的账户是现在每美元只值97美分,等同破产。而且,这又意味着,储户可能被卡住,无法把钱取出来。甚至对相关大型企业而言,这都不是一件小事情,Visa有10亿美元绑定在基层储备基金上,沃尔玛有2.5亿美元。这是企业需要用来支付供应商、发工资的钱,他们曾认为这些钱是完全安全的,属于即时可用资金。[①]

一个大型金融机构的商业票据可能变得毫无价值,而货币市场共同基金的储户可能无法取回他们的钱,这些想法几乎引发了恐慌。而这还不是全部。曾经作为雷曼兄弟客户或者把钱存在雷曼兄弟的金融机构,如对冲基金等,现在发现他们无法把自己的钱拿回来。随着不确定性的蔓延,商业票据市场枯竭,银行拒绝互相贷款,各处的投资者争相把各自的钱从股票、债券和货币市场基金中兑换出来,转而持有现金或投资美国国债。

一个典型的银行挤兑事件正在进行中——在这种情况下,更为普遍的挤兑同时发生在银行和金融市场。穆罕默德·埃尔-埃利安担心,整个金融体系都会崩溃,因此打电话给妻子,告诉她去自动取款机取出大量现金。"她问:'为什么这么做?'我说:'因为我不知道银行明天是否还会开张。'该系统就在我们眼前发生冻结。"[②]危机的涟漪立刻扩散到世界各地。英国央行的行长默文·金很清楚地说:"自第一次世界大战以来,我们的银行体系从未如此接

① 参见上一条文献;也可参见:Bob Ivry, Christine Harper, and Mark Pittman, "The freeze: the bankruptcy's ripple effect," *Bloomberg*, September 8, 2009。

② Ivry, Harper, and Pittman, "Missing Lehman lesson."

近崩溃。"①

问题资产救助计划

这一情况促使美国财政部长保尔森、美国证券交易委员会主席考克斯以及美联储主席伯南克于 9 月 18 日(周四)傍晚前往国会山与国会领导人召开商讨会议。会上,伯南克告诉参议员和国会成员说:"情况是严峻的。美联储已经无计可施了。"全球金融体系站在崩溃的边缘,伯南克称之为"大萧条 2.0 版"。② 世界各地的贷款处于停滞状态。几十年来,这台规模庞大、影响力甚广的机器为世界经济发展提供动力,现在,这台机器将慢慢停止运行,信任缺乏冻结了带动机器的齿轮。没有金融机构可以肯定其贷款的借方在未来,甚至明天是否还能继续运营。在美国,投资者只信任政府,因为这是唯一一个能在必要时印刷钞票的实体机构。

每个星期的经济情况都变得越来越糟糕。房屋价格

① Brian Swint and Jennifer Ryan, "King says Bank of England will act as recession seems likely," *Bloomberg*, October 22, 2008, http://noir. bloomberg. com/apps/news? pid = newsarchive&sid = anB9vLnBSBdk.

② David Wessel, *In Fed We Trust*: *Ben Bernanke's War on the Great Panic* (New York: Crown Business, 2009), 229.

持续下跌,抵押贷款恶化的速度越来越快,而银行资产负债表持续恶化。评级下调的资产数量超过 10 000 个,并且数量不断上升。2006 年中期至 2007 年中期是 CDO 发行狂潮的顶峰时期,这一时期发放的三分之二的支持 CDO 的资产都成为或即将成为违约拖欠的资产。①

随着这些对金融机构的影响变得日益清晰,更多的银行挤兑开始了。主要金融机构的困难已经不能再简单地归因于现金流问题,如果他们的基础资产受到质疑,那么,他们便很可能面临完全歇业。雷曼兄弟破产后数小时内,华盛顿互惠基金便遭遇挤兑。华盛顿互惠基金是全美最大的储蓄及贷款机构,拥有超过 40 000 名员工,资产总额超过 3 000 亿美元,但不幸的是,其大部分资产都是住房贷款。很快,储户以每天接近 20 亿美元的速度取回他们的资金。到 9 月 25 日,该银行被监管机构关闭,以低廉的价格出售给摩根大通。同时,储户也开始从全美第四大银行美联银行取钱——该银行在当年第二季度亏损近 90 亿美元。迫于联邦监管机构的压力,该行被出售给富国银行。

政府混杂不清的回应更加剧了这些经济消息的可怕程度。9 月 15 日,周一,联邦经济主管部门允许雷曼兄弟宣告破产;第二天,他们伸手援助 AIG。有的银行被关闭,有的被

---

① Paul J. Davies, "Half of all CDOs of ABS failed," *Financial Times*, February 10, 2009.

告知合并。几个月来,伯南克和保尔森一直坚持认为这些问题是可控的,但此刻他们似乎已经无法管理这些问题了。

政府必须采取更多的措施,但这要求国会采取进一步行动。因此,9 月 18 日与国会领导人的会议,就是说服他们采取行动,并拿出资金。但是,对政府来说不幸的是,财政部长保尔森是可想象到的最糟糕的销售员。除了在尼克松白宫政府工作过一段时间外,保尔森的整个职业生涯都从事于投资银行业,服务于高盛。他通过个人奋斗从基层脱颖而出,领导管理全国首屈一指的投资银行,首先在 1994—1998 年担任首席运营官,之后在 1998—2006 年担任主席。他自 2004 年起一直为高盛掌舵——那一年,高盛同其他投资银行一道,说服联邦监管机构允许其实行自我风险管制,因为他们认为自己能够看到最合适的风险水平。此时,民众已经对花纳税人的钱救助富裕金融家的潜在计划怒不可遏,他们正想看看这位恰好担任财政部长的富裕金融家如何说服国会救市。

但是,保尔森和伯南克别无选择:他们需要国会同意拨款 7 000 亿美元来拯救该国的金融体系。这项建议背后的总体思路直接而明确。在任何情况下,住房价格大幅度下滑都将会对经济造成损害,但过去 10 年的金融创新,尤其是让抵押贷款及其衍生物层层叠加的结构化金融工具,放大了由基础问题导致的金融影响。金融体系正在崩溃,因为该体系的部分根基已经被证明脆弱得要命;只有这些最弱的基础得以加强,恐慌情绪才可能发生逆转。

　　这 7 000 亿美元将用于购买那些因包含结构性金融工具而导致灾难性多米诺骨牌效应的证券。因此,该计划的核心是"问题资产救助计划"(TARP)——此处将"有毒资产"委婉地称为"问题资产"。问题资产救助计划将使用7 000 亿美元从正被毒害的金融机构手中购买有毒资产,尤其是那些基于大面积次级抵押贷款的资产。这将使得银行得以直接从资产负债表或所发起的融资渠道卸载有毒资产。该计划也将运用一个复杂的拍卖系统帮助市场建立此前几乎消失的资产价格体系。最后这个影响非常重要,因为部分恐慌源于不确定证券到底还值多少钱,也不确定银行及其他金融机构实际上是否还有偿付能力。

　　不管意图何在,布什政府继续在政治进程中笨拙地挣扎着。除了名称外,该计划几乎难以用谨慎的"篷布"来掩盖有毒资产。财政部长保尔森向国会提交文件只有 3 页,本质上是要求国会开一张 7 000 亿美元的空白支票。更糟糕的是,该提案明文写道:"财政部长根据该提案授权所做的决定……不需通过任何法律或行政机关的任何审查。"①一位耶鲁法学教授这样向众议院和参议院解释这

---

① "Treasury's bailout proposal," *CNN Money*, September 20, 2008, http://money. cnn. com/2008/09/20/news/economy/treasury _ proposal/index. htm.

一条的特点:"我不会解雇你们,你们仍然可以被称为国会议员。但你们不再有任何权力。"①要求广泛的酌情权具有一定合理性——因为财政部究竟需要做什么尚不清楚——保尔森要求纳税人相信他以及与之合作的银行会明智地利用这 7 000 亿美元。

保尔森的计划很快被称为是"现金换垃圾"计划,遭到风暴般的谴责。当这位高盛的前负责人要求纳税人为他的金融家朋友们融资 7 000 亿美元,用来购买被广泛视为毫无价值的证券时,遭到了来自政治系统的方方面面的批评。保守的共和党人纽特·金里奇写道:"看着华盛顿急于把纳税人的钱扔在华尔街,这事很严重,而且有点可怕。"②坚定的民主党人罗伯特·赖克回应了这一想法:"美国资本主义史上,从来没有人要求这么多人为……这么少的人筹集这么多的资金。"③大多数美国人似乎都同

① Adam Davidson, "Bailout seeks broad new powers for Treasury chief," *Morning Edition*, NPR, September 23,2008, http://www.npr. org/templates/story/story. php? storyId = 94921462.

② Newt Gingrich, "Before D. C. gets our money, it owes us some answers," *National Review online*, September 21, 2008, http://www. nationalreview. com/corner/170162/d-c-gets-our-money-it-owes-us-some-answers/newt-gingrich.

③ Robert Reich, "What Wall Street should be required to do, to get a blank check from taxpayers," Robert Reich's blog, 2008, http://robertreich. blogspot. com/2008/09/what-wall-street-should-be-required-to. html (accessed December 29, 2010).

意他们的观点。9 月 24 日,《今日美国》组织的盖洛普民意调查显示,只有 22％的公众支持保尔森的计划,有 56％的人希望能够有替代计划出现,而另外 11％则支持不采取任何行动。尽管如此,该提案对于金融服务行业至关重要,该行业努力游说,希望能通过该计划。[①]

然而,9 月 29 日,《紧急经济稳定法案》以 228 票对 205 票被众议院否认。三分之二的国会共和党议员投票反对该政府法案,另外超过三分之一的民主党人同样投了反对票。[②] 一些反对者抱怨说,政府和国会领导们没有就救助的需要做出令人满意的解释。另一些人怀疑受影响的企业是否会使用联邦资金恢复信贷。也有人担心对财政部的行动缺乏监督和限制。这一次,反对之声又同时来自左翼和右翼,左右夹击。自由派评论员罗伯特·库特纳写道:"保尔森把美国财政部当成了华尔街的分支机构。"[③]来自肯塔基州的共和党参议员吉姆·邦宁,讥诮

---

① Rasmussen Reports, "63％ say Wall Street, not taxpayers, will benefit from bailout plan," October 3, 2008, http://www. rasmussenreports. com/public _ content/ business/federal _ bailout/ october_2008/63_say_wall_street_not_taxpayers_will_benefit_from_ bailout_plan.

② "U. S. chamber: votes against bailout are prelude to calamity," *The Hill*, September 29,2008.

③ Robert Kuttner, "Paulson's folly," *American Prospect*, September 22, 2008, http://www. prospect. org/cs/articles? article = paulsons _folly.

道:"这种大规模的救市不是解决办法,那是金融社会主义,是反美国式的。"①

该法案未能获得批准的主要原因是人们强烈反感这个看起来像是给华尔街赠送大礼包的行为。换届选举将在5个星期后举行,而跛脚鸭般的布什政府非常不受欢迎,甚至很多共和党人都经常在一个类似于平民论坛的平台上开展反对该政府的活动。尽管两党的领导者,以及两党的总统候选人都支持该法案,但民众的愤怒形成一种强大的阻力。"当一千比一的呼声反对某个东西,"一位与共和党人关系密切的说客评论说,"这是一件很难获准通过的事情。"②

面对来自华盛顿的消息,缅因街可能会兴高采烈、欢欣鼓舞,但华尔街却吓坏了。到表决日结束时,道琼斯指数已经下跌超过770点,这是有史以来最大的单日跌幅,使得股价损失1.2万亿美元。③ 金融市场同样吓得不轻。

---

① Luke Mullins, "Sen. Jim Bunning: the bailout is un-American," *US News & World Report Money*, September 23, 2008, http://money. usnews. com/money/blogs/the-home-front/2008/09/23/sen-jim-bunning-the-bailout-is-un-american. html.

② Jim Snyder, "A crushing failure for lobbyists," *The Hill*, September 29, 2008, http://thehill. com/homenews/news/16556-crushing-failure-for-lobbyists.

③ 2007年年底的市值为19.9万亿美元。采用2008年8月的标准普尔价格增长指数调整后,市值为17.3万亿美元。当日6.9%的下跌意味着1.2万亿美元的损失。市值数据来自于雅虎财经(2010年4月1日收集)的世界交易所联盟数据及标准普尔价格变动指数。

泰德价差——一个能够忠实反映短期货币市场信心的指标——从 2007 年夏秋时的峰值一路下滑,最后徘徊在 1.00％左右。但在众议院投票过后的第二天,泰德利差飙升至 3.00％以上,并且继续前进,达到了前所未有的最高点:3.87％。其他短期利率同样飙升,而商业票据市场实际上已经关闭了。信用冻结来临——这是银行挤兑的呼应者。信用冻结时,金融机构不再互相借贷,也不放贷给任何人,担心破产潮即将发生。

当美国人把目光注视在国会山大戏上时,世界其他地区迅速滑入类似的金融风暴。其中一个原因是,许多外国银行借了如此多的资金给美国,尤其是给美国的房地产市场。欧洲金融机构对美国抵押贷款及其衍生证券的投资量如此巨大,以至于他们都像其美国同行一样,一个个轰然倒下。金融交易对手之间信任关系的蒸发进一步加剧了基础资产违约危机,这是一个全球性的现象。同业拆借停止,商业票据不能续期,而银行挤兑激增,欧洲被吸入这场龙卷风漩涡中。

市场和储户很快就开始挤兑富通集团,这是总部设在荷兰和比利时的一个企业集团,已经成长为世界上最大的金融服务公司之一,也是世界上第二十大公司。9月 28 日,比利时、荷兰和卢森堡的政府以 110 亿欧元的救助金接管该银行。第二天,挤兑转移到德克夏银行,这是一家法国与比利时合资的主要金融机构,法国、比利时和卢森堡政府被迫拿出 60 亿欧元救助该行。同日,德国的主要房地产贷款机构之一海波房地产公司冻结,该公司原本拥有 4 000 亿欧元资产,而此时,德国政府被迫拿出 500 亿欧元用于救助。也是同一个周一,英国政府对布拉德福德和宾利银行收归国有化,该行是英国涉及住房抵押贷款业务的主要银行。与此同时,民众恐慌,零散储户开始从消费者存款中蜂拥取出数十亿资金。传统银行的挤兑始于爱尔兰,但很快便蔓延到欧洲大陆其他地区。欧洲范围内的金融体系挤兑开始了。

随着恐惧在国际金融体系中蔓延,美国股市继续做着自由落体运动,道琼斯工业平均指数在 9 月 29 日至 10 月 9 日间下跌了 1 786 个点。国会继续与政府当局就问题资产救助计划的通过与否争吵不休。提案中增加了各种各样的新规定,包括将联邦存款保险公司承保存款上限从 100 000 美元提高到 250 000 美元,并且提出了一系列减税措施。更直接的相关性是"现金换垃圾"交易,修订后的法律规定被救助企业必须分给政府股权,这样纳税人便能够分享救援中获得的任何收益。此外,国会坚持限制受助金融机构的高管薪酬,并提出了其他一些规定以保护纳税人的利益。国会也设立了一系列的监督机构,负责监督财政部对该计划的管理,并要求政府拿另一半救助资金时必须获得国会的重新授权。①

2008 年 10 月 3 日,众议院讨论了修改后的立法。金融体系的绝境已经变得更加清晰,金融家们自己也更感绝望。面对着进一步的财政灾难,5 天前曾投票反对该提案的 60 名国会成员改变了他们的选票,一半是民主党人,一半是共和党人。《紧急经济稳定法案》通过,263 票对 171票,布什总统第二天签署了该法案。最后,那些大量竞选捐款来自于金融业以及选区内有众多金融从业人员的国会议员对法案表示尤为强烈的支持,②因为很明显,政府救援行动是站在美国金融体系与该系统普遍破产之间唯一的支撑。然而,救生工具还仅仅是设计出来了,如何构建和部署依然有待观察。与此同时,美国和国际金融体系,以及美国经济和世界经济,都在快速下沉。

---

① Baird Webel and Edward Murphy, "The emergency economic stabilization act and current financial turmoil: issues and analysis," Congressional Research Service Report no. RL-34730 (Washington, DC: Congressional Research Service, November 25,2008). 其他条款包括:加快速度,以便美联储能够支付储备金利息;暂停不活跃市场的逐日盯市;还有一些举措旨在减轻痛苦的房产主的抵押贷款压力。
② Mian, Sufi, and Trebbi, "The political economy of the U. S. mortgage default crisis."

第五章
救　　市

　　2008 年 10 月 13 日,周一,正好是哥伦布纪念日。下午3 点,美国九大银行的负责人鱼贯而入财政部会议室。刚刚过去的那个周末,财政部长保尔森召集他们会面,参与会面的还有美联储主席伯南克、美国联邦存款保险公司负责人希拉·拜尔、美联储纽约银行总裁蒂莫西·盖特纳。与会高管管理的金融机构控制了美国银行体系大约一半的资产和存款。会议室墙上挂着萨蒙·P. 蔡斯的画像,这位前财政部长曾起草了《1863 年国家银行法》,因而建立起全国现代银行架构。蔡斯的肖像即将见证美国现代银行业史上最重大的一刻:政府将强行获得该国各大型银行的部分所有权。

　　财政部长保尔森开门见山地抓住谈话的要点:“美国需要采取强有力而果断的措施来控制我们金融系统面临的压力。你们必须在任何解决方案中发挥中心作用。”这

几位银行高管每人拿到一张一页的表格,表格开头写着:
"为了支持美国金融体系和更广泛的美国经济,[QFI]同
意……"其中"QFI"指的是"符合条件的金融机构"。每个
QFI 将同意把优先股出售给美国政府,具体金额根据银行
规模的大小而异:花旗集团、摩根大通和富国银行每家
250 亿美元;美国银行、高盛、美林和摩根士丹利每家 100
亿美元;而纽约梅隆银行和道富银行分别是 30 亿和 20 亿
美元。上述股票购买量平均约占各银行总股本的五分之
一少一点。每位高管要填上所在银行的名称、财政部决定
的购买金额,签字,并注明填表日期。①

在这个问题上,他们别无选择。"你们公司必须同
意。"保尔森继续说道。然后,重点来了:"如果你们觉得所
注入的资金对你们没什么吸引力,那你们应该知道,你们
的监管机构随时随地会要求你们注入资金。"毫无疑问,监
管机构有权这么做。换而言之,引用一位会议细节知情者
的话来说,"要么接受,要么还是接受。每个人都知道,实
际上只有一个答案"。②

---

① 谈话要点及参与协议信息,参见:http://www.judicialwatch.org/
news/2009/may/judicial-watch-forces-release-bank-bailout-
documents(accessed December 29,2010)。
② Mark Landler and Eric Dash, "Drama behind a $ 250 billion banking
deal," *New York Times*, October 15, 2008, http://www.nytimes.
com/2008/10/15/business/economy/15bailout.html.

　　这是一个银行家们无法拒绝的提议,不仅是因为他们别无选择,而且还因为所注入的资金非常有吸引力。这些股票将支付 5％的股息,5 年之后将上升至 9％,因此,银行最终有能力购回这些股票——当然是在他们恢复到更健康状况之后。政府也将获得认股权证,未来有机会购买各银行的普通股(含投票权)。与私人投资者的要求相比,这些条件对银行有利得多。事实上,就在几个星期前,高盛不得不与巴菲特做了一笔交易,条件对后者有利得多。巴菲特注资 50 亿美元,股息 10％,并且,高盛要给他的认股权证,比给政府的要有利得多。现在,高盛将获得 100 亿美元的资金,只需支付 5％的股息,给出的认股权证成本也低很多。政府在每家银行的优先股上没有投票权,但是如果 18 个月没有派发股息,政府可以向各家银行委派 2 名董事。

　　这个提议包含的其他一些因素也使得这笔交易对银行来说十分有利。政府将为 5 000 亿美元未保险的存款提供保险,并保证这些金融机构可以获得 1.5 万亿美元的新借款。这些条件将在很大程度上缓和对银行的压力,允许它们继续营业。权益股份很可能是最重要的因素,因为他们为这 9 家银行注入了 1 250 亿美元资金(另外还有 1 250 亿美元将在接下来几周内投资于其他较小的金融机构）。[1] 对于这些资金极度匮乏、有时甚至已经危及其存亡的银行来说,这个提议至关重要。新资金的注入将极大地扩充他们的资本金,而资本金是任何金融企业的核心,也是他们抵御破产的最后防线。

有的银行家反抗了一会儿。美国银行肯尼斯·刘易斯和富国银行的理查德·柯瓦希维奇坚持认为,他们的银行并不需要这一支持,但保尔森和他的同事们则坚持认为,该方案必须运用到所有的大银行,否则,落单未接受注资的机构将受到影响,疲软无力,由此导致的银行挤兑将进一步加剧政府的成本。最终,甚至刘易斯也服软了:"我觉得我们没必要在这个事情上说这么多。"当会议气氛放松下来时,他这样说道,"我们都知道,大家都会签字的。"[2]到傍晚 6 点 30 时,所有的银行家们都填写了表格,注明日期,并签名以示承诺。现在,美国的主要金融机构都已处在政府的保护之下。

---

[1] 相关回顾及评估,参见:Pietro Veronesi and Luigi Zingales, "Paulson's gift," *Journal of Financial Economics* 97 (2010):339 - 368。也可参见:David Wessel, *In Fed We Trust: Ben Bernanke's War on the Great Panic* (New York: Crown Business, 2009), 238 - 399; and Phillip Swagel, "The financial crisis: an inside view," *Brookings Papers on Economic Activity* Spring 2009 (conference draft), available online at http://www. brookings. edu/economics/bpea/~/media/Files/Programs/ES/BPEA/2009 _ spring _ bpea _ papers/2009_spring_bpea_swagel. pdf。

[2] Landler and Dash, "Drama behind a MYM250 billion banking deal."

之前发生了什么事情？就在十几天之前，《紧急经济稳定法案》(EESA)通过，指示财政部向陷入困境的银行购买有问题的资产。现在，这个指示已经变为由美国政府出面从全国最重要的金融机构手中购买其部分所有权。这也就促使曾经身为全国投资银行家领头羊的保尔森迫使他的前同事们——也是美国势力最强的银行家们——接受政府对他们所在银行实施有效控制。这一举措能否奏效？

现金短缺，还是歇业？

10 月 3 日《紧急经济稳定法案》的通过及签署并未让市场平静下来。事实上，在随后的一周，道琼斯工业平均指数降低了 1 874 个点，约 18％，令人惊愕。当众议院否决原来的《问题资产救助计划》提案时，作为短期货币市场恐慌情绪晴雨表的泰德利差已经飙涨至 3.87％，该提案被解释为是金融市场极度渴望实施该救助计划的证据。但在该法案最终通过之后，泰德利差继续走高，于 10 月 10 日触及 4.64％的峰值。信贷冻结继续增加并蔓延开去，世界此刻处于这场极度金融恐慌的剧痛中。

10 月 10 日的那个星期五，工业国家组成的七国集团的财政部长在华盛顿的财政部大楼举行会晤。他们不出所料地要求制定"紧急且非常重要的行动"，充分参考了

"所有可用工具"和"一切必要措施",但没有得出任何具体的方案。第二天,美国总统布什在街对面的白宫会见了各国财长。布什嘴里说的,也是不出所料的陈词滥调,"我们会不惜一切代价来解决这场危机",但除了说说之外,什么也没做。[①]

即便各国财长会晤除了口头说说之外并无所获,其中一个国家的政府却正准备推进一个雄心勃勃的新战略。10月8日,周三,英国首相戈登·布朗宣布了一个高达5 000亿英镑(8 000亿美元)的救助计划,其中最主要的是,英国政府将从全国各大型银行中购买500亿英镑的股权,实际上是对这些银行施行部分国有化。这将为银行提供他们迫切所需的新资本。公共部门的股权将允许政府密切关注各大银行的发展,尽量确保接受公共资金注入的银行不会囤积这笔资金,而是用它作为开始放贷的基础。

英国计划者深知将近20年前的日本银行救助计划如何出了差池。日本银行只是简单地运用政府的钱掩盖他们的问题,却不愿去解决这些问题,更重要的是,甚至没有恢复常规金融业务。其结果是长达10多年的发展停滞——这是日本失去的10年。该周早些时候,一个议会

---

① 这些声明来源:"President Bush Meets with G7 Finance Ministers to Discuss World Economy, October 11, 2008, White House, Washington, DC," G7/8 Finance Ministers Meetings, G8 Information Centre, http://www. g7. utoronto. ca/finance/fm081011 - bush. htm.

委员会飞到日本调研,看看日本从悲惨的经历中得到什么教训。委员会的代理主席回来汇报:"日本人告诉我们,我们不能只是对少数银行施行国有化,这仅仅是第一步。他们告诉我们,我们得对整个银行系统实施国有化。"①尽管这样大刀阔斧的举措似乎几乎不具备必要性或可行性,但基本点已经说清楚了:胡乱把钱塞进银行是不够,必须通过政府的直接参与确保他们重新开始放贷给客户。因此,布朗计划使得英国政府能够部分控制全国各大银行,并且有更强的能力监督、影响各银行的行为。作为回报,该银行可以免于遭受几乎铁定的失败。

在接下来的几天里,其他欧洲国家政府推出了1.3万亿欧元(1.8万亿美元)的救助计划,很多内容细节上紧随布朗计划。美国财政部官员同时也推出美国版本的英国救援行动,因为他们已经决定放弃最初制定的问题资产救助计划。美国政府准备做出一个令人大吃一惊的改变。两个星期前,该政府已经要求国会拨款购买有毒资产(或问题资产),而现在,是用这笔钱购买全国各大银行的股份。那么,发生了哪些变化?

TAPP立法讨论通过之时及之后的那几个星期中发

---

① Richard Woods and David Smith, "Gordon Brown gambles it all on rescue plan," *Sunday Times* (London), October 12, 2008, http://business. timesonline. co. uk/tol/business/economics/article4926735. ece.

生的事情揭示了一个令人不寒而栗的事实：美国的金融体系实际上已经破产了。本来，政策制定者认为，银行所面临的问题是"流动性"问题，即如何获得现钱。这在银行挤兑中很常见：一家本质上运营良好的金融机构也可以因为流动性不足而导致自身无法继续运营。具有偿付能力但流动性不足的银行只是面临一个暂时性的问题，这个问题可以而且应该得到解决，从而保证银行正常营业。其他银行，包括中央银行，可能会借钱给它，帮助它渡过难关。其他银行或公共机构，可能会购买该银行的资产为它提供所需的流动现金。

但一家陷入困境的银行可能不仅是流动性差，也可能是资不抵债，失去偿付能力，换而言之，就是破产了。如果银行资产（它借出去的资金）的价值低于其负债（它借入的资金）的价值，那么，它便破产了。再多的流动资金都只能掩盖基本事实，即便每个债务人明天都把钱还给银行，它仍然没有足够的资金来偿还所有的债权人。面临流动性问题的银行是现钱短缺，而资不抵债的银行则歇业了。

当美国金融市场及紧随其后的国际金融市场在2008年夏秋被冻结时，最初的诊断是大型金融机构陷入了一场流动性危机。当然，确实存在银行挤兑及短期金融市场挤兑。决策者做出回应，使得银行可以满足现金燃眉之急，特别是通过央行的大规模贷款来缓解各行面临的流动性约束。

　　原来的问题资产救助计划聚焦于 2007—2008 年间流动性危机尤为关键的部分——短期货币市场挤兑。美国财政部和美联储的政策制定者看到,银行(或其他任何人)几乎已经不可能售出他们复杂的金融资产。关于债务抵押债券(CDO)、其所支持的债券(CDO^2)以及其他抵押贷款相关证券的价值,存在如此多的不确定性,以致没有人愿意购买这些证券。银行有资产,但他们无法将其售出(清算或兑换),因此,流动性危机发生了。根据问题资产救助计划,财政部将会购买很多问题资产,创建一个可以为资产定价的拍卖系统,让投资者有更多的信心购买这些资产。这样一来,资产市场便可以恢复正常,市场便会显示证券的价格,银行和投资者将不再需要猜测资产的价格。各金融机构都能较为确定地知道资产的价值是多少,以及其资产负债表状况如何。银行将知道他们的金融交易对手是否可靠。致命的不确定性将会被驱散,贷款可能得到恢复,流动性也会得到恢复。

　　但随着时间的推移,投资者和政策制定者更密切地观察银行持有的实际资产。他们观察越密切,越担心他们看到真实资产价值。到 2008 年年底,房产市场倒塌的规模变得显而易见,房价从峰值下降了 25%,违约拖欠率飙升,丧失赎回权的房产激增。分析师们开始清楚地看到房产市场倒塌如何直接冲击主要金融机构持有的数万亿美元证券。简单地说,许多投资现在变得毫无价值。

2008 年 10 月,国际货币基金组织(IMF)发布全球金融稳定性定期报告,其中计算了美国金融机构从不良抵押贷款及抵押贷款相关证券投资中遭受的损失。估计值十分惊人,高达 1.4 万亿美元,比国际货币基金组织 6 个月前宣布的数值多 5 000 亿美元。到 2009 年 4 月,估值已经上升至 2.7 万亿美元,而世界其他地方的损失估计为 1.4 万亿美元。对于美国金融体系而言,其影响相对简单。总体而言,国家的金融机构破产了,他们没有足够的资本覆盖预期损失。为了恢复合理的杠杆比率,例如,要让该国金融系统恢复 20 世纪 90 年代中期的状况,需要额外股本5 000 亿美元,这是一个几乎难以想象的数字。欧洲银行的状况更加糟糕:让他们的杠杆率下降到一个合理的水平将需要 1.2 万亿美元的额外股本。①

那么,问题将不再是流动性,而是偿付能力,或者更确切地说,是缺乏偿付能力。美国及国际金融体系的很多部分都破产了。如果把面临流动性危机的金融系统比作一辆汽油耗尽、需要加油的汽车,那么,缺乏偿付能力的金融

---

① 国际货币基金组织的说法多少有些委婉:"如果银行在预期收益之前将未来两年的损失准备金考虑进来,美国、欧洲银行有形资产的总和近乎为零。"IMF 加了这样的脚注:"预期贷款减记近似于贷款登记簿的逐日盯市。"参见:IMF, *Global Financial Stability Report* (Washington, DC: International Monetary Fund, April 2009), 35 - 36。

系统便是一辆车轮已脱落的汽车,只有进行基础性大修才可以再次移动。鉴于许多金融公司已经接近无偿付能力,仅仅提供流动性是远远不够的,这些金融业大玩家的偿付能力问题总得加以澄清才行。如果私营部门无法做到这一点,那么政府就必须出面,尽管这意味着将纳税人的钱置于风险之中。

为了完成这场对美国银行体系的基础性大修补,财政部期望通过修正后的问题资产救助计划向陷入困境的银行提供新注入资金。这实际上为他们抵御进一步损失提供了更强的缓冲。其他的措施也很重要:5 000 亿美元的保险用来承保未保险的存款,这将避免进一步挤兑;担保 1.5 万亿美元的银行借款,这将促使金融机构恢复正常运作。但资本注资——政府购买股权——是修订后计划的核心。

财政部官员早先便意识到金融体系遭受的损失会以很快的速度增加,以至于单单通过 TARP 购买有毒资产可能依然不够,这就是为什么他们在 EESA 法案中包含可能购买股权的条款。但是,正如主管经济政策的财政部助理部长菲利普·斯瓦格尔所言:“如果保尔森财长从一开始就提出向银行注资的计划,恐怕永远不会得到法律授权。”尽管保尔森显然真正相信“有毒资产购买计划”,但他和他的下属们都知道,他们很可能需要转移到下一层次。不过,斯瓦格尔说:“如果保尔森财长将此描述成一个政府对银行体系进行国有化的提案,那么他从众议院共和党成员那里得不到任何赞成票。而如果没有共和党成员那边的赞成票,民主党众议院议员也不会投票支持该提案。这只不过是一个政治现实。"①

在这个事件中,财政部主要是通过 EESA 来购买美国银行的股权:1 250 亿美元用于购买九大银行的股权,接着又有 1 250 亿美元用来购买各种规模较小的银行的股权。这些注资平息了一些有关对手风险的焦虑,新的问题资产救助计划公布后的第二天,TED 利差便开始下降。尽管美国的金融体系已经趋于稳定,但对银行的状态依然不无担忧。到 11 月中旬,可以越来越明显地看出,花旗银行(及其母公司花旗集团)已经丧失偿付能力。该公司遇到大规模股票抛售,公司总价值下跌到几乎不到 200 亿美元,而 2 年前,其总价值为 2 440 亿美元。政府又一次出动,另外购买了 200 亿美元股权,并同意承担 90% 花旗集团变卖 3 000 亿美元有毒资产产生的损失。② 即便如此还不够。2009 年 2 月,政府将其持有的优先股转换为普通股票(含投票权),控制了花旗集团 36% 的股份。美国最大的银行被国有化了。

从 2008 年进入 2009 年,金融市场渐渐平静下来。政

---

① Swagel, "Financial crisis," 49.

② Ian Katz, Scott Lanman, and Alison Fitzgerald, "Citigroup's $306 billion rescue fueled by pizza from Domino's," *Bloomberg*, November 25, 2008.

府的资金注入也在人们的期望中注入了几分信心。这点
信心不是出于对银行健康运营的信心,而是相信政府——
此时已经是奥巴马执掌的新政府——会采取必要的措施
站在国家银行体系背后,予以支持。这一看法在 2009 年
春得到进一步强化,新政府进行了一系列的"压力测试",
看各大金融机构能否承受进一步的压力。参加测试的 19
个银行中,有 9 个通过测试,表示无需再注入新的资本,而
其他 10 个银行,受命又增加了共计 700 亿美元的资本金。
压力测试呈现出来的相对积极的结果,以及政府承诺对未
能通过测试的疲软银行注入更多资金,这让市场进一步确
信金融体系终于安全了。[①]

　　到 2009 年 4 月底,美国政府已经花费了大约 2.5 万亿
美元资金直接用于救助、夯实并重建美国金融体系。这还
不包括担保或资产支持等举措,这部分总量超过了 12 万亿
美元。[②] 这些额度几乎不可想象。但大规模的政府干预避
免了全面爆发的恐慌,让金融体系恢复了表面秩序。然而,
并非一切问题都如期待中消失殆尽。尽管银行做出过一些
承诺,但对银行信心的重建并没有给银行带来更多的借款,

[①] James Kwak and Simon Johnson, *13 Bankers* (New York: Pantheon, 2010),171.

[②] "Adding up the government's total bailout tab," *New York Times*, February 4, 2009, http://www. nytimes. com/interactive/2009/02/ 04/business/20090205-bailout-totals-graphic. html.

这样的借款本将有助于抵消日益严重的衰退。鉴于损失的巨量资金，银行迫切需要降低自身风险，而这又意味着必须减少借款。尽管如此，系统性金融崩溃倒是得以避免。

救市的道德风险

但是，救市的高昂成本是否值得？大多数美国人不认为这么做是值得的。当国会就问题资产救助计划立法展开辩论时，民意调查往往显示，反对救市的人数远超过支持救市的人数。2008 年 10 月初一个相对可靠的调查结果显示，只有不到三分之一的人赞成救市，45％的人反对，25％人尚未做出定论。关于谁将从救市计划中收益最多，几乎没有什么分歧：三分之二的美国人认为，与全国其他地区相比，华尔街从中收益更多。随着危机铺展开来，反对之声更加激烈。到 2009 年 2 月，多达 56％的受访者反对当时新加进去的额外救市举措。[①]

---

① 调 查 源 自：Rasmussen Reports, "63％ say Wall Street, not taxpayers, will benefit from bailout plan," October 3, 2008, http://www. rasmussenreports. com/public _ content/business/ federal_bailout/october_2008/63_say_wall_street_not_taxpayers_ will_benefit_from_bailout_plan; Rasmussen Reports, "56％ oppose any more government help for banks," February 11, 2009, http:// www. rasmussenreports. com/public_content/business/federal_bailout/ february_2009/56_oppose_any_more_government_help_for_banks。

　　左翼和右翼的政治家及积极分子都猛烈地批评救市计划。众议院议员玛丽莲·马斯格雷夫(科罗拉多州)表达了布什政府中先前问题资产救助计划反对者的共同观点:"把这些来自中产阶级家庭的钱转给那帮华尔街银行家,我简直不能忍受这一点,正是他们的贪得无厌让我们处在如此糟糕的境地。实在荒谬的是,今年夏天,当工薪家庭被飙升的能源价格压得粉碎时,美国国会正在度假;然而,当华尔街自食其果时,我们就得夜以继日地工作,为他们提供帮助。我们应该把帮助缅因街和帮助华尔街放在同等重要的位置。"①与此同时,《国家报》特立独行的经济学家撰稿人、诺贝尔经济学奖获得者约瑟夫·斯蒂格利茨写道,"保尔森的提案看起来像另一个被华尔街玩得出神入化的骗人赌博游戏",同时,他指控那些银行是"用纳税人的钱搭便车"。② 另一位诺贝尔经济学奖得主保罗·克鲁格曼对布什和奥巴马两届政府的危机处理非常不满,他在自己负责的《纽约时报》专栏中攻击称这是一种"新的巫毒教巫术……号称复杂的金融仪式可以让死去的银行复生。不幸

---

① Representative Marilyn Musgrave, "Debate on the Emergency Economic Stabilization Act of 2008," Speech on the House floor, September 29, 2008, http://www. c-spanarchives. org/videolibrary/clip. php? appid = 595264033.

② Joseph Stiglitz, "Henry Paulson's shell game," *Nation*, September 26,2008, http://www. thenation. com/article/henry-paulsons-shell-game.

的是,撤除这种迷信做法的代价可能会很高昂。我怀疑纳税人即将遇到另一个不公正的待遇,而且,我们得准备另一项金融救援计划来救援现在这个无法完成的计划"。[1]

部分人相信某种形式的政府干预是必要的,可以避免整体经济崩溃,但他们也认为,应该有更好的方法来应对这场金融灾难。最常见的一个备选方案是彻底、暂时对银行进行国有化。克鲁格曼可能是这条道路最突出的倡导者,主张对那些基本上资不抵债的银行实施"明确但暂时的政府接管"。[2] 在一定程度上而言,根据修订后的保尔森计划,布什政府最终所做的事情就是国有化。如果将政府持有的股权转换为普通股(含投票权),政府的持股量便大到足以控制银行,即使不转换股权,银行现在已经如此依赖于他们曾经很少依赖的财政部、美联储和监管机构。但搞彻底的国有化在政治上有难度,更务实地讲,如果银行恶化到比预期更糟糕的状况,那么彻底国有化可能会让政府遭受更大的损失。

另一种常见的担心是救市计划会冲高原本已经很严重的道德风险问题。任何保险或支持风险行为的政府承诺都有产生道德风险的可能性——事实上,私人保险具有

---

[1] Paul Krugman, "Wall Street Voodoo," *New York Times*, January 18, 2009, http://www. nytimes. com/2009/01/19/opinion/19iht-edkrugman. 1. 19488316. html.

[2] 同[1]。

相同的效果。只可以部分避免承担自身行动后果的企业或个人甚至都可能会做出不大认真的举动。每个人都能从这些陷入困境的银行看出,道德风险一直是问题的一部分:金融机构之所以没有为他们糟糕的投资判断和不负责任的冒险行为承担全部成本,至少部分是因为他们期待政府会伸出援手。让这种期待成为现实,只会鼓励后续的冒险行为,也许在未来会导致一场更大的崩溃。尽管强有力的论据认为政府应该施以援手,保持金融市场正常运行,但同样强有力的论据认为,政府的支持应该减少,以惩治那些利用政府支持的人。

但是当经济处于全面爆发的危机中,如何最大限度减少道德风险的问题已经变得没有实际意义——金融机构已经承担了不负责任的风险,也已经下过糟糕的赌注。处在 75 年来最严重的金融危机深处,任何形式的反对都意味着是以任由经济滑入深渊为代价,来换取进一步规范未来市场的微弱可能性。正如克林顿政府的高官杰弗里·弗兰克尔所言:"他们说,散兵坑里没有无神论者。那么,经济危机中也没有自由意志论者。"[①]只有等到国际金融秩序解体,已经不再是一个迫在眉睫的威胁时,才能着手

---

① Rebecca Christie and Brendan Murray, "Paulson hit by investors as he seeks to halt crisis," *Bloomberg*, July 16, 2008, http://www. bloomberg. com/apps/ news? pid = newsarchive & refer = home & sid = aWssvqlta37Q.

解决道德风险问题。

有些时刻,为了保护无辜者,社会要拯救有罪者,而危机,正是这样的一个时刻。大多数行事鲁莽、导致这场灾难如此严重的金融家们,在危机过程中却能得到如此的优待,这确实让人愤怒。毫无疑问,救市直接的主要受益者便是银行家们。利润私有化,损失却可以社会化,这当然亵渎了任何层面的合理性和公平性。然而,当政府出面时,除了救市之外的另一个主要选择,便是接受一场更大的经济灾难。而等到危机真正袭来时再采取措施避免令大多数美国人都讨厌的结果,便为时已晚。

零利率政策困境

尽管政策制定者努力稳定金融体系,他们也不得不担心整体经济状况。截至 2008 年 11 月底,美国经济研究局委员会官方判断了美国的经济状况:经济衰退已经于 2007 年 12 月开始了,而金融崩溃一定会加剧整体的经济疲软。决策者将注意力转向如何维持宏观经济不随金融体系一起崩溃。

第一道防线是货币政策。经济出现问题时,美联储已经积极采取行动,调用了其所有的传统工具。美联储政策的主要目的是刺激经济。他们用最常用的货币政策方式来实现这一目的:通过降低利率,促使更多的钱进入流通系统。美联储通过公开市场操作买入和卖出短期国债,来影响短期利率。① 当美联储从一家商业银行购买国库证券时，便相当于给予该银行可以借出的资金。增加贷款会带动商业借款、投资及招聘，并引领经济向上发展。当美联储宣布对联邦基金利率（银行之间相互借贷的利率）进行调整时，实际上是说它如何期待公开市场操作影响货币状况。经济活动会随着利率下降而增加。

自金融困境开始以来，美联储便已经将利率维持在很低的水平。2007 年 9 月至 2008 年 9 月间，央行已经将联邦基金利率从 5.25％ 降低到 2.00％。2008 年 10 月期间，金融市场紧随雷曼兄弟的破产进一步瓦解，美联储进一步降低了隔夜拆借利率，降到 1.00％。然而，美国经济继续做自由落体运动，在 2008 年的最后一个季度萎缩 5.4％。12 月，美联储将利率调到谷底；12 月 16 日，它将联邦基金利率的目标设定在前所未有 0％～0.25％。美国首度进入"零利率政策"（ZIRP）的未知领域。

由于利率降低至零，央行传统的调控之路已经走到尽头。货币政策的主要工具是利率，而政策制定者刺激经济的主要货币政策便是降低利率。但他们不能将利率降到

———————

① 在现实中，大多数的公开市场操作都是通过"回购协议"的方式实现。例如，美联储从一级交易商手中购买美国国库证券，后者同意在未来某个日期回购这些证券。这一过程中，公开市场操作通过国库证券的买卖行为产生作用，将达到与临时增加实际货币供应相同的效果。本书在此的描述是为了简化的目的（因为，这一过程通常在课本中会有详细描述）。

零以下——那将意味着免费借钱给别人,甚至付钱请别人借款。据一位分析师计算,当美国进入零利率政策区域时,如果根据泰勒规则制定适度宽松的货币政策,美联储应该将利率设定为 - 6%——当然,这是不可能的,但这可以反映出,正常货币政策的活动范围是如何有限。①

零利率政策让人想起了"流动性陷阱",这是约翰·梅纳德·凯恩斯在解释 20 世纪 30 年代大萧条严重性和影响广度时给出的主要解释之一。20 世纪 30 年代初,利率在零上下浮动,任何有效的货币政策都被冻结了,凯恩斯坚持认为,需要采取积极的、扩张性的赤字财政政策——赤字开支——帮助经济振作起来,走出萧条。凯恩斯的现代追随者保罗·克鲁格曼在他《纽约时报》的博客中写道:"当货币政策进入零范畴,最优的财政政策是将政府采购足够扩大,以维持充分就业。"他的话说明了零利率政策到来的意义。②

美国进入零利率政策区域也很容易让人想起日本曾经失去的 10 年。事实上,日本曾在 10 年前将利率降低至零,其宏观经济自进入明显无法解决的停滞状态后,一直处于瘫痪状态。正如克鲁格曼所说:"美国已经变得和曾

① Peter Coy, "Rates: when zero is way too high," *BusinessWeek*, January 19, 2009.

② Paul Krugman, "Optimal fiscal policy in a liquidity trap," *The Conscience of a Liberal* (*New York Times* blog), December 29, 2008, http://krugman. blogs. nytimes. com/2008/12/29/optimal-fiscal-policy-in-a-liquidity-trap-ultra-wonkish/.

经的日本一样……说真的,我们已经深陷困境。"①美国的
决策者们不顾一切地想要避免这种命运。如果零利率政
策标志着传统的货币政策道路已经走到尽头,那么,美国
需要找到一条新的道路。

甚至在实施零利率之前,美联储已经开始决然地实施
一些非常规货币政策。美联储扩大了其作为最后贷款人的
职能,也扩大了其为面临严重流动性问题的银行提供紧急
贷款的作用。美联储已经为所有缺乏流动性的银行、许多
可能缺乏偿付能力的银行提供了低利率的短期贷款,但影
响有限,因为美联储负责的商业银行只是问题的一部分。

美联储现在已经调用了《联邦储备法案》中的一个模
糊条款,该条款授权其向几乎任何出现"不寻常和紧急情
况"的公司提供贷款。② 美国央行利用这些紧急权限为商
业银行以外的金融机构提供贷款。危机初期,这些工具包

---

① Paul Krugman, "ZIRP," *The Conscience of a Liberal* (*New York Times* blog), December 18, 2008, http://krugman. blogs. nytimes. com/2008/12/16/zirp/.

② 《联邦储备法》中写道:"在不寻常和紧急的情况下,联邦储备体系理事会可以经不少于5位成员同意,授权任何联邦储备银行按照理事会根据本法案第14条(d)款指定的利率在规定时期内为任何个人、合伙企业或公司提供票据、汇票折扣,条件是这些票据、汇票经过背书、担保能够满足该联邦储备银行的要求。"参见: Section 13. 3, Federal Reserve Act [12 USC 343. As added by act of July 21, 1932 (47 Stat. 715); 修正法案为 acts of Aug. 23, 1935 (49 Stat. 714) and Dec. 19, 1991 (105 Stat. 2386].

括"一级交易商信贷融资"(the Primary Dealer Credit Facility)和"定期证券借贷工具"(the Term Securities Lending Facility)。由于各种信贷市场在雷曼和 AIG 破产之后都冻结了,美联储启用了一系列让人眼花缭乱的工具,每一工具的目标都是要解冻金融市场的某个不同部分。这些工具包括资产支持商业票据货币市场共同基金流动性工具(the Asset Backed Commercial Paper Money Market Mutual Fund Liquidity Facility)、商业票据融资工具(the Commercial Paper Funding Facility)、货币市场投资者融资工具(the Money Market Investor Funding Facility)以及定期资产支持证券贷款工具(the Term Asset-Backed Securities Loan Facility)等。

美联储使用这些工具为金融机构持有的、价值出现问题的资产提供资金支持,试图促使他们恢复借贷业务。美联储步步陷入困境的市场,担当类似于"最后客户"的角色。它借给这些公司资金,当做抵押品支持那些出售甚至定价存在问题的资产。

美联储借出将近 2 万亿美元,作为抵押品支持各种资产所有者及市场均认为高度可疑的资产。这样做具有双重目的:首先是促使金融市场恢复常态,这样便可以准确地、较高地为那些资产的价值定价。第二个理由在于,同银行恐慌中最后贷款人手段一样,美联储出面帮助市场恢复其应有的职能角色。如果这两个预期目标都实现了,美联储最终可以拿回其投入的资金,而经济将走向复苏。

2009 年期间,美联储逐渐放松大部分紧急贷款计划,干脆开始购买不良资产。危机爆发前,美联储将自身职能局限于完全购买短期国债以及国债衍生而来的资产。但随着危机一拖再拖,美联储必须寻找新的方式重新点燃经济,开始购买长期国债、房利美和房地美的债券(所谓的机构债),并最终开始购买其他不良资产,如抵押贷款支持证券。这样做的目的也是为了重置拥有这些资产的受损市场,这些资产已经严重影响美国各金融机构的资产负债表,以至于正常借贷都无法运作。据估计,美联储购买长期国债、机构债和抵押贷款支持资产的金额约为 1.7 万亿美元,将 10 年期利率降低了三分之一至二分之一个百分点,这样的利率降幅足以产生重要影响,但单独凭此不足以复苏借贷业务。[1]

在这些特殊的政策举措背后,潜伏着一个可怕的担心,即担心经济可能陷入通缩漩涡,价格和工资在相当长的时间内都会下降。理论和经验都表明,通缩为现代经济创造了真正的危险。几乎可以肯定,开始于 1929 年的大通缩是 20 世纪 30 年代大萧条的一个重要原因。日本失去的 10 年是近代史上最突出的通货紧缩事件,没有人想

[1] Joseph Gagnon, Matthew Raskin, Julie Remache, and Brian Sack, "Large-scale asset purchases by the Federal Reserve: did they work?" Staff Report no. 411 (New York: Federal Reserve Bank of New York, 2010).

复制这一经历。

通缩之所以危险,出于几个原因。首先,通缩提高现有债务的实际负担:工资和价格下降,但债务量保持不变。这让原本已经债台高筑的企业和家庭面临更大的压力。其次,价格下跌将启动一个向下的恶性漩涡,使企业和消费者推迟消费,因为他们会等待价格继续降低。这进一步削弱了经济,给价格带来新一轮的下跌压力。最后,通货紧缩使得通过实际条款借款更加昂贵,即便贷款人收取 0% 的利息,债务的真实负担即为通缩率。此外,由于联邦基金利率已经为零,央行没有措施可以直接影响借贷成本。借贷缺乏吸引力将进一步削弱消费支出、住房市场和商业投资。

美联储主席伯南克长期担心出现通缩,这可能部分源于他对 20 世纪 30 年代大萧条的研究。2002 年,时任联邦储备委员会成员的伯南克在华盛顿美国经济学家俱乐部谈起了这个话题。他清楚地讲述了该问题存在的普遍严重性:"持续通缩可能对现代经济极具破坏力。"但他也表示相信美国能够避免通缩。他说:"一个特别重要的保护因素是我们金融体系的实力。我们的银行体系稳健且监管良好,公司和家庭的资产负债表大部分处于良好状态。"①

---

① Ben Bernanke, "Remarks by Governor Ben S. Bernanke before the National Economists Club," Washington, DC, November 21 2002, http://www. federalreserve . gov/BOARDDOCS/SPEECHES/2002/20021121/default. htm.

伯南克的讨论除了简要提及日本外,几乎完全是理论性和假设性的。到 2009 年,通货紧缩的威胁成为一个现实的政策问题:银行系统已经崩溃,而资产负债表一团糟。2009—2010 年,价格几乎没有上涨,不能排除最终带来通货紧缩的可能性。2010 年年中,圣路易斯联储主席詹姆斯·布拉德警告说:"与近代史上任何时刻相比,今天的美国最接近日本式的结果。"这一警告出自重要人物之口,布拉德在预测通货紧缩威胁问题上享有盛誉,他是美联储货币政策决策小组——联邦公开市场委员会——的"鹰派"成员之一。[1] 另外两位联储银行行长,即波士顿银行的艾瑞克·S.罗森格伦和纽约银行的威廉·C.达德利,也表达了类似的担忧。[2]

早在 2002 年,伯南克便就如何应对通货紧缩威胁发表了看法。他指出,美联储"军火库"里的工具比想象中更多,并预期 2007 年之后,其中大部分政策工具最终会派上用场。但他认为,货币政策可能不太够:"反通货紧缩政策的有效性可以通过货币和财政当局之间的合作得到显著

---

① Steve Matthews and Scott Lanman, "Fed's Bullard calls for resuming purchase of Treasuries if economy slowing," *Bloomberg*, July 29, 2010, http://www. bloomberg. com/news/2010 - 07 - 29/fed-should-resume-treasury-purchases-if-deflation-risk-grows-bullard-says. html.

② Sewell Chan, "Within the Fed, worries of deflation," *New York Times*, July 29,2010.

改善。"对抗通缩的财政政策将包括"减税或增加转移支付","政府可以增加对目前商品和服务的支出,甚至收购已有的实物或金融资产"。① 事实上,作为货币政策,甚至非传统类别的货币政策,都不足以完成推动美国经济再次向前发展的任务,政策制定者必须转向财政政策。

财政刺激

早在弄清楚危机规模之前,布什政府曾试图通过财政刺激抵抗危机的到来。2008 年 2 月,美国国会通过了 1 680 亿美元的退税计划,随后布什总统签署了该计划,使之成为法律。但在那个时点上,经济的疲软度是否足以带来更多的影响,这一点尚不明显。总统候选人约翰·麦凯恩的主要经济顾问菲尔·格拉姆认为,悲观情绪只是一种"精神衰退"。② 直到雷曼倒闭的前几天,还有一位评论家坚持认为:"我们只是坚持事实。我们并没有处在经济衰退中。"③ 但到了

---

① Bernanke, "Remarks by Governor Ben S. Bernanke before the National Economists Club."

② Patrice Hill, "McCain advisor talks of 'mental recession,'" *Washington Times*, July 9, 2008, http://www. washingtontimes. com/news/2008/jul/09/mccain-adviser-addresses-mental-recession/.

③ Donald Luskin, "A nation of exaggerators: quit doling out that bad-economy line," *Washington Post*, September 14, 2008, http://www. washingtonpost. com/wp-dyn/content/article/2008/09/12/AR 2008091202415. html.

10 月中旬,衰退的事实不可否认。信贷市场已经冻结,工业生产在 9 月份陡然下降,而失业猛增。消费者信心崩溃,失业率迅速上升,股市下跌,必须采取一些措施了。①

2008 年 11 月的总统选举将决定由谁来负责采取措施。奥巴马新政府接管了一个所有指标都闪闪发红的经济体,而金融市场仍处于深度冻结中。11 月底,当选总统的奥巴马宣布了他指定的主要经济政策制定者名单:蒂莫西·盖特纳担任财政部长,拉里·萨默斯担任国家经济委员会主任,克里斯蒂娜·罗默担任经济顾问委员会的主席。所有人都是我们熟知的、在主流经济政策中享有盛誉的人物。盖特纳曾担任纽约联邦储备银行行长,深入参与应对这场危机。萨默斯曾在克林顿总统执政期间担任财政部长,而罗默是加州大学伯克利分校受人尊敬的宏观经济学家。奥巴马新政府和民主党国会的新政策制定者们迅速采取行动,制定了一个经济刺激方案,包括减税和增加开支,以应对经济衰退。在这个方案中,他们遵从了传统财政政策应对经济衰退的方法。

标准的宏观经济观点认为,在经济衰退的情况下,政府必须增加支出并减税,以此刺激经济增长。如果政府额

---

① 从 2008 年 9 月 12 日(雷曼兄弟破产前的最后一个交易日)到 2009 年 3 月 6 日的股市低谷,标准普尔 500 股价指数从 1 251.7 点下降到 666.79 点。

外花费 100 万美元建造一座桥梁,这项消费将直接增加
GDP。但是,这仅仅是个开始:对原材料和劳动力的消费
是供应商、承包商和工人的收入,而部分该项收入将用于
消费商品和服务,进一步增加 GDP。这反过来又变成其
他一些工人的收入,会被用来增加他们的消费,进而又增
加了 GDP。这个过程证明了"财政乘数"的存在,通常与
凯恩斯主义宏观经济学有关。因此,增加 1 美元政府支出
所产生的 GDP 增加要大于 1 美元。尤其当经济停留在
零利率政策,使得民间借贷和支出都特别疲软时,财政
乘数可能会很大。学者们估计,在这些条件下,政府消
费新增加 1 美元可导致 GDP 增长 2 美元、3 美元,甚至
更多。[①] 减税的影响尽管不那么直接,但有类似的效果。
减税提高居民的可支配收入,使得他们可以花更多的钱
购买商品和服务,从而增加 GDP——并且也存在类似的

[①] 可参见相关文献,如:Lawrence Christiano, Martin Eichenbaum, and Sergio Rebelo, "When is the government spending multiplier large?" NBER Working Paper no. 15394 (Cambridge, MA: National Bureau of Economic Research, 2009); Giancarlo Corsetti, André Meier, and Gernot Müller, "What determines government spending multipliers," May 2010, http://www. newyorkfed. org/research/conference/2010/global/multipliers. pdf; Miguel Almunia, Agustín Benetrix, Barry Eichengreen, Kevin O'Rourke, and Gisela Rua, "From Great Depression to Great Credit Crisis: simlarities, difference, and lessons," Paper presented at the 50th Economic Policy Panel Meeting, Tilburg, Netherlands, October 23 - 24,2009。

乘数效应。

即便在新政府上台之前,其经济团队便一直在考虑财政刺激计划。罗默的评估表明,需要 1.2 万亿美元实施该方案。然而,当选总统奥巴马的政治顾问坚持称这是不可行的,数量必须减少。上台之后,美国总统奥巴马提出要用 6 750～7 750 亿美元的资金包来刺激经济发展。[1]

经济刺激方案在政治上颇具争议。问题并不是真正关于赤字本身。人们普遍理解,严重的经济衰退将减少税收,增加政府失业救济金、食品救济券及其他与收入相关的社会项目支出,几乎会自动导致巨额赤字。自 2008 年10 月起的 3 年过程中,联邦政府的赤字已经达到约 1 万亿美元。由于经济衰退,联邦政府将失去约 8 400 亿美元的收入,而且还不得不额外拿出 1 600 亿美元用于支付经济衰退自动引发的费用。现在的问题是,政府是否应该采取一些别的措施,而且,如果需要的话,应该采取怎样的措施。[2]

一些政策制定者和经济学家认为,即使在如此混乱的经济中,任何政府干预都是没有道理的。众议员罗恩·保

---

[1] Ryan Lizza, "Inside the crisis: Larry Summers and the White House economic team," *The New Yorker*, October 12, 2009.

[2] CBO, "The effects of automatic stabilizers on the federal budget" (Washington, DC: Congressional Budget Office, May 2010, table 1; CBO, "Budget and economic outlook: Fiscal years 2010 to 2020" (Washington, DC: Congressional Budget Office, January 2010), table 1 - 3.

罗(得克萨斯州)抱怨说:"美国政府不允许做出经济所需的修正。"他援引了1921年经济衰退的例子。在保罗看来,这个例子简单而深刻,因为那时,政府直接允许资不抵债的公司宣告破产失败。"没有人会再记得那场衰退,"他断言,"人们都只会记得这一次,因为这一次会持续15年之久。"①保罗的观点让人想起了20世纪30年代早期由时任财政部长安德鲁·梅隆领导的"清算运动"。梅隆对总统赫伯特·胡佛的建议很是典型:"清算劳工,清算股票,清算农场主,清算房地产业。将腐朽的部分清出体系。"②该想法几乎是道德宣言:不良贷款、不良债务、不良商家和不良交易必须在经济实现自我纠正前被驱除出去。尽管这种自我破坏式的"焦土政策"可能会让人满意——至少那些没有遭遇困境的人会满意,很少有严肃的经济学家和政策制定者会考虑这样的政策。③

　　一些反对积极财政刺激政策的理论观点是基于政府

---

① Phil Davis, "Believer in small government predicts 15 - year depression," *Financial Times*, March 22, 2009, http://www. ft. com/cms/s/0/ ee3e07f0-16b2-11de-9a72-0000779fd2ac. html♯axzz19LwLJlR1.

② Barry Eichengreen, *Golden Fetters*: *The Gold Standard and the Great Depression*, *1919 - 39* (Oxford, UK: Oxford University Press, 1992), 251.

③ 该观点的后继学者通常属于奥地利经济学派,与弗里德里希·哈耶克、路德维希·冯·米塞斯相关。奥地利学派的学者认为,信贷周期引发经济波动,过度的信贷创造不可避免地引发不正当投资,或错误领域的非持续过度投资。

开支难免会造成浪费、不能真正造福于人民的观点。其他人则强调,政府支出的增加预期会被私人消费的减少抵消掉。减税或政府支出增加导致的财政赤字将推动利率上升,减少或"挤兑"私人投资及消费。持有这些观点的经济学家们普遍敌视传统的凯恩斯主义观点,特别是凯恩斯主义倾向于认为有的市场失灵可以由政府来纠正。反对经济刺激的经济学家往往反而会坚持"新古典主义"的立场,即认为不受约束的市场总能提供可能的最佳结果。这种观点通常与芝加哥大学和明尼苏达大学的宏观经济理论家们相关,这使得其他经济学家称他们为"淡水宏观经济学"。[①]

　　但大多数经济学家都有一个共识,即采取某种形式的积极财政政策是可取的。2009 年 2 月,《华尔街日报》的经济学家民调显示,68％的经济学家表示所提出来的经济刺激计划规模合适或太小。只有 31％的经济学家认为计划规模太大。政策和商业界的大多数经济学家认为一揽子刺激计划可以缓和衰退带来的沉重打击,加速经济复苏的到来。[②]

[①] Paul Krugman, "How did economists get it so wrong?" *New York Times Magazine*, September 6, 2009, 36 - 46.

[②] Data from *Wall Street Journal* poll, available at http://wsj. com/ public/resources/documents/wsjecon0209. xls (accessed August 1, 2010).

　　甚至许多保守的经济学家也倾向于同意。哈佛大学教授马丁·费尔德斯坦曾担任罗纳德·里根经济顾问理事会的负责人,他一口咬定:"如果我们要扭转目前的颓势,没有什么可以替代财政政策手段。"他的这个观点是以货币政策相对无效、信贷市场冻结、零利率政策出现为基础:"我支持在美国运用财政刺激计划,因为目前的经济衰退与以往的衰退大不相同,要深远得多。即使成功运用反周期政策,经济衰退的持续时间依然很可能长于 20 世纪 30 年代大萧条以来的任何一次衰退,也更具破坏性。"费尔德斯坦很清楚,即将发生的赤字困扰重重:"一些错误导致了当前的经济状况,而所致的国家债务增加是我们及子孙后代为这些错误付出的代价。"①但他和他的大多数经济学家同事都相信,这个代价值得付出。由于美国东北及加利福尼亚州等近海地区主要大学的学者们都尤为强烈地支持这一达成更广泛共识的观点,支持这些观点的学者有时被称为"咸水宏观经济学家"。

　　即便是那些支持推出经济刺激计划的人当中,在刺激计划的性质和规模上也存在分歧。有些人尤其是较为保守的经济学家,认为减税是应该推进的理想方式。其他

────────────

① Martin Feldstein, "The case for fiscal stimulus," *Project Syndicate*, January 26, 2009, http://www.project-syndicate.org/commentary/feldstein6/English.

人,主要是自由派学者,偏好增加基础设施、服务、各州转移支付等政府支出。减税和退税有快捷的优势(砍掉一张税单比计划、建设一座桥梁更快)。大多数凯恩斯主义分析师主张扩大政府支出,因为他们相信乘数效应使之比相应的减税政策有更大的影响。到 2009 年年初,不管怎样看,减税的时效优势似乎变得无关紧要:尽管大多数近期发生的经济衰退都很短促,时间因而十分重要,但这场危机铁定要比先前的危机深重得多,时间也会延长。奥巴马政府和国会选择了一个以消费为导向的经济刺激方案,但方案中还包括大量的减税政策。

　　经济学家们的共识并没有减少新政府在政治方面的阻力。来自众议院和参议院的共和党人形成强大的党派反对之声,猛烈抨击该计划。除了不想让新政府轻松获胜外,他们的反对存在经济利益基础。虽然经济整体遭殃,并且人们希望经济整体能从刺激计划中受益,但毫无疑问,在这个计划中,部分人会比其他人获益更多,而部分人会比其他人付出更多。很多利益很可能会渗透到较为贫困及工薪阶层的美国人中,更有利于传统的民主党选民们。尽管为这个刺激计划买单尚且是很遥远的事情,最终却不得不支付,由此产生的税收则很可能主要落在美国上层及中产阶级身上,即共和党的核心选民们将要承担更多。

　　2009 年 2 月 14 日,国会在党派争吵和智慧较量的大背景下,通过了《2009 年美国复苏与再投资法案》(ARRA),这是一项延续多年、总金额高达 7 870 亿美元的经济刺激法案,而众议院没有一个共和党人投赞成票。① 支出被分配在 3 年当中,用联邦政府的表达方式来说,是 2009、2010 和 2011 财政年度,具体从 2008 年 10 月 1 日开始,到 2011 年 9 月 30 日结束。7 870 亿美元的经济刺激投资平均占到了这 3 个年度 GDP 的 2% 略少一点。约瑟夫·斯蒂格利茨和保罗·克鲁格曼等评论家认为,这样的刺激太小了。②

财政刺激在各州政府中产生最集中的影响。这场危机对美国的打击很重:各州和联邦政府一样,收入下降,支出增长,但与联邦政府不同的是,他们的借款能力有限。在 2009—2011 财年,各州几乎面临 0.5 万亿美元的预算短缺,平均约占他们这 3 年总预算的五分之一。为了帮助抵消这种短缺产生的影响,ARRA 中大约有 1 400 亿美元资金被转移到各州,弥补了大约三分之一的资金短缺。这笔钱产生了立竿见影的效果,因为补充的资金允许各州避免裁减公职人员,特别是在公共安全和教育领域。③ 即

---

① The Congressional Budget Office subsequently revised upward the total cost of the package to $ 863 billion.

② Paul Krugman, "Behind the curve," *New York Times*, March 8, 2009.

③ Elizabeth McNichol, Phil Oliff, and Nicholas Johnson, "Recession continues to batter state budgets: state responses could slow recovery" (Washington, DC: Center on Budget and Policy Priorities, July 15, 2010), http://www. cbpp. org/cms/index. cfm? fa = view&id = 711.

便如此,根据一项估计,2009 年所有联邦刺激支出只是勉强弥补了国家财政的补偿性漏洞(countervailing collapse)。[1]

该财政刺激方案最大的单一组成部分是减税约3 000 亿美元。此后,其中 1 000 多亿美元通过增加失业保险、食品救济券以及其他转移支付等形式用来补贴个人生活。另外 1 000 亿美元的目标是推动基础设施的发展。针对 TARP、ARRA 以及其他相关计划,用于缓解危机的财政支出总额超过 1.76 万亿美元。

刺激计划和其他政府支出措施产生了什么样的影响?就 ARRA 而言,无党派国会预算办公室估计,截至 2010年第一季度,该法案中的计划使实际 GDP 提高了1.7%～4.5%,并使失业率降低了 0.7%～1.8%。[2] 著名经济学家艾伦·布林德和马克·赞迪观察了所有应对危机的财政、金融、货币举措,观察结论认为:如果没有执行这些措施,2010 年美国的 GDP 要减少 11.5%,将会减少800 多万个就业机会,而且,美国将一直处在通缩的阵痛

---

[1] Joshua Aizenman and Gurnain Pasrich, "On the ease of overstating the fiscal stimulus in the U. S. 2008 - 9," NBER Working Paper no. 15784 (Cambridge, MA: National Bureau of Economic Research, 2010).

[2] CBO, "Estimated impact of the American Recovery and Reinvestment Act on employment and economic output from January 2010 through June 2010" (Washington, DC: Congressional Budget Office, 2010).

中。最大的影响源于金融和货币政策,但各种财政刺激措施也有所帮助。据布林德和赞迪研究,截至 2010 年,财政刺激计划实际促使 GDP 增加了约 460 亿美元(约占国内生产总值的 3.4%),创造了 270 多万个就业机会,并且促使失业率下降近 1.5%。[1]

然而,这些并不值得庆贺。一些迹象表明,发展使得刺激规模不足的担忧凸显出来。经济衰退开始后很长时间内,产出量仍然远低于正常水平,而失业率仍然顽固地停留在 9%以上。然而,几乎可以肯定的是,奥巴马政治顾问们的观点确实是正确的,他们认为,在 2009 年任何通过一个更大的经济刺激法案的尝试,都会走向失败,何况此时正值选举周期的末尾。从政治上而言,财政政策已经竭尽所能——尽管有机会的话,其在经济上可以做更多的贡献。事实上,在应对危机方面面临政治障碍的,不仅只有美国政府。

纵览全球

美国在痛苦之路上并不孤单:世界各地的金融市场

---

[1] Alan Blinder and Mark Zandi, "How the Great Recession was brought to an end" (2010), Table 8 http://www.economy.com/mark-zandi/documents/End-of-Great-Recession.pdf (accessed August 1,2010).

都一片混乱,各国经济都在下滑。但各国的应对政策各
不相同。在先进的工业国家,货币政策路径与美国所走
的路径非常相似。在欧洲,等到金融市场在雷曼兄弟倒
闭后冻结,欧洲央行立即采取行动,降低利率(见图5)。
正如在美国,这些国家的利率很快就降低到一个百分点
的十分之几,基本上在零利率上方浮动(日本已经降到
了零利率),并且都着手采取超常规措施,试图重新恢复
银行贷款。

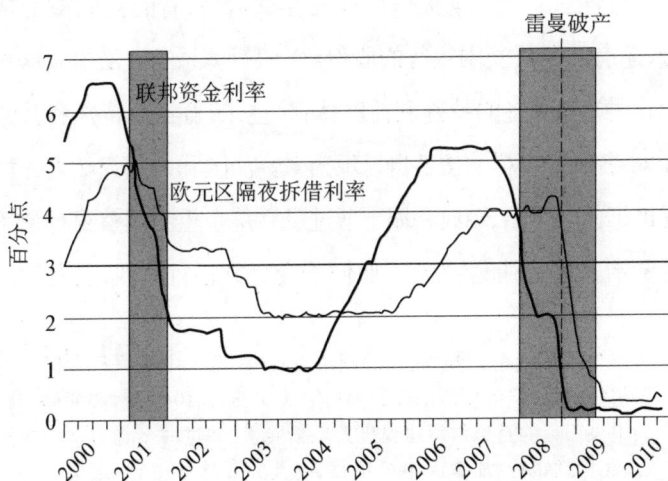

注:阴影部分指的是美国经济衰退期间。

资料来源: Federal Reserve Board and International Monetary Fund, International Financial Statistics。

图 5　中央银行的回应:2000—2010 年美国与欧元区银行间隔夜拆借利率

　　美国和欧洲的央行官员们紧密合作,试图阻止经济下
降。他们协调各自的货币政策,在必要的时候互相借贷。

这一点特别有用,因为全球金融市场一体化意味着欧洲银行对美元的需求便如同对欧元的需求一样,而欧洲央行和英国央行手头没有任何类似的货币供应。美联储出面把美元贷款给其他央行,美元被换成欧元或英镑,允许合作央行以美元的形式为他们各自有需求的银行提供资金。截至 2008 年 12 月,美联储和其他国家央行之间的借款安排已经达到近 6 000 亿美元。[1]

欧洲各国应付自身银行危机的方式相对缺乏一致性,更具多样性。有的国家提供反馈性存款保险,有的建立救助基金,还有的购买受困银行的股份。[2] 银行体系的政治中充斥着比货币政策更多的特殊利益群体,而且,随着各国特殊利益的介入,各国的多样性便各自显现出来。法国和德国为私人存款提供担保。英国、瑞典和瑞士通过设立基金重新调整银行系统的资本。意大利政府表示,他们不会允许银行失败,没有储户

---

[1] 2008 年 9 月之前,美联储与欧洲中央银行、瑞士中央银行之间有互惠信贷协议,但信贷范围和数量有限。2008 年 10 月起,美联储与欧洲中央银行的互惠信贷协议极大地拓展了,并进一步与日本中央银行、英格兰银行、加拿大中央银行、澳大利亚储备银行、瑞典中央银行、丹麦国家银行、挪威中央银行、新西兰储备银行以及巴西、墨西哥、韩国、新加坡的中央银行签订了相关协议。参见:Linda Goldberg, Craig Kennedy, and Jason Miu, "Central bank dollar swap lines and overseas dollar funding costs," NBER Working Paper no. 15763 (Cambridge, MA: Nation Bureau of Economic Research, 2010)。

[2] 参见下列文献中的评论:Craig Whitlock and Edward Cody, "Europe beginning to realize its lenders share in the blame," *Washington Post*, October 2, 2008。

会遭受资金亏损。[1] 虽然方法不同,但每个政府的目标是相似的:遏制恐慌,挽救已经丧失或几乎丧失偿付能力的银行。

和美国的情况一样,各国财政政策上充满了更多的分歧和多样性。2008 年年末,国际货币基金组织和世界银行建议的财政刺激规模约占国内生产总值的 2%。尽管如此,2009—2010 年,二十国集团成员国在自行决定的财政政策之间存在较大的差异。[2]

许多欧洲国家不愿采取美国所采取的经济刺激水平。起初,欧洲人常常认为,经济危机是美国引起的问题,经济衰退可能会绕过欧洲。欧洲各国政府在财政刺激方面对自动稳定器方式的运用比美国多得多,这是基于他们更为慷慨的社会政策。欧洲人比美国人更加担心进一步政府借款带来的长期影响,尤其是传统上便比美国人更加厌恶赤字的德国人及其他北欧人。[3]

---

① 这些国际指标的时间轴数据可参见:Federal Reserve Bank of New York, "Timelines of policy responses to the global financial crisis," http://www. newyorkfed. org/research/global_economy/policyresponses. html (accessed December 29,2010)。

② IMF, "Group of Twenty meeting of deputies, Jan 31-Feb 1, 2009, London, U. K.: note by the staff of the International Monetary Fund" (Washington, DC: International Monetary Fund, undated)。

③ 源自下列文献中的表 2:IMF, "Group of Twenty meeting of the ministers and central: bank governors, March 13 – 14, 2009, London, U. K.: global economic policies and prospects: note by the staff of the International Monetary Fund" (Washington, DC: International Monetary Fund, undated)。

　　不管分歧效力如何,不同的路径在欧洲内部以及在欧洲和美国之间产生了很大的摩擦。当人们意识到国际贸易急剧下降时,这种摩擦进一步加剧。人们怀疑,除了我行我素的财政政策外,各主要经济体都与他们的贸易伙伴分道扬镳了。2008年年中到2009年年中,美国外贸量下降了近三分之一,这是战后历史上最大的跌幅纪录。[①] 总体而言,国际贸易总量下降的速度甚至比1929年后那几年下降的速度更快。[②] 全球金融危机似乎威胁到全球化本身。

　　随着世界贸易的停滞,将命运押在出口上的国家被迫将目标转向国内。其中最重要的是中国。随着中国的出口市场干涸,中国政府公布的计划可谓世界上最令人印象深刻的国内经济刺激计划之一。政府增加了基础设施和医疗保健领域的直接支出。更重要的是,中国政府运用其巨大的监管和行政权力促使银行大规模增加放贷,而且,他们也确实做到了,仅2009年上半年,信贷便惊人地扩张了50%。中国的政策相当成功:尽管中国2009年年初的经济增长已经放缓至6%,但到2010年中期,已经回升至近10%的传统水平。[③] 这

---

① 2008年第二季度相关的美国商品与服务总值数据,来自国民收入与生产核算。

② Barry Eichengreen and Kevin O'Rourke, "A tale of two depressions," *VoxEU*, June 4, 2009.

③ 同比增长数据来源为亚洲区域一体化中心的亚洲开发银行。也可以参见:Deutsche Bank, "Global economic perspectives: financial conditions weakest since late '08" (New York: Deutsche Bank, June 23, 2010)。

些对中国有利的政策可能对全世界也有利:国际经济的其他部分均处于低迷状态,2009 年的微小增长很大程度上来源于中国。

随着大衰退按照常规向前发展,世界各地的经济开始复苏。在美国、欧洲和日本,短期宏观经济修复帮助其经济度过了 80 年以来最艰难的时期。货币当局尽其所能,而财政当局则在政治允许的条件下尽其所能。尽管如此,在大多数工业化国家,复苏非常迟缓。经济复苏不会让这些经济体恢复到长期健康状态。在日本和欧洲,情况确实如此;在美国,肯定也错不了。

与那些可以用宽松的货币和财政政策解决的问题相比,美国经济面临的问题更为严重。美国的银行系统遭到了破坏,国家债务负担不断攀升,其在世界经济中的作用遭到质疑,而美国经济的潜在失衡尚未得到解决。这些弱点以及在建设性地解决它们的过程中遇到的政治困难,构成让该国继续维持停滞状态的威胁。

第六章
经济冲击

　　随着 20 世纪 80 年代的拉美债务危机进入最黑暗的日子,该地区的领导人之一在演讲中告诉他的听众要勒紧裤腰带生活。"派对结束了。"他冷峻地认为。第二天,群众游行充斥着大街小巷,打出这样的横幅:"派对已经结束了,而我们连邀请函都没拿到。"[1]

　　拉丁美洲的借款派对于 1982 年结束,导致该地区的经济、社会和政治一片混乱。该地区遭遇了现代时期第一个失去的 10 年,随着经济停滞不前甚至倒退,许多国家失业率飙升,通货膨胀率超过 1 000%。"失去的 10 年"这一说法具有误导性,因为这 10 年实际上让拉丁美洲倒退了

---

① 作者之一杰弗里・A. 弗里登当时正在巴西,见证了这一政府宣言及里约热内卢街头义愤填膺的民众反应。

15 年,人均国内生产总值回到 1981 年的水平。那场崩溃
消耗了数代人积累的经济进步。如果那 10 年中的拉美经
济能够像之前 15 年一样增长,那么,拉丁美洲的富裕程度
将是现有水平的 2 倍。[①]

　　拉丁美洲借贷热潮的骤降同样产生了引人注目的政
治效应。那些导致国家负债累累的政府引起了民众爆炸
式的愤怒,而那些愤怒最终蔓延到中产阶级和商业阶层。
抗议的风暴淹没了该地区各国政府,事实上,几乎当时所
有的政府都被赶下台了。20 世纪 80 年代,大多数负债国
施行专制统治,只有两个拉丁美洲国家是民主国家——哥
伦比亚和委内瑞拉。民众和精英阶层的共同抗议废除了
所有的专制者,甚至包括统治巴拉圭长达 35 年之久的阿
尔弗雷多·斯特罗斯纳以及在智利实施铁腕统治长达 15
年之久的奥古斯托·皮诺切特。讽刺的是,债务危机的主
要结果之一居然是民主化浪潮。

　　这场危机也结束了在拉美实施了长达半个世纪的经
济组织形式。自 20 世纪 30 年代起,该地区曾全心致力于

[①] 区域人均国内生产总值的数据扣除了物价因素,按实值计算。参
见:Angus Maddison, *Statistics on World Population*, *GDP and Per
Capita GDP*, *1 - 2008 AD* (*2010*), http://www. ggdc. net/
maddison/Historical_ Statistics/vertical-file _03-2009. xls (accessed
December 28, 2010)。在这之前的 15 年里,拉丁美洲的人均国内生
产总值上升了 48%,而 1981 年后的 15 年中,发展停滞。

推动当地市场的工业化进程。各个国家用借来的数十亿美元建立国内产业,以满足国内消费。但借贷潮的迅速衰退让拉美经济史的这一阶段告终。该地区遭遇其"失去的10年",有一半的国家受到通胀的困扰,失业率飙升,贫穷越来越严重,所有这些情况都说明当时的战略不足为用。到了20世纪90年代初,该地区所有的国家都不顾一切地寻找新的增长出路,否认了以前的政策,转向世界市场,走向全球化。

日本在1991年的房地产泡沫破灭之后陷入了现代时期第二个"失去的10年"。日本的失败不像拉丁美洲那样彻底,但这个过去一直快速、持续发展的国家经历了10年以上的滞胀时期。1992—2002年的11年间,日本的经济增长甚至低于危机到来之前2年的水平。[1] 正如拉丁美洲的情况,政治影响十分直接。1993年,选民们投票否决了统领日本将近40年的自民党,民众的愤怒情绪甚至促使日本社会党入主政府。政客们被迫进行了一次重大的政治体制改革,整个国家就社会、政治及经济组织方式开始了长达数年的深刻自我反省。

而现在的美国,正面临着现代时期第三个"失去的10年"——或者更准确地说,美国曾经熬过了一个"失去的

---

[1] 参见:Maddison, *Statistics on World Population*。1992—2002年人均GDP增长仅仅6%,不到之前10年增长速度的六分之一。

10 年",如今却正走向另一个"失去的 10 年"。尽管借款潮在 21 世纪第一个 10 年的大部分时间内推动美国经济快速发展,但最终的崩溃抹去了其中大部分收益。这 10 年中,美国的经济增长速度仅仅只有 20 世纪 90 年代增长速度的四分之一(6%对比 24%)。[①]

因此,更令人不安的是,美国刚经历过最近的这次危机,却又面临着再次失去 10 年的危险。为了恢复美国经济平衡并为未来的持续发展奠定基础,美国人将不得不做出牺牲。美国曾因轻率的政策和愚蠢的借贷基本浪费了长达"10 年"的时间,现在却又将花费另一个"10 年"来修复经济残骸。这场危机的长期影响才刚刚开始显现。它会在美国即将到来的数年中占据国家经济和政治生活的中心舞台。

眼前的艰难时世

2007 年,美国的派对结束。债务积累的泡沫破灭,促使全国大部分地区采取紧缩政策,因为企业、家庭以及各州、地方政府都想竭力维持下去。金融市场冻结,企业破产,股市和房市价格跌破,一场残酷的经济衰退开始了。

[①] 如美国国民经济账户经济分析局所示,数据是以实值人均 GDP 表示。

这场"大衰退"的深度和广度足以影响到几乎每一个美国人。企业和金融业的失败让曾经高高在上的公司高管们深受其害。但是,经济危机对美国中产阶级和工薪阶层的打击总是特别重,大萧条也不例外。①

2010 年年中,美国的失业率徘徊在略低于 10% 的水平,但美国不同阶层的失业分布存在显著差异。美国从业人员中最贫穷的三分之一群体失业率高达 18%,这些人家庭年收入少于 40 000 美元,而最贫穷的十分之一群体,失业率超过 25%,这还不包括就业不足者(工作量小于期望值的人),以及那些想要工作却已经放弃找工作的人。如果这两个群体都算,失业率高达 35%(在最贫穷的十分之一群体中,高达 45%)。另一方面,美国从业人员中最富有的三分之一群体失业率仅为 4%,是两年前的 2 倍,但几乎谈不上灾难。这一群体家庭收入高于 75 000 美元,他们另外有 5% 的人未充分就业或不再找工作。全国最富裕阶层的十一分之一失业了,或减少了工作时间,或已放弃找工作,这本身便显示出严重的问题。但是,与此相比,另一事实更加严峻:全国 5 000 万左右的贫困工人中,超过三分之一的人失业、就业不足或因就业受挫而放

---

① Anthony B. Atkinson, "Three questions about the global economic crisis and three conclusions for EU and Member State policy-makers," *ECFIN Economic Brief* 2 (Brussels: European Commission, June 2009).

弃找工作。①

住房价格和股市的崩溃同样产生了非常广泛的影响。三分之二以上的美国人拥有自己的房子,而全国住房价格在危机期间下降了约三分之一。许多美国人通过退休储蓄和养老基金在金融市场上直接或间接持股。家庭财富介于住房和储蓄之间,在危机的头两年减少了15万亿美元,消耗了美国人近四分之一的资产。

截至2010年中期,近四分之一的美国住房抵押贷款沉至"水下",也就是说,这些房产主所欠的抵押贷款超过了其房产价值。② 这有助于解释为什么七分之一的抵押贷款持有者拖欠付款,③以及为什么五分之一的售出房产被没收赎回权。某些地区的情况更加惨淡,例如,拉斯维加斯的房价下降了一半以上,其中三分之二的住房抵押贷

---

① 安迪·萨姆和约瑟夫·麦克劳克林很友好地提供了2010年8月份的数据。在此之前的数据,参见:Andrew Sum and Ishwar Khatiwada, "Labor underutilization problems of U. S. workers across household income groups at the end of the Great Recession" (Boston: Center for Labor Market Studies, Northeastern University, February 2010)。

② Corelogic, *Negative Equity Report Q*2 2010 (Santa Ana, CA: Corelogic, August 26, 2010), http://www. corelogic. com/uploadedFiles/Pages/About_Us/ResearchTrends/CL_Q2_2010_Negative_Equity_FINAL. pdf.

③ Keith Jurow, "Housing isn't close to stabilizing," *MarketWatch*, September 22, 2010, http://www. marketwatch. com/story/story/print? guid = AD3D5EF8-C58A-11DF-BA89-00212804637C .

款沉至水下,而三分之二的售出房产被迫取消抵押品赎回权。①

这次危机的直接影响十分严重,但其长期影响更甚。美国家庭会直接看到这一点,因为他们正在努力清算各自的财务问题。许多美国人遭受了双重或三重打击:他们的房产价值直线下跌,他们的退休储蓄减少,而同时,他们可能已经失去了工作,或者被迫减少工作时间。

资产价值的崩溃耗尽了美国家庭的个人财富,这又反过来迫使他们削减开支,以重新积累个人财富。房价的暴跌使得很多美国人不能再以房产作抵押进行贷款,包括不能通过再融资减少按揭付款。与繁荣时期的格局相反,房价下降迫使消费减少,因为人们发现,已经很难借到钱了。

过去,股市萧条打击到的几乎全是比较富裕的投资者,但现在许多股票投资直接或间接来源于美国工人阶层的退休储蓄。而退休储蓄已经遭受重创:仅在危机的第一年,估计就损失了4万亿美元的储蓄额。那些期待退休后

---

① 数 据 来 源:Zillow. com, http://www. zillow. com/local-info/ (accessed August 9, 2010);Lita Epstein, "Underwater homes hold steady but likely to increase," AOL Housing Watch, August 31, 2010, http://www. housingwatch. com/2010/08/31/underwater-homes-hold-steady-but-likely-to-increase/; and "Report: 1 in 5 U. S. homeowners underwater," MSNBC. com, February 10, 2010, http://www. msnbc. msn. com/id/35335957/ns/business-real_estate/。

能有一些积蓄的美国人为了拿到其目标退休收入,不得不存入更多的钱。

我们以一对 50 岁的夫妻为例。这对夫妻在 3 个关键的方面代表了 2006 年时中产阶级的水平:他们的家庭收入是 50 000 美元,处于国家中位水平,他们的房子价格是 24 万美元,处于全国中位房价,他们的家庭储蓄是 18 万美元,大部分是为退休而存入的钱,也是国家的中位水平。退休顾问会根据现实的预测建议他们每年存入 3 500 美元退休储蓄。2007 年后,由于资产价值崩溃,他们发现,自己的房产价值下降了 70 000 美元,降至 17 万美元——具体变化取决于他们之前的融资方案以及他们是否有出售房产的打算——这肯定会影响他们各方面的计划。[①] 如果他们像普通的退休储蓄者的话,他们的储蓄将下降到 135 000 美元。这时,退休规划师会建议他们储蓄翻倍,即每年存入 7 000 美元,相当于其税前收入的 14%。这部分削减相当于这个中等家庭通常每年花费在食物上的收入量。然而,此刻描述的可怕情形还尚未考虑该家庭的某个

[①] Daniel H. Cooper, "Impending U. S. spending bust? The role of housing wealth as borrowing collateral," Federal Reserve Bank of Boston Public Policy Discussion Paper no. 09 - 9 (Boston, MA: Federal Reserve Bank of Boston). Cooper 的计算显示,每个信贷受限的家庭受到 11% 的影响,这意味着每个家庭一段时间内的债务融资消费减少了 7 000 美元。

成员可能会由于整体危机或危机中的某部分因素而被迫失业或就业不足——在这个收入阶层,大约六分之一的人会遇到这一问题。在大衰退的前 3 年,美国工人因高失业率丧失了数百亿小时的工作时间以及数万亿美元的工资薪金。而即便是那些幸运的受雇者也不得不减少消费,增加储蓄。

　　享有退休金福利计划的美国人可能会认为自身很安全,因为根据退休金计划承诺,他们在退休后便可以得到特定的福利支付。但是,许多负责这些养老金计划基金的公司在基金维持中遇到了问题。一般养老金计划原本资金充足,但这场危机使得这些基金难以兑现其养老金义务,资金短缺达 25%。负责养老金计划的企业必须每年填补1 500 亿美元才能让计划基金回到平衡状态,这相当于他们每年雇用 300 万名年薪 5 万美元的工人应该支付的工资。退休金福利担保公司为 4 400 万美国人的退休金承保,但该公司同样资金不足。① 这还不包括州政府雇

---

① 参见相关文献,例如:Optimal Benefit Strategies, *Jobs in Peril: Assessing the Impact of Increases in Defined Benefit Plan Funding Obligations on Employment during an Economic Recession* (Washington, DC: American Benefits Council, 2009); and Trade Union Advisory Committee to the Organisation for Economic Cooperation and Development, *Submission to the OECD Working Party on Private Pensions* (Paris: Organisation for Economic Cooperation and Development, March 2009)。

员的退休金计划,要满足他们的退休金福利,至少额外短
缺 1 万亿美元。[1] 2010 年 8 月,美国证券交易委员会指控
新泽西州以欺诈手段虚报国家养老基金条件,这是一系列
多起类似案件中的第一起。[2]

危机带来的最严重的问题指向州政府和地方政府,这
是因为他们的借款能力弱于联邦政府,而且也不能发行货
币。由于收入锐减,美国各州和各大城市被迫大规模缩
减开支并裁员。复苏计划开始时,各州的预算问题十分
严重,以至于很多地方政府都只能诉诸各种严苛的措
施。2010 年 3 月,底特律宣布,计划关闭四分之一以上
的公立学校;同月,密苏里州堪萨斯城的教育委员会宣
布将关闭该市一半的学校。[3] 州政府和地方政府被迫采
取同样绝望的举措,以增加收入。例如,芝加哥市将
36 000个咪表停车位出售给一群私人投资者,售价 11.6
亿美元,在接下来的 75 年里,这些泊车咪表的利润将归
投资者们所有。2011 年,州政府预算赤字超过 800 亿美

---

[1] Pew Center on the States, *The Trillion Dollar Gap: Underfunded
State Retirement Systems and the Road to Reform* (Washington,
DC: Pew Foundation, 2010).

[2] Kara Scannell and Jeannette Neumann, "SEC sues New Jersey as
states' finances stir fears," *Wall Street Journal*, August 19,2010.

[3] 有关教育方面预算缩减及裁员情况的概要描述,包括在此提到的情
况,参见: National Education Association, "Teacher layoffs and school
budget cuts," http://www. nea. org/assets/docs/newsclipslayoffs10. pdf
(accessed October 22,2010)。

元,人们甚至开始担心市政府和州政府违约拖欠债务——20世纪30年代的大萧条之后,这样的堪忧前景已经基本不存在了。[①]

债务负担和资产价格的崩溃需要美国经济从根本上进行重新定位。这次重新定位要求大部分人做出牺牲,以纠正少数金融家、决策者及其他相关人士导致的失误。美国必须恢复经济上的收支平衡。经历危机后的政府债务高达10万亿美元。其中大部分资金是欠外国人的。为了偿还这些债务,政府必须缩减开支或增加税收,或两者兼而有之。美国公民私人也积累了巨额债务,他们必须减少消费,增加生产或储蓄,竭力寻找资源偿付债务。美国必须减少进口,增加出口。这意味着实际工资必须下降,劳动生产率必须上升,以此提高美国产品的竞争力。

其结果是许多美国人的实际生活水平将下降,这是恢复宏观经济平衡必须做出的调整。这样的调整对那些经历过其他债务危机的人来说并不陌生,总是充满痛苦。这样的调整通常会导致政治动荡,影响国内和国际社会。那些害怕从调整中受损以及那些希望从中获利的人,在政治

[①] Ianthe Jeanne Dugan, "Facing budget gaps, cities sell parking, airports, zoo," *Wall Street Journal*, August 23, 2010, 1; Hal Weitzman and Nicole Bullock, "States of distress," *Financial Times*, August 9, 2010, 5.

舞台上摆好了打斗的架势。我们可以从历史中找到一些颇具启发性的例子。

以往的全球危机和国家政治

1929 年国际经济崩溃后,世界上多个精英经济体也随之崩溃。在曾经的 70 年中,世界各国通过世界经济整合紧密联系在一起。当时很少有民主政府,即便那些理论上是民主政府的国家实际上也很少赋予人们民主权力,这一点进一步加强了各国之间的紧密联系。这意味着,当一国政府不得不迫使人们做出牺牲,以保持该国在世界经济中的地位时,它确实能这样做。但随着民主制度在 20 世纪早期的发展,1929 年的各国政府再也不能无视中产阶级、农民和工人阶级的要求。[1] 但是,各国的执政者面对危机,难以推出应对举措,既能满足选举大众的利益,同时又能持续维持与世界其他地区的经济联系。

博弈的结果令人惊讶,各国政府拒绝继续参与盛行数代的世界经济整合。中东欧、苏联、日本以及发展中世界

---

[1] 关于这段时期更详细的探讨,参见:Jeffry Frieden, *Global Capitalism: Its Fall and Rise in the Twentieth Century* (New York: W. W. Norton, 2006), part II。

的各国政府拒绝接受全球化,在各自经济体周围竖起高墙。新民族主义利益群体尽其所能破坏国际经济整合剩下的残骸。西欧和北美剩下的民主资本主义政府为了解决国内的经济和社会问题,也纷纷切断了全球经济联系。劳工运动和社会主义政党入主政府。商业圈中的保守势力被新的商业领袖取而代之——以美国为例,这些"企业自由派"包括通用汽车的小爱德华·斯特蒂纽斯,通用电气的杰拉德·斯沃普——商业领袖们在劳工、资本、农民及中产阶级中达成妥协,为现代福利国家搭建起舞台。①

但是,并不是每一次危机都会与世界经济背道而驰。例如,20世纪80年代的拉美债务危机,则产生了很多相反的影响,迫使该地区的经济体重新调整各自的定位。他们所建立的国内市场曾被保护起来,避免与世界其他地区竞争,出口很少。危机发生后,他们再也无法依赖外国人为其工业和政府运作提供资金,并且还必须赚钱偿还债务。各国货币崩盘,国内市场萎缩,政府不得不大幅裁员。

幸存的工业和农场转向国外市场,利用新机会大力出

---

① 可参见相关文献,例如:Richard E. Holl, *From the Boardroom to the War Room: America's Corporate Liberals and FDR's Preparedness Program* (Rochester, NY: University of Rochester Press, 2005)。

口,以跻身世界领先公司的行列。不久,墨西哥啤酒、哥伦比亚服装以及巴西飞机成为主要的国际产品,其生产者全心致力于全球市场。这些新的出口国引领、鼓励了区域贸易协定的诞生,如北美自由贸易协定(NAFTA)和阿根廷—巴西—乌拉圭—巴拉圭南方共同市场(南共市,Mercosur)。拉丁美洲债务人通过 20 世纪 80 年代的经济调整建立起强大的国际主义者利益群体,而不是民族主义群体。这部分是因为全球市场 20 世纪 80 年代的迅速增长,不像 20 世纪 30 年代的情况,因此,各国可以好好利用、把握各种经济机会。但这也同样因为,针对危机的调整重新定位了拉美经济,使其脱离对外国资本的依赖,转向打造出口强国。美国面临类似的需要,即要从外国贷款人那里断奶,并增加其在世界市场上的竞争力。但在根据现实情况调整美国经济之前,必须克服重大的政治障碍。变革将让部分人付出沉重的代价,却让另外部分人受益,而受害者和受益者面对有关各自命运的重要辩论,很少愿意做被动的旁观者。

财富集中,指责集中

美国面临着长达 10 年的经济紧缩和增长放缓。深度衰退和金融危机让美国付出沉重的代价,生产需要数年时间才能恢复到危机前的水平。[1] 把这些与高水平的政府债务联系起来，前景更加可怕。像美国这样的先进工业化国家，背负着对自身经济来说十分沉重的债务，在经历一场金融危机后往往要停滞多年。[2]

困难和停滞会因加重危机及其影响作用而引起广泛的愤怒情绪，而这种愤怒又会在美国贫富差距增加引起的憎恨情绪中得到增强。美国变得越来越不平等，自20世纪70年代初以来，这种趋势几乎没有停止过。该过程可以分为两个明显的阶段。第一阶段是从70年代初至80年代末，非熟练和半熟练美国工人的收入暴跌。20世纪70年代初，具有高中文化程度的年轻人每小时工资超过14美元(以今天的美元来衡量)。到20世纪90年代初，他们的时薪不到11美元，下降了五分之一以上。总体而言，美国人口中最穷的四分之一到三分之一在这15～20

---

[1] IMF, *World Economic Outlook* (Washington, DC: International Monetary Fund, October 2009), chapter 4. OECD, *Economic Outlook* 85 (Paris: Organisation for Economic Co-operation and Development, 2009), chapter 4, 该文献探讨了深远、长久的经济萧条将如何影响正常的产出水平(被称为潜在 GDP)以及自然失业率。

[2] Carmen M. Reinhart and Kenneth S. Rogoff, "From financial crisis to debt crash," NBER Working Paper no. 15795 (Cambridge, MA: National Bureau of Economic Research, 2010). Manmohan Kumar and Jaejoon Woo, "Public debt and growth," IMF Working Paper no. 10/174 (Washington, DC: International Monetary Fund, 2010). 该文献控制其他因素，检验了短期、较小样本的情况，发现债务及增长方面会产生相似的结果。

244

年的进程中越来越穷,不仅相对全国水平而言如此,而且按绝对值来计算也是如此。

　　美国第二个不平等程度加深的阶段重击中产阶级。从 20 世纪 90 年代初开始,美国普通人和富人之间的收入差距越来越大。1980 年,美国最富有的 10％家庭的收入占国家收入的三分之一,到 2007 年,他们的收入整整占全国收入的一半。这种趋势在顶级阶层更加惊人。美国最富有的 1％群体的收入比例自 20 世纪 30 年代以来不断下降,但自 1980 年后开始上升(见图 6)。1980 年后,这 1％富裕群体的收入占全国收入的比例从 1980 年的 10％上升至 2007 年的 23.5％。财富和收入差距日益增加最明显的标志是企业高管们不断飙升的高薪酬。1980 年,全国前 100 最高薪高管人员的薪酬是全国平均工资的 100 倍,而到 2007 年,他们的收入是平均工资的 770 倍。[①]

　　2002—2007 年的经济繁荣时期,贫富差距进一步扩大。尽管债务融资增长的影响几乎无处不在,但这些影响对非

---

① 数据来源:Thomas Piketty and Emmanuel Saez, "Income Inequality in the United States, 1913 - 1998," in Anthony Atkinson and Thomas Piketty (eds.), *Top Incomes over the Twentieth Century: A Contrast between European and English Speaking Countries* (New York: Oxford University Press, 2007), 141 - 225。可获得数据的网址:http://elsa. berkeley. edu/～saez/TabFig 2007. xls (accessed April 15,2010)。

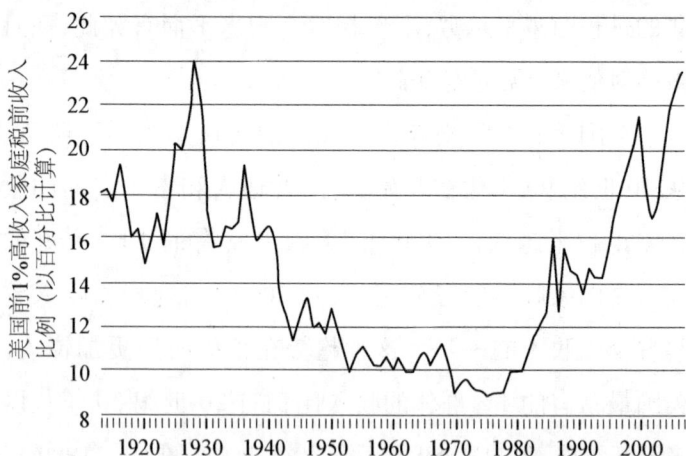

资料来源：Anthony Atkinson, Thomas Piketty, and Emmanuel Saez, "Top incomes in the long run of history," *Journal of Economic History* (forthcoming)。

图6　最富裕阶层变得更加富有：1910—2007年美国前1％高收入家庭税前收入比例（不包括资本收益）

常富裕阶层特别有利。在布什政府扩张时期，三分之二的国家收入增长属于1％的人口。这些非常富有的家庭，每家年收入超过40万美元，2002—2007年，他们的收入增加了60％以上，而全国其他家庭的收入仅增加了6％。美国人都见证了富人阶层和超级富豪阶层的爆炸式繁荣。

　　总的感觉是，金融狂潮把中产阶层抛到脑后，而这种感觉在危机来袭时沸腾成愤怒情绪。即使在危机爆发之前，许多美国人也因银行家们支付给自己的巨额薪金及分红而被推迟偿付。现在看来，尽管金融家们从热潮中获利丰厚，但他们的"阴谋诡计"推翻了整个美国经济。人们的愤怒情绪飞速传播,因为政府投入数千亿美元纳税人的钱拯救那些最应该对危机负责的人,而"罪魁祸首"们继续为自己开出巨额奖金。

美林在 2008 年的损失高达 276 亿美元,惊人地倒闭了,必须由美国银行收购,并且得到联邦 100 亿美元的救助资金。然而,就是在这个灾难性年度的年末,其管理层批准发放高达 36 亿美元的奖金。保险巨头 AIG 的伦敦金融产品部门创造了毒害性最强的有毒衍生资产,致使该公司破产,几乎拖垮了全球金融体系,但该公司向那些在公司破产中发挥了最重要"作用"的人支付了高达 4.5 亿美元的奖金。① 领导伦敦部门的 AIG 高管约瑟夫·卡萨诺离开公司时,获得 6 900 万美元的退职金,可谓"黄金握别"(golden handshake)。2009 年,数万亿联邦经费被用来支撑金融体系,此后,银行和经纪公司发放了高达 1 450 亿美元的奖金,甚至比 2007 年的最高发放纪录还要多。②

面对过度金融引发的愤怒情绪,一位重要人物曾经发表过一个颇具影响力的观点。西蒙·约翰逊曾在 2000—

① William D. Cohan, "The Wall Street bonus in retreat," *Fortune*, March 16, 2009.

② Michael Shnayerson, "Wall Street's MYM18. 4 billion bonus," *Vanity Fair*, March 2009; Louise Story, "After off year, Wall Street pay is bouncing back," *New York Times*, April 25, 2009; Stephen Grocer, "Banks set for record pay," Wall Street Journal, January 14, 2010.

2001 年担任证券交易委员会顾问。他在麻省理工学院斯隆商学院授课,2007 年和 2008 年曾担任国际货币基金组织的首席经济学家,他指责金融家们使用自身的经济和政治权力谋取私利,这有损于全美乃至全世界的发展。约翰逊在看待这场危机时持有一个有利且独特视角:当危机集中爆发时,他正服务于世界货币基金组织 IMF,这是全世界具有领导地位的国际金融机构。约翰逊回顾危机的发展历程,指责"整整一代决策者"如何"被华尔街迷惑,总是完全相信银行所说的一切"。其结果是把美国推向一个灾难性的进程。"无足轻重的调控,廉价的资金,不成文的中美经济联盟,居者有其屋的(盲目)推广……所有这些都让金融部门受益。政策调整原本可以预先阻止危机发生,但同样也会限制金融部门的利润……这些政策调整被忽略了,或被搁置一边,不予理睬。"约翰逊悲痛地总结说,"金融家们在创造危机中发挥了核心作用,下注于越来越大的赌局,政府暗中相助,直到遭遇不可避免的崩溃。"①

这样的现状让人想起 20 世纪 20 年代英国有关如何缓解该国长期失业和发展停滞的辩论。在当时的情境中,温斯顿·丘吉尔说:"我希望金融业不要那么得意,而工业

① Simon Johnson, "The quiet coup," *Atlantic*, May 2009, http://www. theatlantic. com/magazine/archive/2009/05/the-quiet-coup/7364/ .

界的满意度可以提高一些。"①如今,如果还有哪个政客不希望金融业"不要那么得意"的话,那么他不仅胆大包天,而且也是鲁莽甚至愚蠢的。毕竟,美国的金融家们已经没有什么可以引以为傲的了,他们作为中介机构的工作原本是管理资本流入及其后果,但他们只是对流入的资本做了胡乱鲁莽的处理。

尽管惩罚银行家们的恶行将大快人心,但重振经济根基需要充满活力的银行体系。当美国经济开始复苏时,该国的金融体系仍然严重受损。银行利润已经回升到危机前的水平,但银行借贷却没有恢复。要获得消费信贷,或发放抵押贷款支持的证券,或小企业想获得银行贷款,依然相对较难。问题部分在于,银行账簿上仍然背负着数千亿美元的不良贷款。国际货币基金组织估计,美国金融机构将不得不勾销约 8 850 亿美元的损失,但直到 2010 年中期,也就是亏损开始积累的第三年,仍然有约 2 000 亿美元没有被勾销掉。② 资产负债表充满不良投资的银行自然不愿意承担新的风险,因此,他们便没有恢复正常放

---

① Geoffrey Best, *Churchill: A Study in Greatness* (New York: Oxford University Press, 2003),119. 具有讽刺意味的是,此后几个月内,丘吉尔又让英国回到金本位制度,开始坚定地支持金融方面的发展,反对工业方面的发展。但是,显然,对他来说,这至少是一个痛苦的选择。

② IMF, *Global Financial Stability Report* (Washington, DC: International Monetary Fund, April 2010), table 1. 2 and figure 1. 11.

贷。如果银行放贷的正常渠道不能恢复运作,经济将继续备受煎熬。美国政府不得不寻找一种方式以帮助金融体系恢复正常运作。

僵尸银行警告

尽管美国决策者们一直不确定要采取怎样的路径解决金融不景气的问题,但他们肯定确知应该避开哪些路径。日本类似于银行危机之后的经历成为指导各国的北极星,各国都要避免走它的老路。日本在借贷繁荣与萧条过后经历了超过 10 年的经济停滞,甚至到现在也未能完全恢复过来。

和美国一样,日本的经历也是从经济繁荣开始。20 世纪 80 年代,世界许多国家和地区无不嫉妒地坐观日本的飞速发展,世界各地的书架上都摆满了标题诸如"日本第一"之类的书籍。[①] 日本的房地产市场伴随经济的其他部分一起扩张,并最终超越了其他部分的发展步伐。非常宽松的货币政策推高了房地产价格,房地产贷款似乎是必赢的赌注。日本政府放松对金融市场的管制,允许银行承

---

① Ezra Vogel, *Japan as Number One* (Cambridge, MA: Harvard University Press, 1979).

担更大的风险。[①] 日本在低利率、放松管制和放松银行信贷的环境之中"蒸蒸日上"地进入所谓的"泡沫经济"。泡沫是非持续的,最终,房地产价格达到顶峰,继而骤降。

房地产崩盘使得许多日本银行失去偿付能力。然而,无论是银行还是日本政府,都不愿意承认现实,直面大规模的破产。银行本身拒绝承认他们账簿上的损失,并未宣布借款人违约,因为他们不希望曝光自身岌岌可危的财务状况。政府方面则担心认可问题的严重性会引起存款人的恐慌,并导致人们信心大减。

日本政客们意识到,用纳税人的钱拯救银行是极其不得人心的举措。因此,日本政府没有那样做,而是试图用所谓的"监管容忍"将事情往后推,即监管机构实际忽略一些银行资产负债表上的问题贷款,本质上相当于润饰病人的 X 光片。当最终不得不考虑向银行体系注入资金时,政府的作为也只不过是在敷衍了事。政府组织成立了一系列私有、半公共或公共企业,从银行购买不良贷款,以此

---

① Takeo Hoshi and Anil Kashyap, "The Japanese banking crisis: Where did it come from and how will it end?" *NBER Macroeconomics Annual 1999* (Cambridge, MA: MIT Press, 2000), 129 - 201; Thomas Cargill, Michael H. Hutchison, and Takatoshi Ito, "The Banking Crisis in Japan," in Gerald Caprio Jr. , William C. Hunter, George G. Kaufman, and Danny M. Leipziger (eds.), *Preventing Bank Crises: Lessons from Recent Global Bank Failures* (Washington, DC: World Bank, 1998).

将其从银行的资产负债表中剔除掉。但政府从来都没有
投入足够的资金促使银行恢复到健康状态,也没有为他们
提供足够的新资金。强大的金融利益群体坚持要求政府
维持银行的运营状态,而不是承认其破产,而选民们坚持
要求政府不要用"好钱"来填补"坏账"。结果,日本政府任
由其不正常的金融体系在没有解决问题的情况下艰难
前行。

当时,日本的金融体系落在"僵尸银行"手中——"僵
尸银行"指的是实际已经破产,无法正常运营,却在宽松的
监管下继续站稳脚跟的金融机构,处于半死不活的状态。
在不确定的状况下,银行只能尽可能少地新增贷款。而当
僵尸银行确实着手发放贷款时,他们往往会把资金贷给那
些恰恰会让自身及其放款人陷入困境的公司。银行努力
维持不良债务人的生存,因为银行企业客户大规模的破产
将会暴露银行本身缺乏支付能力的事实。为了避免这种
情况的发生,僵尸银行借款给"僵尸企业",让他们维持半
死不活的状态。

僵尸银行贷款给僵尸企业,使得健康发展的企业不能
获得贷款,也耗尽了经济其他部分的稀缺资本。[1] 日本政

---

[1] Ricardo J. Caballero, Takeo Hoshi, and Anil Kashyap, "Zombie lending and depressed restructuring in Japan," *American Economic Review* 98, no. 5 (2008):1943 – 1977.

府试图通过扩张性财政政策刺激经济,但在整个 20 世纪 90 年代,这些尝试都因受损的银行体系而受阻。其结果便是日本第一个"失去的 10 年",其间发展停滞,通货紧缩横行。1990 年之前的 10 年里,日本的人均国内生产总值以平均每年 4.1％的速度增长。而在第一个"失去的 10 年",即 20 世纪 90 年代,经济增长率下降到 0.9％。失业率尽管低于国际标准,但却翻倍了,从 2％上涨到 4％。

最终,2001 年后,小泉纯一郎的新政府改变了航向。该政府往银行注入了大量资金,买断大部分的不良贷款,重组或关闭了问题债务企业。[1] 新政策对日本经济有所帮助,但银行业旷日持久的问题继续是国民经济的拖累。2000 年开始的这 10 年中,日本只是实现了略微的复苏,2009 年衰退开始之前的经济增长率达到 1.2％。大规模的财政刺激计划也有一点帮助,从 2000—2008 年,政府的预算赤字平均占 GDP 的 5.9％。[2] 但结果却是,政府债务相当于国内生产总值的近 2 倍。[3]

---

[1] Anil Kashyap and Takeo Hoshi, "Will the U. S. bank recapitalization succeed? Lessons from Japan," Paper presented at the Macroeconomic and Policy Challenges following Financial Meltdowns Conference, hosted by the IMF, Washington, DC, April 3,2009.
[2] 相关计算来源:IMF, *World Economic Outlook* (Washington, DC: International Monetary Fund, October 2009), data, through 2008。
[3] 2008 年政府净债务与 GDP 的比率近似为 100％。

　　日本失去的 10 年并非是必然会发生的事情。政策制定者明白他们需要做的事情:承认不良贷款,迫使银行承担损失,在必要时对银行施行资产重组,调整经济结构使之远离下滑且往往资不抵债的产业,转向更具活力的部门。但强大的利益集团动辄阻挠政府的举措。该国的银行家们拒绝承认那些可能会让他们破产歇业的损失。负债累累的公司坚持勉强维持生命,或者至少维持半死不活的状态,而日本的政客们避免了将被纳税人忌恨的银行资本重组。在这一过程中,日本失去了数十年的发展机会。

　　当美国决策者寻找一种更好的可循模式时,美国在自身储蓄和贷款危机中的经验比日本的惨败更可取一些,但也好不到哪里去。1985 年爆发储蓄和贷款危机时(见第 1章),很明显,很多行业已经破产,并不得不清盘歇业。但银行运用自身庞大的政治影响力避免被关闭。国会和行政部门不愿意强制关闭所有资不抵债的银行,但也同样不愿意提供资金进行必要的救助,对银行业活力尚存的部分进行资本补充。和日本一样,政府诉诸"监管容忍"来拖延问题。监管机构对问题故意视而不见,假装认为银行的资产价值超过其实际价值。

　　但监管容忍只是将不可避免的问题延迟,实际上,是使问题变得更加严重。直到问题的解决不能再拖延时,不良贷款已经恶化了。1989 年,美国国会设立了一个新的监管制度,以清理收拾残局。资不抵债的银行被迫倒闭或

被较强的银行合并。国会成立了一个名为储蓄重组公司
(Resolution Thrift Corporation, RTC)的实体,从剩余的
银行中购买不良资产,进行资产池合并,并出售给出价最
高者。新政策最终清理了该行业,而且从长远来看,储蓄
重组公司实际上还实现了盈利。但 5 年多的拖延、阻挠以
及特殊利益群体的诉求使之付出了昂贵的代价:等到储蓄
和贷款危机终于得到解决时,也就是危机开始 10 年之后,
这场危机耗费了纳税人高达 1 500 亿美元的资金。[①]

　　其实,对于美国及其他国家的政策制定者而言,有一
个更好的例子,即 20 世纪 90 年代初的瑞典危机。背景情
况很熟悉:大幅放松金融管制,允许先前受到严格监管的
银行收取较高的利率,并且放贷到其不熟悉的领域。金融
繁荣得益于 1989—1993 年近 3 000 亿美元的大规模对外
借款,平均占国内生产总值的 3%。经济蓬勃发展,住房
泡沫产生,住房价格在 5 年内翻了一番。

　　欧洲的经济衰退最终导致泡沫破灭,使得该国大多数
银行失去偿付能力。瑞典政府对待金融利益群体,远不像
日本和美国政府那样感恩戴德。瑞典政府高效地对银行

---

① Tim Curry and Lynn Shibut, "The cost of the savings and loan crisis: truth and consequences," *FDIC Banking Review* 13, no. 2 (2000); Frederic Mishkin, *The Economics of Money, Banking, and Financial Markets*, 9th ed. (New York: Prentice Hall, 2010), appendix 1 to chapter 11.

体系的很多部分实施了国有化,并成立了两个独立的政府机构。瑞典监管机构把拖累银行资产负债表的不良资产移交给这两个新机构,因此,有的人称二者为"坏账银行"。将不良资产转移给坏账银行之后,金融机构剩下的部分基本稳健。银行的不良贷款得到清理,金融体系恢复了正常运营,正常吸收存款、发放贷款并购买资产。4 年内,坏账银行将不良资产全部售出。虽然完整的成本核算很困难,但瑞典政府积极的应对举措最后实际成本可能几乎为零。[1]

和先前的经历一样,美国对待此次危机的最初反应被一场政治风暴笼罩着,银行及其批评者推动政府朝着相互冲突的方向行事。与 20 世纪 90 年代的日本银行不同,美国银行很快勾销了其大部分不良贷款。美国政府注资到陷入困境的银行,制定方案,帮助他们将有毒资产清出账簿,并努力重启资产担保证券市场。尽管存在反对之声,认为注入银行的资金太多或太少,但这场危机的严重性足以促使大家都认同应该果断采取行动。

然而,许多举措都不如瑞典成功范例中的措施积极有

[1] O. Emre Ergungor, "On the resolution of financial crisis: the Swedish experience," Federal Reserve Bank of Cleveland Policy Discussion Paper no. 21 (Cleveland: Federal Reserve Bank of Cleveland, 2007); Carter Dougherty, "Stopping a financial crisis, the Swedish way," *New York Times*, September 22,2008.

力。对于资不抵债的银行,有时只是扶持政策,没有施行国有化,而且注资可能确实太少。依然存在相当程度的监管容忍,包括一些便捷熟练的会计花招。要求银行按照市场价格为其资产抵押证券估值的会计规则被迫暂停。尽管这一措施减缓了逆向反馈圈的循环,但也模糊了不良资产可能导致的问题的严重性。[①]

和日本的情况一样,修改后的美国金融应对方案对政客而言颇具吸引力,因为该方案减少了政府干预的直接成本。这也帮助缓解了银行家们的担忧,他们担心政府将限制他们的操控权限。到 2010 年年底,美国金融体系中最严重的问题似乎得到了解决。各大银行实现盈利,将 TARP 的资金偿还给了政府。政府不需要再到国会申请更多的救助资金,而政府本来有可能无法获得追加资金。金融体系彻底崩溃的恐惧退去。

但美国的解决方案冒着重复日本式僵尸银行问题的风险。因为银行是否已经重建坚实的基础,这一点尚不清楚。他们急于偿还 TARP 资金,在很大程度上是因为他

---

① 2009 年 4 月,财务会计准则委员会面对来自国会与美国银行家协会的压力,在非流动性资产估值方面给予银行更大的灵活性,这包括允许他们运用内部统计模型对资产估值。参见:Ronald D. Orol, "FASB approves more mark-to-market flexibility: panel passes measure unanimously; measure could boost bank profit," *MarketWatch*, April 2, 2009。

们发现 TARP 中的承诺很繁重,其中包括对高管薪酬的
限制。然而,偿还 TARP 注资意味着他们当前持有较少
的资本,减弱了其放贷能力。此外,各大银行还没有勾销
完所有的不良资产,在很大程度上是因为对以市定价规则
的监管容忍。各银行的资产负债表依然相当薄弱。银行
在背负大量不良贷款时,经常会面临丧失偿付能力的危
险,因此,他们会限制自身业务,只会给最安全的客户企业
发放贷款,或者购买国库券这样无风险的资产。这不利于
银行恢复正常运营。

尽管存在所有这些弱点,美国采取的金融危机应对举
措已经避免了金融体系的彻底崩溃。银行要求给予他们
更多的自由,而选民要求避免政府进一步参与金融市场,
夹在这两种压力中间,奥巴马政府发现自身对现有监管框
架的调整能力十分有限。出于这个原因,而且也因为这场
危机明显需要更持久的银行体系修复,政府转而对金融监
管进行更广泛的改革。

金融再管制

此次危机及随之而来的经济衰退的最终根源与资本
流入密切相关,加上各种政府财政政策及货币政策的干
扰,这场金融危机无疑大大加剧了事情的糟糕程度。虽然
金融危机有许多缘由,但监管的严重失败无疑是至关重要

的一个。更警惕的监管机构原本可以让美国避免一些资本流动周期中最糟糕的行为。政府本可以重新考虑 30 年中几乎不断放松的金融管制，扭转其中的一些不良做法。

2010 年 7 月，美国国会通过了彻底进行金融改革的立法提案，之后由奥巴马总统签署颁布。《多德–弗兰克华尔街改革及消费者保护法案》是以克里斯托弗·多德（康涅狄格州）和巴尼·弗兰克（马萨诸塞州）的名字命名，他们是该法案的主要参议院和众议院起草者。该法案长达 2 300 页，包含十分广泛的条款。法案的核心是试图改善体系中一些导致金融崩溃的缺陷性因素。总之，该法案构成自 20 世纪 30 年代大萧条以来最重大的美国金融转型。

新制度的核心包含几个主要的变化。[①] 第一是要求增加大型银行持有资本金的额度。该法案也授权监管机构增加对其他银行的资本要求。许多新条款旨在将杠杆率限制在远低于金融崩溃前几年的水平。这一要求尤其适用于那些大到足以对整个金融结构产生影响的银

---

① 关于这些规定的总结，参见："Factbox: major U. S. financial regulation reforms proposals," Reuters, July 15, 2010. Provisions that require regulatory action to be implemented are discussed in Douglas J. Elliott, *Financial Reform: Now It's up to the Regulators* (Washington, DC: Brookings Institution, July 12, 2010)。

行——"具有系统重要性的金融机构"。根据该法案,具有
系统重要性的银行持有的杠杆率不能超过 15：1。额外
的限制遵照国际协议《巴塞尔协议 III》中的规定,这是世
界主要金融中心的监管机构商讨后达成的一致结果。该
国际协议提出了一个框架,最终将要求所有国际银行保持
7％的资本比率,根据银行资产的风险程度进行调整,是目
前实际资本比率 2％到 3％的 2 倍以上。①

第二个系列条款将政府的监管范围扩展到"影子银行
体系",即过往不受管制的复合金融体系,包括对冲基金、
特殊目的实体、渠道、特别投资工具等。几乎最小的私募
股权公司和对冲基金现在都必须到美国证券交易委员会
注册。禁止银行将大量资产和负债置于其常规资产负债
表之外,附着到相关渠道或基金上。虽然他们可以出于某
些目的使用这些分支机构,但监管机构会限制银行对这些
实体的投资量。

该法案还规定,大多数信用违约掉期现在必须在正式
的交易所或主要的票据交易所进行交易,这些衍生工具曾
迫使政府救助 AIG。这将使得市场参与者可以看到这些
工具的交易价格。该法案还将指导金融机构确定相应的

---

① Douglas J. Elliott, "Another big step forward for the Basel III bank
capital proposals" *Up Front Blog*, Brookings Institution, September
23,2010, http://www. brookings. edu/opinions/2010/0913_basel_
elliott. aspx? p = 1.

方法,并运用这些方法管理金融交易、定夺企业必须提供的抵押品数量以及金融机构必须持有的资本额度。

"发放即分散"抵押贷款模式的特征决定了其存在一些不确定性,这些不确定性被认为是导致 2008 年金融市场关闭的重要因素。调整法案中提出了相关的变革,旨在解决这些由模式特征引发的问题。在"发放即分散"的贷款模式下,一个实体机构发起抵押贷款,然后迅速将其售出,被分割成若干部分用以支持抵押贷款支持证券。除了缺乏透明度,贷款打包及销售的过程促使银行失去仔细审查借款人或长时间跟踪观察其举动的动力。这次改革要求银行不管审查怎样的贷款,都必须将至少 15％的债权记录在银行账簿上,因此,就像一个市场俗语所述,银行在该过程中将"自身利益包含其中"了。

《多德-弗兰克法案》还设立了一个消费者金融保护局。这是一个真正的创新,消费者金融保护局是第一个主要负责捍卫消费者权益的金融监管机构。该法案规定了很多有关该机构方向和组织形式的细节问题,要求监管者必须遵守。但是,这个新机构能否限制盛行于危机前些年的非法从业行为——包括次级抵押贷款业内人士的欺诈行为,尚有待观察。

该法案最后一个主要功能是尝试尽量减少一种特别有害的道德风险,即"大到不能倒"的问题。这一问题针对庞大、异常复杂的金融机构,如花旗集团、美国银行以及其他大型银行等,他们是 2008 年 10 月政府救助的主要对象。这些银行的规模本身并没有导致危机,实际上,很多小的地区性银行也同样鲁莽行事,最终同样资不抵债。但是,这些具有系统重要性的机构由于规模庞大,与其他金融机构紧密互联。这让监管机构在危急时期的选择受到限制,因为这些银行可以有效地挟持政府政策:要么救助我们,要么我们与所有人同归于尽。为了减轻这类道德风险的影响,该法案强制要求银行制定"葬礼计划",即对银行迅速关闭提供预先规划。政府将在短期内付款关闭银行,但会通过出售公司资产的形式收回成本。这个机制将有助于减少雷曼兄弟和 AIG 失败后笼罩在市场之上的恐慌,而且,由于已经明确了银行破产成本的处理方式,这个机制也将限制道德风险产生的影响。①

并不是每个人都同意 2010 年通过的立法调整。有些人认为,这些条款对私营部门的限制过多。一些保守派领导人极力反对《多德-弗兰克法案》,理由是该法案"将增加联邦政府的规模和管辖范围,将对经济活动的每一个阶段施加管制"。对于他们来说,该提案是另一次具有误导性的尝试,是对企业的过度监管。他们认为:"由于该法案中的过度征税和过度政府红头文件约束,家庭和小企业业主将不再有机会获得低成本贷款,官僚阶级会成为他们追求

---

① 更高的资本规定使得银行维持很大规模经营的成本更高。

美国梦的障碍。"①保守派积极分子格罗弗·诺奎斯特指责说,这次改革提出了"昂贵而庞大的新法规……为银行新增了数十亿美元的费用负担及额外限制……创建了一个庞大的新政府机构,这个机构实际上有权监视几乎所有美国公民或企业的银行账户"。②

而其他批评者则认为监管改革力度不够,给银行家留下太多权力和太多回旋余地。西蒙·约翰逊抱怨说,无论怎么看《多德-弗兰克法案》,"很难发现它将如何从实质上改变华尔街的运作方式"。关于这次改革的最大受益者,约翰逊的观点很明确:"大银行是大赢家,他们取得了胜利,同时,还在前面搭起了一片可怕的烟幕,因而有了很多的伪饰……但这个法案实际上是向他们脱帽致敬。太糟糕了,我们剩下的人都是受害者。"③

《多德-弗兰克法案》无疑是妥协的产物,鉴于问题各方

---

① "Conservative leaders urge Senate to reject Dodd-Frank financial bailout legislation," *AmSpecBlog*, July 7, 2010, http://spectator.org/blog/2010/07/07/conservative-leaders-urge-sena.

② Kelly William Cobb, "Dodd-Frank financial regulation bill is a massive tax-payer funded bailout. Period," Americans for Tax Reform, July 21, 2010, http://www.atr.org/dodd-frank-financial-regulation-bill-massive-a5235.

③ Simon Johnson, "Flawed financial bill contains huge surprise," *Bloomberg Businessweek*, July 8, 2010, http://www.businessweek.com/news/2010-07-08/flawed-financial-bill-contains-huge-surprise-simon-johnson.html; Tom Keene, "Tom Keene's EconoChat," *Bloomberg Businessweek*, July 12-18, 2010.

强大的利益群体,这个法案永远不可能让每个人都满意。但
其目的在于重组美国的金融局面,减少导致最近金融危机的
监管和立法缺陷。然而,金融改革只是处理了危机产生的部分
原因。政府和家庭的大规模借贷在几乎拖垮全球经济的繁荣、
泡沫和萧条中起到了中心作用。随着美国从 20 世纪 30 年代
以来最严重的衰退中逐渐恢复,该国迅速增长的债务负担将成
为一大困境,而这一困境甚至比银行改革更具政治争议性。

僵尸国家?

如果这些受过致命损伤的银行持续经营,将威胁到金
融体系的健康,这会形成越来越重的负担,危及政府的运
作和国家的整体福利。自 2001 年和 2003 年的减税政策
以来,联邦政府已经大量举债,并且,随着 2007 年后的经
济不断恶化,联邦赤字继续飙升。在经济低迷的复苏过程
中,赤字继续持高。2010 年,赤字保持在 1.35 万亿美元
的水平,占 GDP 的 9%以上。[①]

在经历了随意接受赤字的 10 年后,艰难时期的到来
促使美国人开始聚焦这一问题。部分政治家们很快就坚

---

① CBO, "Budget and economic outlook: Fiscal years 2010 to 2020"
Washington, DC: Congressional Budget Office, January 2010),
summary table 1.

持必须立即采取措施限制开支。田纳西州共和党参议员
鲍勃·考克于 2010 年 6 月投票反对一项有关拓展失业保
险的提案,他解释说:"我的内心充满了对受害美国人的同
情,因为华盛顿政府不同意花钱拓展失业救济……凭良
心,我不能继续给没人买单的提案投赞成票。"①

众议院议员保罗·瑞安是来自威斯康星州的共和党
人,他的说法更富戏剧性。他呼吁启动一轮大型开支削
减:"(如果是我的话),我会撤销未使用的刺激资金,撤销
所有尚未花费掉的 TARP 资金,冻结联邦政府招聘,冻结
他们接下来数年的工资,将可自由支配开支减少到 2008
年的水平,冻结下一步的开支。"②

---

① Bob Corker, "Corker statement on unemployment benefits," News
Room, June 25,2010, http://corker. senate. gov/public/index. cfm?
p = News&ContentRecord _ id = 5b20ac62-8ca7-4e47-a03e-
69b55e937b14. 科克议员的反对让一项 330 亿美元的提案暂停,该
提案最终在一些共和党人的支持下获得通过。

② Representative Paul Ryan, on *Hardball* with Chris Matthews, July 26,
2010, http://www. youtube. com/watch? v=z09w9UY7uOM (accessed
August 16, 2010). According to the Congressional Budget Office
(CBO), only about $270 billion of the stimulus funds would remain
unspent by the end of September 2010. Council of Economic Advisers,
"The economic impact of the American Recovery and Reinvestment Act
of 2009," fourth quarterly report (Washington, DC: Executive Office of
the President, July 14, 2010); Pat Garofalo, "Wonk room: when
pressed for a specific spending cut, Ryan goes after middle class tax
benefits," *Think Progress*, July 27, 2010, http://wonkroom.
thinkprogress. org/2010/07/27/ryan-stimulus-cuts/.

在一定程度上,在中期选举的年份,这种敌对姿态是可以预料的事情。就算瑞安的举措也只能勉强在预算赤字方面取得些许进展,对长期财政调整的影响将很小或根本没有影响。但这样的争议突出了两个关键问题:怎么对政府开支进行短期处理?又该如何做长远处理?奇怪的是,这是两个完全不同的问题,有两种截然不同的答案。

从短期来看,联邦政府持有巨额赤字,并且至少在今年内会继续如此。在很大程度上而言,这些赤字是经济增长严重、持久放缓导致的结果。它们部分反映出政府收入的减少和开支的增加,这是经济衰退条件下自动产生的情况。但是,它们也是对宏观经济持续低迷的回应。失业率停留在接近甚至超过 9% 的水平,这是长期失业率的历史高位,在这个时候立即削减赤字,无疑是弄巧成拙的举措。大幅削减开支或者大幅增加税收,都很可能让本来已经一瘸一拐的经济陷入另一个恶性循环,这又将反过来拉低税收收入。最后,政府很可能要背负更多的债务。① 因此,从短期来看,预算赤字是无可避免的灾祸。过早地限制赤字可能是政治上的权宜之计,但实际上采纳这些措施在经济上并非明智之举。

---

① Emanuele Baldacci, Sanjeev Gupta, and Carlos Mulas-Granados, "How effective is fiscal policy response in systemic banking crises?" IMF Working Paper no.09/160 (Washington, DC: International Monetary Fund, 2009).

从长远来看,则是另一回事。国家面临一个基本性财政挑战,而这个挑战与自 2007 年以来的危机时期赤字关系很小,甚至没有关系。在金融危机和大衰退之前,甚至在实施 2001 年和 2003 年减税政策之前,美国便已经面临长期的债务问题。减税和经济衰退确实提早了判决日期。2001 年,20 世纪 90 年代末的政府财政得到显著改善,政府开始持有大量盈余。在那之后的预测显示,到 2035 年,赤字将占 GDP 的 7% 左右。布什时代的减税政策推动政府债务迅速上升,危机又让债务进一步增加,到 2009 年,即实行减税政策和危机发生之后,对 7% 水平的赤字预测提前了 15 年,即到 2020 年就可达到这样的赤字水平。这一财政难题实际上也是一个政治难题:赤字的存在源于美国社会各权力集团的政治影响力,而解决赤字问题将面临巨大的政治阻力。

膨胀的福利支出是赤字问题日益严重的主要诱因。无论是问题资产救助计划,还是经济刺激法案,抑或其他危机时代的举措,对长期的财政状况都没有产生多大的作用。主要的问题在于如何处理各种福利计划,如医疗保障、医疗补助和社会保险等,这些计划将要消耗越来越大的预算份额。如果政策不改变,到 2020 年,这些计划将会耗费近 12% 的 GDP 以及超过一半的政府开支。仅医疗保险和医疗补助项目的耗费量便等同联邦政府所有非利息可自由支配开支的总和。①

　　那些极大增加开支却不提供相应融资的政策变革更进一步加剧了这一问题。例如,2006 年的《医疗保险现代化法案》增加了为老年人提供处方药补贴的新计划。该计划一直非常受欢迎,可能也是可取的,但布什政府几乎没有尝试为该计划融资,而如果不做调整的话,该计划在 75 年中的成本预计超过 8.4 万亿美元。②

　　不幸的是,政治体系似乎被校准过一般,仿佛不会改变任何东西——至少不会减少支出或增加税收——只是一味忽略危险信号。这一惯性财政路径产生的广泛影响令人担忧。无党派国会预算办公室预测了继续避免实质性变革的影响。继续避免实质性变革指的是不修改替代性最低税,不取消 2001 年和 2003 年的减税政策,不进行其他存在政治困难的改革。根据这些预测,到 2020 年,联邦预算赤字将接近 GDP 的 7%,或 1.6 万亿美元,而政府的债务,将超过 19 万亿美元。在这种情况下,到 2035 年,联邦赤字将占 GDP 的 16%,而政府债务将是整个经济的

---

① CBO, "Budget and economic outlook" (January 2010), tables 1 - 3 and 3 - 3.

② 美国政府问责局(GAO)估计,从 2007 年 1 月起往后的 75 年间,联邦医疗保险计划 D 部分超额成本的现值为 8.4 万亿美元。GAO, Financial Report of the United States Government, 2008 (Washington, DC: Government Accountability Office, 2009),41.

2倍。随着赤字和债务继续累积,利息支付将迅速上升。根据这种状况,到2035年,仅联邦政府的利息支付便将占GDP的近9%,是现有占比的6倍。届时,这笔开支将远远超过其他开支,成为联邦政府最大的支出项。尽管非利息开支占经济的比例将只比现在的比例大一点点,但与现今的情况相比,利息支出将促使联邦政府总支出占GDP的比例上涨50%。[①]

这些数字是惊人的,几乎不可想象。但它们造成的问题却相当真实。当一个政府长期持有巨额赤字,将使得新兴产业、技术和教育等与提高生活水平密切相关的领域无法获得国家资源。由于借贷不能为生产性投资融资,只是增加当前消费,推迟清算日期,同时也使得清算更加困难。最终,该国将不得不向国外支付数万亿美元以偿还国外贷款。如果贷款未能投向可以提高国家生产力的领域,这数万亿美元将在国民经济中咬出更大的亏空。[②]

另一个担心政府长期财政状况的理由在于,糟糕的财

① CBO, "Long term budget outlook" (Washington, DC: Congressional Budget Office, June 2010).

② 国会预算局运用2010年提交的总统预算做了一项预测,认为美国国库持有外债的额度将从2009年的4万亿美元上升至2020年的18万亿美元,支付给外国投资者的国债利率将从1 000亿美元上升至8 500亿美元。参见:John Kitchen and Menzie Chinn, "Financing U. S. debt: is there enough money in the world—and at what cost?" La Follette Working Paper no. 2010 - 015 (Madison: University of Wisconsin, August 2010)。

政状况会促使美国越来越依赖于外国投资者的偏好性评估。目前,外国人似乎愿意借钱给美国政府,就像美国政府需要这些贷款一样,但随着债务负担占经济的比例越来越大,外国人可能会重新评估美国政府乃至美国整体经济的信誉度。外国投资者愿意继续为持有的数万亿美元美国国库证券增资,这种状况还能维持多久?[①]

　　所有这些担心美国慢性、大规模赤字的原因都可以纳入到最重要的原因中:这些赤字将对子孙后代构成巨大的成本,而导致这些巨额成本的,却不是他们本身。过度借贷现在意味着我们后代继承的,将是较少的资本存量和一个规模较小的经济体。大量举借外债意味着未来几代人将把他们更大比例的产出送到国外,用来偿付外债。我们的

---

① 2009 年 6 月,中国持有的美国国库证券(包括长期和短期)高达 9 690 亿美元。参见:U. S. Treasury, Federal Reserve Bank of New York, and Board of Governors of the Federal Reserve, *Report on Foreign Portfolio Holdings of U. S. Securities as of June 30*, 2009 (Washington, DC: U. S. Treasury, 2010), 9。亨宁·博恩指出,美国处在一个具有特权的位置,其国债信誉达到历史性的 AAA 级,能够采用本国货币对外国投资者发行债券,并且当前实际利率低于 GDP 的增长趋势。但是,他也指出,如果滥用这些特权发行过多的债务,特权将被取消。参见:Henning Bohn, "The economic consequences of rising U. S. government debt: privileges at risk," CESifo Working Paper no. 3079 (Munich: CESifo, 2010), http:// www. ifo. de/pls/guestci/download/CESifo％20Working％20Papers％ 202010/CESifo％20Working％20Papers％20June％202010/cesifo1_ wp3079. pdf (accessed August 16, 2010)。

政府越拖延控制社会保障、医疗保险和医疗补助方面的开支，我们的后代就越难充分享受这些理想项目带来的福利。

如果目前的趋势持续下去，那么现在的孩子则很可能要在一个生产力下降、外债负担沉重、经济声誉降低的国家长大。为了替父母和祖父母的挥霍买单，他们将不得不缴纳很重的税收，而且无法享受政府福利。将要承受这些侮辱性后果的子孙后代却无法作用于对他们影响如此深远的政策。这在直指下一次选举的政治氛围中尤为真实。这样的氛围聚焦于责难，而不愿意承担责任。

美国到处都是抱怨赤字和债台高筑的政治家，但看起来几乎没有人愿意提出那些唯一可能真正发挥作用的举措：大幅削减医疗保险、医疗补助和社会保障福利，并大幅增加税收。政治现实似乎只会妨碍这些有意义的变革。这些政府项目的受益者政治势力强大，阻碍着任何尝试大幅减少其福利的行动。同时，尽管更高的税收是一个社会为其所采取的福利项目应付出的代价，但美国的纳税人似乎不愿意接受这一点。

美国人很快就对堆积如山的万亿美元负债充满愤怒，却敌视任何有意义的、针对该问题的解决方案。有很多理由担心美国未来的财政状况，但最可怕的原因是有关该问题的公开辩论缺乏理性思考。公众的愤怒弥漫开来，加上强势利益集团之间的冲突，这些足以清空政治体系中任何有意义的分析或探讨。没有人愿意为国家财政秩序重整买单,因而,整个美国不得不冒着要在未来付出高昂代价的巨大风险。

被国家的政治僵局置于风险之中的,不只有美国人。世界经济的未来取决于在美国发生的事情,知情的外国人都很担心这一点。英国的马丁·沃尔夫可能是世界上最优秀的经济记者,他对此忧心忡忡:"美国的财政政策瘫痪了。"他在 2010 年 7 月如此评价,共和党"鉴于赤字是由减税政策引起的,因而对赤字漠不关心",而民主党是"在财政问题上相对更负责一些(当然,毕竟一切都是相对的),但他们反对削减核心项目的开支"。这是导致灾难的配方,而且,在某些情况下,结果可能是"摧毁美国联邦政府的信誉。如果是这样,这将是美国主导全球时代的终结"。沃尔夫总结道,面对"财政信誉将遭到破坏"的前景,"美国和世界面临着一大堆麻烦"。^① 问题的部分原因在于美国人对世界经济的其他部分持有日益对立的观点。

全球化与不平等

即便在危机袭来之前,美国人对世界经济也是小心翼

---

① Martin Wolf, "The political genius of supply-side economics," *ft. com/wolfexchange* (blog), July 25, 2010, http://blogs. ft. com/ martin-wolf-exchange/2010/07/25/the-political-genius-of-supply- side-economics/.

翼的。20世纪90年代是一个对国际经济充满热情的全盛时期。冷战结束了,世界各国之间越来越紧密的经济一体化成为时代秩序。但在之后的10年里,有关全球化的美国舆论有了明显的变化。到2005年,"全球化"已不再是希望和前途的代名词,转而成为一种咒骂之词,几乎只专用其负面含义:全球化威胁到工作机会,全球化破坏了传统社区和生活方式,全球化导致文化同化。

许多美国人认为全球化是导致美国富人与其他阶级之间贫富差距越来越大的罪魁祸首。他们认为,不熟练和半熟练工人的工资暴跌,主要是由于参与世界经济的贫穷国家凭借低成本劳动力竞争猛击美国。哈佛大学经济学家理查德·弗里曼在1995年撰写的著名文章中问道:"你的工资是不是北京工资?"①他还提出一个直观的观点,当20亿亚洲低薪工人进入全球劳动力市场,不可能不会压低与之竞争的美国工人的工资。② 2006年的一个调查显

① Richard B. Freeman, "Are your wages set in Beijing?" *Journal of Economic Perspectives* 9, no. 3 (1995), 15 – 32.
② 一些学者认为,以计算机为基础的技能变得越来越重要,这一点是促使低技能工人工资下降的中心原因。其他学者则指出,原因在于工会组织的衰落,这一趋势促使低技能劳动力的议价能力减弱。这些以及其他趋势可能与低工资贸易竞争一样重要。可参见相关文献,如:Paul Krugman, "Trade and wages, reconsidered," *Brookings Papers on Economic Activity* no. 1 (2008):103 – 154; Robert Gordon and Ian Dew-Becker, "Selected issues in the rise of income inequality," *Brookings Papers on Economic Activity* no. 2(2007):191 – 215。

示,三分之二的美国人认为,贸易对工作保障不利,而且,60％的人认为,贸易同样不利于创造就业机会。另据调查,美国近三分之二的人认为,该国的财富和收入分布变得更加不平等,而导致这一趋势的原因五分之四以上的人认为是全球化。[①]

正如工薪阶层收入的暴跌似乎明显与全球化有关,富人和中产阶级之间的差距日益扩大也与此相关。美国最富有的 10％、5％或 1％阶层收入的离奇攀高与被称为"总部社会"(headquarters society)的现象密切相关,它指的是专门从事于全球经济活动的经济体。商业银行和投资银行、对冲基金、会计和律师事务所以及跨国公司为他们的美国高级专业人士和高管提供巨额薪酬。2007 年,据估计,5 个收入最高的对冲基金经理的收入超过全国 500强公司所有行政总裁的收入总和。前三名,詹姆斯·西蒙,约翰·保尔森和乔治·索罗斯,他们的总收入超过 90亿美元。[②] 当时,美国 300 万百万富翁持有近 12 万亿美元

---

① 引自 the Chicago Council on Global Affairs' authoritative surveys of Chicago Council on Foreign Relations, *Global Views* (Chicago: Chicago Council on Foreign Relations, 2006), http://www.thechicagocouncil. org/UserFiles/File/POS _ Topline％ 20Reports/POS％ 202006/2006％ 20Full％ 20POS％ 20Report. pdf (accessed August 9,2010)。

② Steven N. Kaplan and Joshua Rauh, "Wall Street and Main Street: what contributes to the rise in the highest incomes?" *Review of Financial Studies 23*, no. 3(2009):1004 - 1050.

的资产,约占全国总财富的五分之一。[①]

投资者可以很容易地逃离富裕国家,寻找更友好的投资地。美国劳工总会与产业劳工组织(AFL - CIO)断言:"在全球经济中,跨国公司轻点鼠标,便可以让资本和工作机会绕着世界转移半圈。这些公司——其中有很多是美国公司——寻求尽可能低的劳动力成本,提供最薄弱的工人保护。"[②]

许多美国人都不信任世界经济。事实上,到 2007 年,在被调查的 47 个国家中,美国人是最不看好世界贸易的群体,在这一点上,没有哪个工业化国家与美国靠近,甚至法国都不是。[③] 较为贫穷的美国人对国际贸易和投资特别敌对。[④]

---

① Capgemini, *World Wealth Report* 2009 (2009).

② AFL - CIO, "Workers' rights in the global economy," http://www. aflcio. org/issues/jobseconomy/globaleconomy/workersrights/ (accessed December 30, 2010).

③ Pew Global Attitudes Project, *World Publics Welcome Global Trade—But Not Immigration*: 47 *Nations Pew Global Attitudes Survey* (New York: Pew Research Center, 2007).

④ Pew Research Center for the People and the Press, *Free Trade Agreements Get a Mixed Review*, *Survey Reports* (New York: Pew Research Center, 2006); Chicago Council on Foreign Relations, Global Views. 在国际投资方面,当被问及是否应该允许欧洲的公司购买美国公司时,26% 受教育程度低、收入水平低的美国人的答案是否定的,与此形成对比,69% 受教育程度高、收入水平高的美国人对此问题持肯定态度。这一趋势适用于来自其他国家的公司,但美国人一般对来自亚洲及发展中世界的国外投资热情度较低。通常而言,与较为贫穷、受教育程度较低人群相比,较为富有、受教育程度较高的人对美国向外国资本开放的支持度是前者的两三倍。

自危机以来,美国人对待全球化的态度只是变得更加绝情。在 2002 年一个调查中,三分之二的美国人否认了被研究者称为"孤立主义"的观点,但到 2009 年年底,大部分的受访者都赞同孤立主义的观点。[①]

许多公司和行业在与外国人竞争时遇到麻烦,他们叫嚣着需要得到保护。许多美国人可能都会反感通过增加税收来偿付美国政府欠外国人的债务。到 2013 年,政府债务的利息支付将达到 5 000 亿美元,其中一半是支付给外国人。[②] 面对国外竞争和外国债权人,许多美国人发现,为了支持在世界经济中模糊不清的投入而放弃颇具价值的市场及政策,实在很难自圆其说。

不过,也有很多利益群体坚决支持全球化。美国的国际银行家们长期以来都强烈、迫切、有力地表示支持美国参与世界经济。回到 20 世纪 20 年代,银行家们是孤立主义和保护主义的主要反对者,因为银行家们的利益与世界经济紧紧捆绑在一起。[③] 美国跨国公司也有几十年的海外经验,并且从海外业务中收入数十亿美元。2010 年年

[①] Pew Research Center for the People and the Press, U. S. *Seen as Less Important*, *China as More Powerful*, *Survey Reports* (New York: Pew Research Center, December 3,2009).

[②] CBO, "Federal debt and interest costs" (Washington, DC: Congressional Budget Office, December 2010).

[③] Jeffry Frieden, "Sectoral conflict and U. S. foreign economic policy, 1914 - 1940," *International Organization* 42, no. 1 (1988).

中,随着世界大部分地区深陷衰退,苹果公司报告说,该公司的"国际收入数据是绝对的杀手"。[①] 随着美元走软,美国的消费越来越疲软,大部分的盈利增长将有赖于国外业务。发展中世界快速增长的经济体,如巴西、南非、中国和印度等,对于美国跨国公司尤为重要。

从重型机械、飞机到环保技术和计算机软件,美国在各方面产品的出口中都十分成功,并且需要继续巩固这一成就。知识和资本密集型制造业一直是美国的专长,而英特尔、惠普和思科系统公司等高科技制造商已经开始越来越多地依赖国外销售作为增长来源。新型的出口将增长,尤其是在服务业领域。美国已经出口了 5 000 亿美元的服务,因而可以利用其在工程、环境服务、建筑等复杂服务领域的国际领先地位扩大出口。[②]

无论是弱势货币、较低的工资水平、更大的创新、更严格的管理,还是所有上述因素,都需要有更大的出口量,这将提高出口产业的重要性。因此,美国跨国公司和出口企

---

① Daniel Eran Dilger, "Apple: international numbers are absolutely killer," *Apple Insider*, July 20, 2010, http://www.appleinsider.com/articles/10/07/20/apple_international_numbers_are_absolutely_killer.html.

② "Export or die," *Economist*, March 31, 2010; Diana Farrell, Susan Lund, Alexander Maasry, and Sebastian Roemer, *The US Imbalancing Act: Can the US Current Account Deficit Continue?* (San Francisco: McKinsey Global Institute, 2007).

业将与美国国际银行家一道,成为全球化重要的国内支持者。

随着美国经济根据危机后的现实情况进行调整,美国社会也将面临调整。未来最大的问题之一在于,国际贸易赢家和输家之间的冲突对于美国参与世界经济是主吉还是主凶。举例来说,美国复杂制成品和专业化商务服务出口的增加将让高技术员工受益,但低技术工人几乎无法受益。

尽管存在诸多的经济弱点以及最近的金融业愚蠢闹剧,美国依然是世界经济的关键所在。随着美国政治经济向前推移,世界其他许多地区的政治经济也会如此。但是,全球化的未来并不仅仅依赖于在美国境内发生的事情,国外的条件同样将产生深远的影响。那么,我们对世界其他地方有何期待?

第七章
世界的转变

2008年9月29日(周一)晚上,爱尔兰内阁召开紧急电话会议。这个时候召开紧急会议没那么简单。一位部长的手机不知是关机了还是没电了,有警察到他家里把他叫醒,告诉他打电话给总理。另一个内阁部长在从美国回家的路上,正在纽瓦克自由国际机场转机,不得不在机场找了一个私人房间接听电话。

爱尔兰总理和财政部长向通过电讯方式召集起来的内阁介绍当前的问题。爱尔兰的房地产泡沫正在迅速破灭,导致金融体系随之下滑。该国银行的股价暴跌,盎格鲁爱尔兰银行的股价正经历着下跌99%的痛苦过程,从每股17.00欧元下跌到每股0.17欧元。许多储户知道,房地产泡沫破灭至少会毁掉该国部分金融机构,他们疯狂地把钱从银行取出来(爱尔兰的存款最高只担保20 000

欧元,这是欧盟设定的最低标准)。银行挤兑似乎已经开始了。

爱尔兰政府领导人在下午和晚上会见了金融监管者、中央银行行长及各银行总裁。储户的恐慌是有道理的:该国最大的三家银行之一的确已经走到了崩溃的边缘,而其他两家也离崩溃不远了。所有私营部门渠道似乎都关闭了,一波银行倒闭浪潮将猛烈袭击这个原本已经陷入衰退的经济体。总理和财政部长向参加电话会议的内阁们建议:全额担保所有爱尔兰银行的所有存款,总金额高达4 000亿欧元,相当于是该国整体经济规模的2倍。[①]尽管规模庞大并且十分仓促,但这是一个合情合理的选择:存款担保是阻止银行挤兑的经典方式。担保是一场赌局,因为如果银行真的倒闭了,政府将对所有无担保的存款负责。但是,如果储户对担保有信心,他们会愿意把钱存放在银行,银行有时间进行修复,那么,担保的成本则很少或没有。

那天晚上,内阁批准了该计划,紧接着爱尔兰议会也同意了。有了政府担保,市场平静下来,银行股价上涨,银

[①] Pat Leahy, "The 400 billion night," *Sunday Business Post*, September 27, 2009; Alan Ruddock, "Ireland Inc. faces uncertain future as banking crisis comes full circle," *Independent*, March 1, 2009; and for background, Patrick Honohan, "Resolving Ireland's banking crisis," *Economic and Social Review* 40, no. 2 (2009): 207–231.

行挤兑得到避免。但是,这一举动产生了横跨爱尔兰海的即时影响。伦敦精明的储户意识到,许多英国银行的处境同样摇摇欲坠,而且只持有非常有限的存款保险。于是,他们把资金撤出英国银行,并把钱存到有担保的爱尔兰银行的英国分支机构。现在,英国面临着银行挤兑的景象。

英国银行家们对爱尔兰的存款担保怒不可遏,认为这是对对手银行不公平的政府援助。"如果这是合法的,那么,我便是个蠢货。"一位英国金融家如是说。英国银行家协会提出一个更郑重的投诉:"我们要求整个欧洲的金融机构公平竞争。"①但几天后,英国政府被迫增加其存款担保,最终暗中拓展到整个银行系统。

在几周的时间里,所有的欧洲国家被迫跟随爱尔兰的脚步,各国政府不情愿地为忧心忡忡的储户提供类似担保。一个只有400多万人口的欧洲边缘国家实际上已经带动了有着数亿人口的整个欧洲大陆,各国政府纷纷拓展了数万亿美元的银行担保。而且,它这样做并没有恶意,

---

① Lisbeth Kirk, "Irish bank guarantee unfair, say competitors," *EU Observer*, October 1, 2008, http://euobserver. com/9/26840 (quote from British financier); "Some view Ireland's bank guarantee as devious," Associated Press, October 1, 2008, http://www. msnbc. msn. com/id/26979552/ (quote from British Bankers Association; http://news. sky. com/skynews/Home/Business/Ireland-Steps-In-To-Protect-Savings-By-Guaranteeing-Deposits-In-Six-Banks-But-UK-Bankers-Slam-Plan/Article/200810115110786.

也不是什么计谋,只是试图阻止一个国家的经济灾难。

国际合作便是这样破裂的,好心的政府便是这样把自身卷入冲突。而这些各种各样的冲突可以把一个处于短期衰退的全球经济转变为一个漫长的全球性危机。通常,问题会逐渐扩散,拖累政府和经济体陷入一个向下的恶性漩涡。如果各国政府不能共同合作,或不能就前行的道路达成一致,结果便可能是灾难性的。最典型的例子是1929年开始的经济衰退。

20世纪30年代的教训

对于1929年之前的祖祖辈辈而言,全球经济通过一些措施——如移民和货币标准等——被非常紧密地绑在一起,比当代国际经济更紧密。而且,这一综合经济秩序运行得很好。世界在1929年前100年里所经历的增长超过在那之前上千年的发展。许多穷国赶上了中等收入国家,许多中等收入国家赶上了富裕国家。价格、货币价值以及整体宏观经济环境普遍稳定。

然而,19世纪及20世纪早期,经济危机却频繁光顾,通常是从美国开始。当变幻莫测的天气打击美国庞大的农业部门——农业部门在19世纪在美国经济中占主导地位——往往会在该国不稳定的金融体系中造成银行恐慌。几周之内,恐慌便会蔓延到欧洲,威胁全球贸易和金融。

但主要金融大国的政府及其私营金融机构会共同努力来安抚市场,并且在必要的时候互相借贷巨资。19 世纪 20 年代之后的一百年中,恐慌导致经济衰退、高失业率,使得民众备受煎熬,但却从来没有威胁到世界经济结构本身。[①]

1929 年中期的美国经济放缓似乎是一个简单的经济衰退。有几个欧洲经济体也在下滑,但即便是最悲观的观察者也预计,这只不过是 1920—1921 年经济衰退的重复,那次经济衰退很严重,但历时很短暂。10 月,美国股市大幅下挫,但是这似乎只是对非持续繁荣的一种修正,美国的经济政策制定者甚至胡佛总统,一直都在警告会出现这种修正。

随着美国和欧洲的经济活动放缓,各国政府做了他们在这种条件下习惯做的事情:什么都不做。政府感觉,经济衰退会进行自我恢复。经济衰退经常出现,那么像现在,有充分的理由预计经济体通常在一年左右的时间内自我恢复。

经济衰退确实导致美国农民和企业家加倍努力,希望国会同意正在商讨的、提高贸易关税的法案,但这与美国

---

① 接下来的内容大致是基于下述文献: Jeffry Frieden, *Global Capitalism: Its Fall and Rise in the Twentieth Century* (New York: W. W. Norton, 2006), chapter 8。

传统的贸易保护主义相比,没有什么新鲜的东西。一系列债务国,尤其是拉丁美洲各国,拖欠各自的债务,但这也几乎没什么不寻常的。1930 年 5 月,胡佛总统宣称说:"我相信,我们现在已经熬过了最糟糕的阶段。"几个月后,他的劳动部长坚持称:"我们已经触底了,并且已经处在回升中。"①到 20 世纪 30 年代末,尽管美国的工业产值已经下降了四分之一,但对常态的回归似乎近在眼前。

但就全世界而言,事情变得更复杂了。德国沉重的外债负担是最棘手的国际问题。这个欧洲的主要债务国恳求救助,但该国的债权人——大多数是美国人——不愿意减少应该支付的债务。为了尝试解决这一纠纷,1929 年,欧洲的政策制定者与美国的银行家们制定了新的计划,被称为"杨格计划",该计划是以通用电气总裁的名字命名,当时他担任计划制定委员会主席。根据所采取的计划,主要金融国家改组了德国的还款义务,并成立了国际清算银行——可以看作是所有央行行长的中央银行——以解决

---

① "Oh yeah? Herbert Hoover predicts prosperity," *History Matters*: *The U. S. Survey Course on the Web* (undated), http://historymatters. gmu. edu/d/5063 (quote from Hoover; accessed August 10, 2010); and Barry Ritholtz, "Great Depression quotes 1929 vs 2008," *Essays and Effluvia*: *The Big Picture* (March 19, 2009), http://bigpicture. typepad. com/writing/2009/03/great-depression-quotes-1929-vs-2008-1. html (quote from Hoover's secretary of labor).

持续性的财政困难。与此同时,国际联盟主办了一个国际会议,以减少贸易壁垒,但进展不大。

以 1930 年为基点,德国的问题只是变得更差了:企业经营状况恶化,德国的失业率上涨了 20% 以上。纳粹党在 9 月份的选举中获得主要席位,他们在很大程度上与世界经济背道而驰。几乎所有的发展中债务国现在都违约拖欠债务,到 1930 年接近尾声时,美国遭受了一波银行倒闭潮。同时,一个又一个国家继美国之后开始征收更高的关税。国际联盟于 11 月召开了另一次会议,打击保护主义,但现在已经没人听信国际联盟的意见。到 1931 年 3 月,国际联盟放弃了,停止执行"关税休战公约"。

经济衰退持续恶化。萧条的经济条件引起通货紧缩;通货紧缩引发破产和取消抵押品赎回权;这些情况导致财务危机、货币秩序混乱以及进一步萧条。随着螺旋式下降加速,德国于 1931 年春季末被迫停止支付债务,从而导致全球金融市场更大的混乱。

1931 年春,奥地利信贷银行蹒跚走向破产。这是中欧最重要的一个金融机构,并且与欧洲大陆上很多其他银行联系紧密,人们普遍认识到,它的失败可能会引发更广泛的恐慌。欧洲主要大国一起出手救助该银行,取得了一些成功。但出于国家政治考虑,各国几乎不可能继续合作。最终,法国政府拒绝参与合作,抱怨德国和奥地利正在利用危机形成法国反对的关税同盟。结果,1931 年 5

月 11 日,奥地利银行破产。几个星期内,奥地利爆发货币和金融危机。恐慌很快蔓延到匈牙利,最终抵达德国,将中欧地区推入到大萧条的最深处,这相当于给了德国纳粹党更多的"弹药"。胡佛总统终于心甘情愿地做不得不做的事情,不顾法国的反对,引领国际社会共同努力,给予德国债务减免,让其有一些喘息的空间。但为时已晚。[①]

财务危机一直持续到 1931 年夏天。一个又一个国家在恐慌中关闭了银行。不久,政府被迫让本国货币脱离金本位制。自 19 世纪 70 年代以来,金本位制一直是国际经济秩序的核心,参与金本位制被普遍视为是承担国家经济责任的重要指标。脱离金本位制相当于是承认无能,撤退到国际金融可靠性较低的行列。但保持金本位制则意味着让本国经济遭受越来越大的紧缩。于是,1931 年 9 月,曾经参与金本位制长达 200 年(除战时)之久的英国也放弃了这一标准。其他几十个国家纷纷效仿。传统国际经济的核心支柱摇摇欲坠。在此期间,甚至传统的自由贸易国荷兰也提高了关税。

随着金本位制变得萎靡不振,政府开始用货币价值作为捍卫各自国家经济的武器。在正常情况下,这可能是一个合理的策略。事实上,当一个国家面临影响其出口市场

---

① Aurel Schubert, *The Credit-Anstalt Crisis of 1931* (Cambridge, UK: Cambridge University Press, 1991), 12 – 16.

的外部冲击时,经济学家通常会建议决策者让货币贬值,这可以帮助保持出口需求,避免过于严重的衰退。但是,当国家是在国际合作不断破裂的条件下遵循了这一建议时,其结果往往事与愿违。

新西兰和丹麦发现自身卷入了一场货币"黄油战争"。这两个国家是英国的主要黄油供应国,而黄油转而是这两个国家的主要出口品。1930 年年初,新西兰政府将其货币对英镑贬值约 5%,这让其出口商比丹麦生产商更具成本优势。丹麦人希望,一旦他们像英国一样脱离金本位制,并于 1931 年 9 月对货币进行一次贬值,他们便将恢复贸易平衡,但新西兰人也跟着英镑继续贬值。1932 年 9 月,丹麦将本国货币对英镑进一步贬值 5%。4 个月后,新西兰政府报复性地贬值 15%,而 1 个月后,丹麦政府又采取了贬值 17% 的举措。到 1933 年年底,两种货币均恢复到大概彼此相当的水平,但 4 年竞争性的货币贬值加剧了两国的政治紧张局势、财务困境以及保护主义压力。[①] 政策本身是没有问题的,原本有很好的理由让两种货币贬值,但当贬值是以这种不协调甚至冲突的方式进行时,便很可能让两国经济变得更糟糕。

随着第一个全球化的世界经济扭曲并飘散在风中,各

---

① Charles Kindleberger, *Comparative Political Economy: A Retrospective* (Cambridge, MA: MIT Press, 2000),15－31.

种想把多国政府联合起来阻止崩溃的尝试都失败了。1932 年夏天的洛桑会议未能解决德国问题,主要是因为美国国会拒绝减少任何拖欠美国的债务。法国政府做出回应,单方面拒绝向美国偿还战争债务,并在短短几个月内,几乎拒绝偿还所有其他国家的战争债务。与此同时,英国及其殖民地和领地在大英帝国周围建立起关税壁垒。日本正在侵略中国,法西斯夺取了遍布中东欧的国家政权,而国际经济仍然持续衰退。

到 1932 年年底,很明显,这不是一场正常的危机。世界经济已经溺死水中,国际贸易几乎下降到 1929 年三分之一的水平,国际金融市场几乎完全失效,世界领先的贸易国已经转向保护主义。每一个国家的经济活动都经历着前所未有的下降。在美国,工业产值只维持在 1929 年一半的水平,而失业率高达 24%。在德国,失业率高达 44%。跨欧洲和大西洋的经济战争开始了:战争债务被否决,贸易战宣布开始,竞争性货币贬值和外汇管制此起彼伏,赔偿也被拒绝。所有这一切让当时绝望的气氛中充满了政治两极分化和国家之间的相互指责。

富兰克林·罗斯福于 1933 年 3 月就任总统,当时美国正承受着另一轮银行恐慌的摧残。罗斯福宣布执行一个银行休假日,让美元脱离金本位制。几个月后,他有效地拒绝参加在伦敦召开的世界经济会议,那次会议原本试图推出某种形式的国际货币合作。国内事务优先,他在发

送给伦敦会议的信息中说道:"一个国家稳健的内部经济
形势比其货币的价格更能影响该国的繁荣。"①

1929—1934 年,全球经济一直停滞不前,经历了前所
未有的灾难性 5 年。甚至在复苏开始后,几乎所有地区的
失业率都是 20 世纪 20 年代水平的两三倍,而 1937 年,严
重的衰退再次袭击世界大部分地区。使得这次萧条影响
巨大的因素不仅是萧条的严重度,而且也包括其广度。这
次萧条几乎覆盖了整个世界,尤其还包括其延续时间的
长度。

这次危机不是一次陷入冲突和混乱的即时下滑。随
着世界经济放缓,世界上的主要大国不断尝试阻止经济衰
退。各国政府举行会议,签署条约,建立国际组织,试图找
到止血的方法,但是毫无效果。那些遭遇悲惨失败的政府
在很大程度上是善意的,包括在英国的工党-自由党联盟,
美国的新罗斯福政府以及奄奄一息的魏玛共和国。然而,
当试图阻止 1929—1933 年的世界经济螺旋式下降时,他
们都很无助。核心问题是,各国政府都没有能力为维持世
界经济整合所需的各项措施争取到国内政治支持。

国内选民要求政府采取行动减少失业、恢复经济增
长,而政策制定者不得不做出回应,甚至是以牺牲国际合

---

① Charles Kindleberger, *The World in Depression*, *1929 - 1939*
(Berkeley: University of California Press, 1973),219.

作为代价。这往往促使各国政府,即便是持有良好意图的政府,开始走通往冲突的路。丹麦人并不是有意想让新西兰的农民致贫,德国人也没有打算让美国银行破产或摧残英国的养老金领取人。但货币贬值和债务违约自然会产生这些影响。用来解救国内绝望情况的国家政策最终把成本强加给其他国家,这不是有意而为之,但当各国政府在严峻的国内形势和严重的政治压力下采取那些解救措施时,便会产生这样意外的后果。

20 世纪 30 年代的经历清楚地说明,一个一体化的世界经济需要主要经济大国之间开展有目的的合作。在 19 世纪大部分时期及 20 世纪早期,当时主导秩序的支持者认为,国际市场能够进行自我校正。从狭义上看,这种观点可能是正确的,市场确实总是趋向平衡,但这种观点是一种误导。国际经济整合的时代有赖于世界各主要国家政府的支持,在萧条时期尤其如此,因为没有什么全球政府来专门对抗全球危机。如果没有大国之间坚定的合作,全球化就无法在所遭遇的、不可避免的冲击中存活下去。

第一个全球化时代的崩溃也表明,国际合作反过来需要国内政治支持各国参与全球经济。如果国内的公众、大众及特殊利益群体不愿为国际成就妥协各自的国家目标,追求合作政策便无理可循。如果选民不认为进入世界经济是值得努力追求的东西,那么各国政府便会不愿意或没有能力相互合作。这是危机带给全球化的真正威胁,就像在战争期间一样。危险不是一个突然出现的贸易战,而是商业和金融合作伙伴之间妥协性支持的逐渐侵蚀,这便是合作和协作模式的逐渐下滑。

大萧条期间的全球经济失衡

外债是两次世界大战期间的一个关键问题,也是试图维持国际经济开放性的一个主要障碍。20 世纪 20 年代国际经济事务中的一个核心问题现在被经济学家们称为"全球宏观经济不平衡"。一个大国持续持有巨额赤字,从国外借贷资金,而另一个正在兴起的国家以借贷的方式为那个国家的赤字提供融资。上述情况中的第一个国家是德国,其借款主要是源于政治原因。其政府软弱无能,所需的资金超过德国人愿意缴纳的税收。政府不得不向第一次世界大战的战胜国支付战争赔偿,为重建提供资金,并且还要满足巨大的社会需求。对德国政府来说,幸运的是,以美国银行家 J. P. 摩根及其公司为首,美国的银行家们在第一次世界大战期间及之后成为世界领先的金融家,很乐意大量放贷给资金匮乏的德国人。

德国的借款和美国的贷款,本没有什么固有的技术或经济问题。但却存在政治问题,因为大西洋两岸很少支持这种借贷关系。德国人痛恨战争失败带给他们的从属地位、被迫支付的赔偿以及强迫清算引起的社会动荡。在分类账的另一边,虽然有大量的美国人愿意借钱并投资于欧洲,但当时是美国孤立主义的鼎盛时代,美国公众反对美国正式参与欧洲任何政治或经济事务。

美国贷款帮助维持了 20 世纪 20 年代的德国经济,这绝非小事,因为当时德国的社会和政治动荡可能也会引起其他欧洲国家的不安。但是这一盈余—赤字关系的基本条件非常薄弱,因为这两个国家都没有为资本流动的影响做好准备。美国不愿意为德国货打开市场——德国人原本可以通过在开放的美国市场中出售产品挣得还债的资金,而美国债权人也不愿意接受建议,为深陷困境的债务人放松债务条款。对他们来说,德国人似乎不愿意或无法做出必要的牺牲来偿还自身的债务。

1932 年的总统竞选演讲中,罗斯福强调现任共和党政府在国际经济政策上的矛盾,将其比作是《爱丽丝梦游仙境》中的奇幻世界:

迷惑不已且多少有点怀疑的爱丽丝问了共和党领导一些简单的问题:"印刷、销售更多的股票和债券、新建工厂、提高生产效率不会生产出超过我们购买量的产品吗?"

"不,"矮胖子汉普蒂·邓普蒂喊道,"我们生产得越多,我们可以买的东西也就更多。"

"如果我们生产过剩怎么办?"

"哦,我们可以将剩余的产品卖给外国消费者。"

"外国人如何买得起呢?"

"为什么买不起呢？我们会借给他们钱。"

"我明白了，"小爱丽丝说，"他们会用我们的钱买我们剩余的产品。当然,这些外国人会通过把他们的产品售卖给我们来偿还欠我们的债务吧?"

"哦,完全不会。"矮胖子说道,"我们建立了一个被称为关税的高墙。"

"那么,"爱丽丝最后说,"外国人如何还清这些贷款呢?"

"这很容易,"矮胖子回答说,"你有没有听说过延期偿付?"

所以,最后,我的朋友们,我们便触及了 1928 年这一神奇公式的核心。[1]

当危机在 1929 年爆发时,这个神奇的公式失败了,并且德国人和美国人都以咄咄逼人的势头转向国内。德国几乎立即崩溃,陷入社会紊乱和政治动荡;外债负担成为一个特别的痛点,加强了纳粹极端的经济民族主义和侵略性。美国,就其本身而言,对债务减免或重新谈判缺乏耐心,因而转向贸易保护,希望在恶劣的国内条件下吸纳获取更多的收益。

美国和德国之间的财务关系规模最大、最突出,而且最终也最具灾难性,但两次世界大战期间存在很多这样的

---

[1] Herbert Feis, *Europe the World's Banker*, *1870 - 1914* (New Haven, CT: Yale University Press, 1930),14.

借款国与贷款国之间的财务关系。几乎所有这样的财务
关系最后都糟糕收场，债务国发现在严重危机期间无法忍
受债务负担，拖欠偿付债务，加重各债权国的金融危机。
国外借贷共生的盈余—赤字关系盛行于"咆哮的 20 年
代"，但当轮到扭转失衡状态，需要支付利息给国外债权人
的时候，这种关系不再盛行。大多数国家的政府发现无法
强制做出必要的牺牲来偿还债务，世界金融体系在违约、
破产、银行挤兑和货币危机的混乱中崩溃。

债务大山

庞大的国际债务是引起 2008 年金融危机的中心因
素，而当各国政府手忙脚乱地应对危机时，债务水平进一
步提高。美国至少借了 5 万亿美元，从而把自身卷入金融
危机，此后又另借了 5 万亿美元，想要走出金融危机。[1] 结
果便是，美国以及许多其他国家在危机中产生了巨大的债

---

[1] John Kitchen and Menzie Chinn, "Financing U. S. debt：is there
enough money in the world—and at what cost?" La Follette Working
Paper no. 2010 – 015 (Madison：University of Wisconsin, August
2010), figure 2. 2008 年的美国国库债务，加上房利美和房地美的债
务(2008 年被联邦政府托管)比 1999 年增加了大概 5 万亿美元。根
据国会预算局的预测，截至 2015 财年，产出将回到潜在 GDP 水平，
公众持有的联邦债务将比 2009 财年增加 5 万亿美元。参见：CBO,
"Budget and economic outlook：Fiscal years 2010 to 2020"
(Washington, DC：Congressional Budget Office, January 2010)。

务负担。要让这些债务国及其国内债权人好好偿还各自的债务，是很难的事情。

美国政府在经历了布什时期的繁荣和萧条之后，外债高达 10 万亿美元。[①] 即使私营部门也许能够继续从国外借款，但联邦政府在未来 10 年的大部分时间里，必须尝试控制和减少赤字。就像在其他债务国一样——如英国、爱尔兰、西班牙以及南部、中部和东部欧洲各国，美国各州政府将不得不认真落实紧缩措施。这不仅在国内非常棘手，而且同样也可以引起国际问题。

欧洲边缘一大一小两个国家的情况生动地说明了，要解除一场债务危机有多难，而一个国家的债务危机能够给其他国家造成多大的伤害。2008 年之前的 15 年里，希腊向世界各地大举借债，主要是为了给持续的财政赤字以及美国式的消费热潮提供资金。希腊同爱尔兰、西班牙、葡萄牙和意大利各国一样，作为欧元区成员国的身份推动了各国的借款行为。欧元区的成员国之间享有很低的利率，国际金融家们普遍认为他们具有较好的信誉水平。但希腊的借贷超出了合理的水平：在其借贷高峰期时，希腊一年借来的金额相当于 GDP 的近 15%，也就是说，该国每花出的 7 欧元中便有 1 欧元来自国外借款。到 2009 年，

---

① 相关估计以国会预算局的预测为基础，参见下列文献中的计算：
Kitchen and Chinn, *Financing U. S. debt*。

该国 1 100 万人口向外国人借贷了 5 000 多亿美元,[①]超过阿根廷、巴西和墨西哥的外债总和(这三个国家的人口总数是希腊人口数的 30 倍,经济总值是希腊的 10 倍)。

当然,希腊在其借贷热潮过后,面临着非常困难的时期,而这个小国的阵痛给欧洲其他国家造成巨大的问题。2009 年年末,投资者开始担心希腊可能无法好好偿还债务。新社会党政府透露,之前的保守党政府通过做假账来掩盖其惨淡的财政状况,大规模低报了其真实的财政赤字水平。投资者开始抛售希腊债券,评级机构下调该国债务的级别,而新贷款收取的利率飙升。政府宣布执行紧缩措施,激起罢工和抗议浪潮,进一步增加了有关该国能否履行其债务的疑虑。

希腊问题对欧洲其他国家的影响立竿见影。希腊的欧元区伙伴们发现,希腊的不确定性拖累了整个欧元区。尽管希腊只占欧元区经济总量的不到 2%,人们仍担心希腊的债务困境将影响欧洲其他地方的情况,欧元的价值也会随之开始下降。许多投资者认为,希腊的困境预示着欧洲大陆将产生更广泛的债务国问题。最终,人们采用了一个缩写词来描述存在潜在问题的国家,即"欧猪五国"(PIIGS),指的是葡萄牙、爱尔兰、意大利、希腊和西班牙,

---

① World Bank, *World Development Indicators* (Washington, DC: World Bank, 2010).

他们都面临着巨大的债务负担和严重的经济紧缩。

用纽约大学经济学家努里尔·鲁比尼的话来说,"希腊是欧元矿区的金丝雀"。[1] 如果更多的重债国遇到麻烦,对欧洲大陆剩下的地区而言,代价将极其高昂。一方面,他们大部分债权国是北欧各国。如果债务得不到偿付,英国银行、德国投资者和荷兰养老基金都将面临巨大的损失。更宽泛地说,对债务国的担忧很可能会迫使欧元区所有成员国都必须付更高的利率,以弥补债务问题带来的风险增加,并且还要弥补通货膨胀和贬值带来的风险增加。

希腊债务危机引发了投资者的担忧,部分是因为希腊债务危机提醒他们,各国要想让债务偿还更容易,一个屡试不爽的方式便是通过通货膨胀或货币贬值减少部分债务。只要有5%的通货膨胀率,1 000亿欧元债务在短短5年内的缩水便超过其实际价值的四分之一。政府收入随着通货膨胀增加,但债务却不会,因此,相当于债务的实际价值下降了。这就是为什么沉重的外债通常使得债务国的通货膨胀率是非债务国的2倍。[2] 许多以本国货币持有

---

[1] Nouriel Roubini, "Teaching PIIGS to fly," *Project Syndicate*, February 15, 2010, http://www. project-syndicate. org/ commentary/roubini22/English .

[2] Carmen M. Reinhart and Kenneth S. Rogoff, "Growth in a time of debt," NBER Working Paper no. 15639 (Cambridge, MA: National Bureau of Economic Research, 2010).

外债的国家通过让本国货币贬值来减少债务,这样外国人得到的债务偿还是实际价值较低的货币。但希腊和其他"欧猪五国"自身不能选择这一方法,因为他们与其他国家共享欧元,其中还包括一些他们的债权国。鉴于这种动态状况,投资者和其他人都担心,欧洲央行将被迫允许欧元区的通胀率走高,甚至让欧元贬值,以减轻成员国债务引起的疼痛和苦难。

对于欧元区的其他国家而言,另外一个选择便是救助债务国。这里的基本原理与救助银行相似:希腊和葡萄牙财政状况的崩溃可能会损害欧元区金融系统的其余部分。如果美国银行太大而不能倒闭的话,那么希腊也是这样的。而且,由于这场金融危机涉及整个欧元区,危机的深化将影响整个全球金融系统,国际货币基金组织(IMF)也参与到救助中。因此,正如美国纳税人不得不接受救助银行的法案,由于那些银行的失败将对整体经济产生严重影响,欧洲和国际纳税人也不得不承担接受救助希腊的费用,救助费用高达 1 100 亿欧元。由于希腊危机导致了对其他欧元区国家的信心危机,那些国家的失败可能会损害整个欧元地区,欧洲联盟被迫拿出数万亿美元的巨型方案救助其他陷入困境的欧洲债务国。

希腊并不是唯一一个因债务给自身及其邻国带来巨大问题的欧洲小国。在欧洲的另一端,冰岛经济崩溃在该区域的回荡式影响几乎一样危险。20 世纪 90 年代末,冰岛大幅度开放其经济和银行体系。根据当时的标准,其在未来 10 年中的金融过度扩张十分显著。这个小国的净外债从 2001 年的 80 亿美元爆炸式地上升到 2007 年的 480 亿美元,相当于该国 30 万人口中每个男人、女人及小孩的平均债务超过 15 万美元。与标准模式一致,外资涌入促发了繁荣与泡沫:2001—2007 年,该国房价上涨了 1 倍多,股市飙升,股票价格上涨了 6 倍。

冰岛的情况几乎是 2001—2007 年其他债务融资扩张的讽刺画,因为该国的危机在很大程度上是由其三大主要银行导致的。这三大银行从外国投资者和金融机构借入了数百亿美元的资金。他们通过国外分支机构尤其是在英国和荷兰的分支机构,吸引外国居民存款,实际上从国外储户手中借入了数百亿美元的资金,借款方式包括提供给外国人的互联网储蓄账户。到 2007 年,三大银行的债务总和超过冰岛国内生产总值的 10 倍。该国实际上已经让自身变成了一个大型的银行,金融业务量是经济总量的许多倍。

全球金融危机重创袭来时,冰岛的银行是第一批破产的银行,在 2008 年 10 月数周内便都走向失败。该国经济崩溃,到 2009 年春季,先前的保守党政府被赶下台,取而代之的是社会主义绿色联盟。银行倒闭使得银行的储户被晾起来了,包括那些远在英国和荷兰的储户。正如爱尔兰的银行挤兑和希腊的债务危机一样,一个国家的问题成了整个欧洲的问题,因为英国和荷兰公民存在冰岛各银行的未受保护的存款将面临数十亿欧元的损失。英国人最为疯狂,他们运用《反恐怖主义、反犯罪安全法案》冻结了冰岛银行在英国的所有资产。在接下来几年里,有关谁应该对储户损失负责的冲突不断发生。到 2010 年年初,冰岛与英国和荷兰谈判商定要给该国某一银行的储户支付约 60 亿美元赔偿。根据金本位制,这不是个大数目,但对于这个小国而言,相当于人均负担近 20 000 美元。但冰岛人讨厌该协议,在一个全民公投中否决了该协议(93%的大选票否决)。因此,这场危机又一次凸显出一点:确定谁该为金融危机的调整买单,将在政治上引起巨大的争议。[1]

希腊和冰岛可能看起来好像很奇特或不合潮流,但实

---

[1] 有关冰岛的情况,参见:Willem H. Buiter and Anne Sibert, "The Icelandic banking crisis and what to do about it," *CEPR Policy Insight* no. 26 (London: Centre for Economic Policy Research, 2008); Anne Sibert, "The Icesave dispute," *VoxEU*, February 13, 2010, http://www. voxeu. org/index. php? q = node/4611; Jon Danielsson, "The saga of Icesave," *CEPR Policy Insight* no. 44 (London: Centre for Economic Policy Research, 2010); Jon Danielsson and Gylfi Zoega, *The Collapse of a Country*, 2ᵈ ed. (London: London School of Economics, March 12, 2009); Thorvaldur Gylfason, "Eleven lessons from Iceland," *VoxEU*, February 13, 2010, http://www. voxeu. org/index. php? q = node/4612.

际上,他们以自身的例子最好地说明了负债累累的国家如何将其他国家甚至整个世界拉入困境。据说约翰·梅纳德·凯恩斯曾有一句名言:"如果你欠银行经理一千镑,你将任由他摆布;如果你欠了他一百万英镑,他便任由你摆布。"[①]对国家而言,情况同样如此:债务人可以把债权人当人质,反过来也一样。

根据这个标准,美国是迄今世界上最大的国际债务国,这使得世界的其余部分任其摆布。世界各地的投资者、金融机构、养老基金、中央银行和主权财富基金都持有美国政府欠下的巨额债务。在一定程度上,美国人很可能会通过通货膨胀或货币贬值减少一部分债务,将一部分负担转移到债权人身上,债权人借出的资金不能得到全价值偿付,这并不是源于恶意,而是因为美国人认为失业救济、教育、医疗及社会保障比偿还债务更重要。对所有经历过危机的主要赤字国家来说都是如此:他们尝试用各种方法解决 10 年以上的累积债务问题,几乎可以肯定,这些尝试都要求他们的债权人付出高昂的代价。债权人可以通过收取更高的利率或变卖证券来刁难债务人,但如在 20 世纪 30 年代所示,这样的路径可能会导致更加严重的金融

---

① 我们找到的第一个参考文献是:"Foreign news:Whose mercy?" *Time*, February 17, 1947, http://www.time.com/time/magazine/article/0,9171,778971,00.html#ixzz0iIEf4Flu。

崩溃。

过去10年的全球宏观经济失衡让不少国家的债务堆积如山。债务国政府捉襟见肘，难以满足其选民的要求，也难以兑现其对债权人的承诺。因此，有很强大的诱因促使他们至少将部分债务危机的成本及后果抛给外国人，但是，如20世纪30年代所示，这必然会让债权国和债务国走上冲突之路。

敌人不恶

处在危机时期的政府需要应对紧迫的国内问题。影响国际合作的首要威胁是国内的选民，而不是恶意的民族主义或掠夺性贸易保护主义，这是现实的情况。20世纪30年代那种将国内举措的沉重成本强加于其他国家的做法被称为"以邻为壑的政策"，这是以英国纸牌游戏中的做法命名的，在游戏中，两个玩家轮流惩罚对方。但是，这个名字具有误导性：产生这样的结果，并不是因为邪恶的政府存心刁难，也不是因为故意敌视对方。相反，这是各国政府拼命捍卫国家经济的结果。

2008年9月，当美国金融体系行至崩溃的边缘，美国政府抛出数万亿美元，对陷入困境的银行施以救援。该政策主要为了避免进一步的财政坍塌和美国经济破坏。但是，从世界其他各地的角度来看，美国政府救市是给美国银行的巨额补贴。正如爱尔兰出于国内政治和经济原因提出的存款担保,将真实的负担转嫁给别国,美国银行救助计划让其他各国银行家和政府的生活变得更加艰难。

美国对克莱斯勒和通用汽车的救市行动也是如此。2008 年 12 月,出于国内直接的(如果有争议的话)政治经济原因,美国政府斥资 174 亿美元救助美国汽车制造商。但是,在海外看来,这些措施似乎是对国际市场的巨大干扰。美国汽车业的救市行动肯定违反了该国对世界贸易组织的承诺。这一行动也遭到了美国汽车产业其他制造商的极力反对,包括在美国南部建厂的日本、韩国及欧洲汽车制造商。这些生产者直接或间接雇用了 50 多万美国人,生产了三分之二在美国销售的"进口"汽车,但他们却没有从救市中受益,并且,救市行动实际上提高了其竞争对手的竞争地位。①

这样的行动被经济学家归类为"外部性",或者外部经济效应,指的是一个国家代表自身做出的举动对其他国家产生了影响。该种影响可能是正面的,比如,当两个国家共享一个湖泊时,其中一个国家清理湖泊,那另一国将受

① Patrik Jonsson, "America's 'other' auto industry," *Christian Science Monitor*, December 5, 2008; Jennifer Freedman, "Americans' 'hypocrisy' in auto rescue spurs me-too trading ire," *Bloomberg*, November 22, 2008.

到正面的影响;但在大多数情况下,这个词是用来指负外部性,比如,两个国家共享一个湖泊,其中一个国家对湖泊造成了污染,对另一个国家产生负面影响。一个政府(或一家公司、一个家庭)并不会故意对他人施加外部性;外部性是自利行为不考虑邻里福祉产生的意外结果。自2008年金融危机首次爆发以来,各国一直互相施加负外部性。

这种类型的政策——诚心诚意的国内举措造成事与愿违的国际影响——几乎是无止境的。对于纳税人而言,坚持只把财政刺激方案的资金用于本土产品,这似乎是理所当然的。事实上,《2009年美国复苏与再投资法案》要求其资助的项目必须向美国生产商采购。不过,这种"买美国货"的条款在其他国家看来,就像非合作保护主义。面对国外抗议,奥巴马政府尝试软化要求,但几乎可以肯定,他们依然违反了国际贸易法。[①] 20世纪30年代的丹麦—新西兰黄油战争案例说明,困难时期推荐使用的、原本合理的货币贬值政策可以转化成商业竞争对手或合作伙伴之间痛苦的竞赛,导致一轮又一轮的"竞争性货币贬值"。

---

① Global Subsidies Initiative, "Will government bailouts lead to trade wars?" (undated), http://www. globalsubsidies. org/en/subsidy-watch/analysis/will-government-bailouts-lead-trade-wars (accessed April 2010).

即便持有最好的意图,各国政府的行动依然可以挑起国与国之间的不和,阻碍各国合作应对危机的行动,最终让每个人都过得更糟糕。尽管经常使用华丽的辞藻,但国家决策者发现,若要考虑各项行动的国际影响,是非常困难的事情。然而,这样的行为可能是复苏、重塑稳健型国际经济的主要障碍。

紧随他国调整资产组合?

在过去的 15 年中,世界经济的核心特征是两组国家之间大规模的共生关系。一组国家从世界其他各地大量借款,为大幅增长的消费提供融资。美国、英国、西班牙、爱尔兰和其他借款方阵中的国家持有巨额赤字,吸纳外国商品,并依靠外国资本来购买这些产品。赤字国家依靠举债消费作为经济增长的引擎。

另一组国家提供货物和融资。日本、德国、中国和波斯湾各国的经济以针对大客户的出口为基础。他们把从出口赚来的数万亿美元借贷给赤字国家。这组国家依赖出口作为经济增长的引擎。其结果是十几年的"全球宏观经济失衡",即借款国持有巨额赤字,而贷款国则持有巨额盈余。

几乎可以肯定,这种国际经济互动模式在未来是非持续的。主要的债务国已经耗尽了他们承担更多债务的意愿及能力,而主要贷款国越来越表现出对未来借贷的不安。① 一旦解决当前危机的短期应急措施结束,逆差国和顺差国都将不得不重新修复他们与世界上其他各国的关系。为了减少之前的失衡,这种"再平衡"已经不再主要是技术问题,也不再是单纯的经济问题,而同时还是一个政治问题。谁将承担这些国家经济和世界经济再平衡过程中产生的负担?

主要的逆差国将不能再依靠庞大的经常账户赤字。鉴于各国政府在危机期间担负的额外债务负担,情况尤为如此。和美国一样,每一个主要债务国在经历危机后担负的政府债务都超过了其国民经济的规模。如果历史记录可信的话,这种债务水平意味着他们必须长时间面对消费缩减、实际工资持平或下降以及生活水平停滞不前的状况。② 几乎也肯定,他们会通过通货膨胀或货币贬值减少

---

① 这并不是说,赤字和盈余本身是非持续的。只要贷款人乐意贷款,借款人乐意借款,这种资本流动可以永远持续下去。但是,问题在于,进一步大规模债务水平增长产生的影响具有政治非持续性,因为无论借入或借出的国家看起来都愿意将资本流动恢复到 2008 年前的水平。与此相关的一点是,在过去的 10 年中,资本流动几乎全都是从较贫穷的国家流向较富裕的国家,或者是富裕国家之间的流动。尽管后一种流动形式在某些方面说得通,但前一种流动方式在经济上几乎没有道理。

② Carmen M. Reinhart and Kenneth S. Rogoff, "The aftermath of financial crises," *American Economic Review Papers and Proceedings* 99, no. 2 (2009): 466 - 472.

部分债务,将经济调整的负担转移给债权国。如果部分债务国像欧元区成员国一样,宏观经济政策"兵器库"里没有货币政策这一武器的话,他们将迫使债权国重组债务或出资救助其政府。无论哪种方式,再平衡都将在国家内部及国家之间引起争议。

美国和其他处境类似的国家一样,面临着异常艰难的下一个 10 年。需要政府及整个社会努力恢复宏观经济平衡,为未来经济增长创造条件,并保持合理的社会共识。如果国际经济承诺与国内目标存在冲突,国内目标几乎肯定会占上风。例如,尝试削减贸易赤字时可能会采取减少进口的强势举措。事实上,在 2008 年秋季危机全面爆发之后的 2 年里,美国强行实施了将近 400 种保护主义措施,影响了 300 多类产品。[①] 总而言之,美国的政策和政治很可能是自私固执的,当针对国外部门时,将大力改善本国的竞争地位。

美国减少经常账户赤字的尝试可以采取几种不同的形式。政府可以利用货币政策使得美国商品在国外市场更具吸引力,使得美国的外国商品变得更加昂贵。美国可以故意促使美元贬值,也许是通过让本国利率比其他地方低得多,或者可能试着迫使其他国家的货币升值。另一个

---

① Simon J. Evenett (ed.), *Unequal Compliance: The 6th GTA Report* (London: Centre for Economic Policy Research, 2010).

美国战略可能是通过使用其他国家憎恨、抵制的单边威胁努力撬开国外市场。美国产业的进口保护需求可能会增加。

单以中国贸易为例,自危机爆发以来,美国国会已经采取了数十种措施,或惩罚中国涉嫌阻碍美国的出口,或对进口到美国的中国产品设置障碍。[①] 2010 年 9 月,美国政府向世界贸易组织提起 2 项关于中国试图阻止美国产品及服务出口的投诉。几个星期后,众议院通过了一项法案,以惩罚中国"操纵"人民币汇率,人为降低中国产品在美国的价格。几乎可以肯定,这些措施会增加美国与主要合作伙伴在商业、金融和货币政策方面的冲突。

主要贷款国也将面临重要调整。尽管德国、日本、中国以及其他国家想继续持有他们已经习惯持有的各种盈余,但先前市场对其进口品的需求却正在减少。他们必须降低对出口的依赖,这意味着必须增加国内产品的国内消费量。出口商将不像出口上升期那样受欢迎,因为他们所在国的经济已经从依赖出口部门转向促进国内消费及国内服务部门的发展。盈余国必须转向国内的发展。

---

① Wayne M. Morrison, *China-U.S.* Trade Issues (Washington, DC: Congressional Research Service, 2010).

要将这些出口导向型经济转向国内市场,可能政治上存在困难。例如,在中国,出口制造业数十年来一直处于全国经济、社会和政治秩序的中心位置,因此,要减少其经济上的重要性绝非易事。就像在赤字国家一样,中国和其他盈余国家的再平衡意味着要考虑从根本上改变所在社会的经济、政治生活重心。像德国这样的国家不像美国一样热衷于通过持有赤字刺激经济发展,原因之一是他们希望通过振兴出口市场来获得经济腾飞。

那么,再平衡再次提出了赢家和输家的问题。20 世纪 30 年代便是如此。20 世纪 80 年代的拉美债务危机以及 1997—1998 年的东亚危机也是如此。在即将到来的 10 年里,情况将依然如此。现在和过去一样,随着赢家变成输家,输家变成赢家,政治冲突接踵而来,危机带来的经济变化也可能导致根本性的政治变革。这些国内政治冲突一定会蔓延到国家之间的冲突上。事实上,已经蔓延到国家之间的冲突了。

再平衡和人民币

2010 年 3 月,中国总理强调:"我们反对那些互相指

责或采取有力措施迫使其他国家货币升值的国家。"①中
国总理是被美国对其贸易伙伴施压、迫使中国货币人民币
升值的行为激怒了。奥巴马总统说,美国需要"确保我们
的产品价格没有被人为抬高,他们(贸易对手国)的货物也
没有被人为压低价格。这样做会让我们具有巨大的竞争
优势。"②

　　人民币的贬值对其他国家的消费者来说是好消息,因
为这意味着中国商品变得非常便宜。中国是美国最大的
进口供应商,每年向美国出口数千亿美元的服装、电脑、玩
具、游戏和视频设备。疲软的人民币有助于让这些产品保
持相对便宜的价格。那些与中国厂商竞争的厂家原本就感
受到严重的竞争压力,而疲软的人民币会让他们压力倍增。
正如一位美国钢铁制造商抱怨的:"如果他们的货币比实际
市场价值低40%,那么便可以严重削弱美国的生产商,这是
对这里制造基地的侵蚀。这正是他们的计划。从根本上来
讲,他们的政府是在补贴这种行为。"③美国制造商不断增
长的抗议之声促使130名国会成员和议员在2010年3月

---

① Andrew Batson, Ian Johnson and Andrew Browne, "China talks tough to U. S. ," *Wall Street Journal*, March 15,2010, A1, A19.

② Edward Wong and Mark Landler, "China rejects U. S. complaints on its currency," *New York Times*, February 5,2010, A1.

③ Hal Weitzman and James Politi, "Business attitudes harden in face of competition," *Financial Times*, March 24,2010, 3.

的一份声明中谴责中国的货币措施。[1]

这起纠纷不只是中国和美国之间的纠纷,因为它对两个国家中的不同群体具有不同的影响。人民币贬值对美国消费者有利,他们可以买到价格更低的中国商品,对持有中国业务的美国跨国公司也同样有利,但不利于与这些商品进行竞争的美国制造商及其员工。在中国,弱势货币有利于与国外产品竞争的群体,不管他们是出口商还是为当地市场生产。中国的玩具制造商可以获得相对于其他玩具生产商的竞争优势,无论是在中国市场还是国外市场,都是如此。例如,一个国家的货币贬值 10%,会使得国内市场中的外国商品贵 10%,同时会使得国外市场中的国内商品便宜 10%。在另一方面,弱势货币会降低国内购买力,因为相当于中国的钱价值降低,这会损害中国消费者的利益。这样一来,弱势人民币帮助美国消费者,

---

[1] Doug Palmer, "Lawmakers press for action on Chinese currency," Reuters, March 15, 2010. The extent of the undervaluation is hotly debated. See Yin-Wong Cheung, Menzie Chinn, and Eiji Fujii, "The Illusion of Precision and the Role of the Renminbi in Regional Integration," in Koichi Hamada, Beate Reszat, and Ulrike Volz (eds.), *Prospects for Monetary and Financial Integration in East Asia: Dreams and Dilemmas* (London: Edward Elgar, 2009), 该文献中有相关探讨。Yin-Wong Cheung, Menzie Chinn, and Eiji Fujii, "Measuring Misalignment: Latest Estimates for the Chinese Yuan," in Simon Evenett (ed.), *The US-Sino Currency Dispute: New Insights from Economics, Politics and Law* (London: VoxEU/CEPR, 2010), 该文献中有较近的估测。

但会伤害美国制造商,同时,它会帮助中国生产商,却会伤害中国消费者。[①] 很显然,在这两个国家,主导货币政治的是生产者,消费者是一个过于分散的群体,难以发挥组织作用。

然而,如一位中国外交部发言人所说,中国坚持认为"错误的指责和压力无助于解决这一问题"。[②] 中国总理曾直言不讳地说:"仅仅为了实现增加本国出口的目的,便贬低自己的货币,并且尝试促使其他国家的货币升值,我不理解这种做法。这种做法,我认为,是一种贸易保护主义做法。"[③]中国人认为,他们没有故意操纵其货币,而且即便他们这么做了,这也只是一个国家的政策问题,不由外国人来决定。中国总理坚持说:"一个国家的汇率政策及其汇率应该依赖于本国经济和经济形势。"他说的话很容易让人想起 20 世纪 30 年代的货币战争。[④]

---

① 这是感觉,部分人简单地认为美国完全可以接受人民币贬值。如果中国人想把货物便宜地卖给美国人,为什么不接受这些交易呢? 这一点在这个层面上可能是正确的,但忽略了由美国制造商主导的政治经济关系,而他们深受中国企业竞争之害。

② Wong and Landler, "China rejects U. S. complaints on its currency," A1.

③ Batson, Johnson, and Browne, "China talks tough to U. S.," A1, A19.

④ Olivia Chung, "Wen hints at yuan move," *Asia Times*, March 16, 2010, http://www. atimes. com/atimes/China _ Business/LC16Cb01. html.

但是,从美国的角度来看,这无非是在伤口上撒盐,而其中许多伤口原本是由中国的货币政策造成的。纽约州参议员查尔斯·舒默对中国总理推脱美国投诉的行为深感愤怒:"这是最后一根稻草。我们受够了,而且我们再也不打算继续承受下去。"他解释了《2010 年 3 月联合声明》背后国会的愤怒之声:"即使在经济繁荣时期,中国的货币操纵也是不能接受的。现在处在失业率高达 10% 的时期,我们肯定不能忍受这一点。"[1]众议院和参议院的议员希望当局正式宣布中国操纵本国货币,而如果中国不松动的话,便要通过正式投诉将其告到世界贸易组织。

美国在给中国施加人民币升值压力的同时,也采取了一些与贸易政策相关的有力举措。2009 年 9 月,奥巴马政府对中国向美国出口的轮胎设置非常高的关税,有效地控制定价,使得他们无法在美国市场销售廉价的轮胎。中国报复性地威胁要对美国出口到中国的一些产品进行调查。正如一位中国评论员所论:"贸易战令人遗憾,但要对美国保护主义构成长期威慑,可能需要采取反击。"[2]尽管

[1] Geoff Dyer and James Politi, "China asks US groups to back it on currency," *Financial Times*, March 16, 2010, http://www. ft. com/cms/s/0/560e9992‐30cc‐11df‐b057‐00144feabdc0. html.

[2] Michael Schuman, "Why the China‐U. S. trade dispute is heating up," *Time*, September 14, 2009, http://www. time. com/time/business/article/0,8599,1922155,00. html.

如此，中国政府已宣布愿意让人民币随着时间推移渐渐升值，毫无疑问，这部分是因为外国施加的压力。

美国和中国的货币冲突是大衰退引发并深化国内、国际冲突的象征。弱势的美元将有助于美国根据危机的后果进行调整：弱势美元将会刺激出口，减少进口，抑制消费，并降低实际债务负担。弱势的人民币继续帮助中国生产商进入外国市场，推动中国进行调整。但是，这两种货币不能同时对对方贬值。每个国家都有很好的国内经济、政治和社会缘由促使其货币贬值，而双方都不愿意与对方合作，都在阻止这一过程的实现。

所有这一切都朝着减少、阻碍主要国家政府进行国际经济合作的方向发展。全球经济不会变得无关紧要，因为国际商业和金融关系的深度和广度已经到达不同寻常的水平。但各主要国家政府的目标会比之前更关注国内的发展。他们的选民也将比最近过去的数年更加关注国内事务，对国际事务的关注将减少。

全球经济能否熬过全球性危机？

未来的全球经济、社会和政治变化将威胁到强大的既得利益群体，他们想尽量减少自身做出牺牲的程度。受到威胁的利益群体将抵制重新平衡各国经济、维持国际合作关系所需要的经济转型。要维持各国国内对全球经济参与的支持度,将十分困难。

我们可以通过更具建设性的方式前行。在美国和其他地方,仍然有许多群体在开放的国际经济体系中存在巨大的现实或潜在利益:如出口企业、跨国公司、投资者等。在未来 10 年内,美国经济将更加依赖出口市场,尤其是随着某些地区经济的加速增长,如东亚和拉丁美洲,这些都是美国先进制造品和高端服务的主要消费地区。命运与这些市场紧密相连的美国人会发现,这些地区如此充满活力。美国的跨国公司,从苹果到施乐,已经在海外投资数万亿美元。美国农民是世界上最重要的粮食供应商之一。甚至那些认为世界经济带来的威胁多于美好承诺的人都会发现,振兴、改革后的全球经济代表并蕴含着许多机会。而世界和美国,能否让这些机会成为囊中之物,则依然有待观察。

第八章
怎么办

经历了过去 10 年的愚蠢行径之后，美国正面临漫长而痛苦的复苏。正确的选择将缩短、减轻疼痛，并引导经济走上公平的可持续发展路径。然而，要做出正确的选择，美国人需要从金融危机和大衰退中吸取适当的经验教训。如果导致危机的宏观经济失衡和金融扭曲继续存在，甚至重新塑造自身，那么，美国的经历将再次重复。未来的政策必须治愈疾病，而不仅仅是缓解症状。

政府的政策促进、催化并加剧了美国危机。布什政府的减税政策和挥霍性支出导致联邦预算由盈转亏，引发了最近发生过的借贷繁荣及萧条周期。美联储过度宽松的货币政策鼓励房产主利用非常低的实际利率优势，开始了狂欢式的举债消费，而大部分从国外借来的债务被用于此。无论是借款的政府，还是借款的家庭，都没有把足够的借入资金用于增加国家生产力或提高自身最终不必做出牺牲便能顺利还款的能力上。立法者大幅解除金融监管机构的"武装",使得金融机构可以推出基本不需检测、整体无监管的新金融工具,而被缴械的金融机构也未能让其兵器库里所剩无几的武器派上用场。金融机构在低利率环境下疯狂地购买风险较高的资产,以此增加利润,并坚持认为自身已经掌控了几乎尚未理解、意识到的风险。

这些政策中的任何一个都可能让美国陷入严重的麻烦,而加在一起,便创造了一场完整的金融风暴,拉动美国经济行至金融崩溃的边缘,并拖动世界上其他地方一起陷入水深火热之中。

美国的决策者面临着一个艰巨的任务。美国的环境充满了来自特殊利益集团和国内外广大选民的政治压力,而决策者必须在这样的环境中推出应对政策。我们不是指责决策者太具有民主责任感,而是认为他们缺乏政治责任感。公众们基本都没有意识到,许多政策导致了美国第一个"失去的10年"。当人们意识到这一点时,他们也并不知道其中产生的重大影响。但本着良知的政治家有责任用自己更充裕的信息和更大的权力避免政策陷阱,而不是挖掘政策陷阱。10年来,政客们都热衷于逃避责任:推迟解决赤字问题的措施,尽可能使用容易获取的国外贷款,并陶醉在资产泡沫之中。现在,他们必须处理10年政策失败导致的结果。而他们做这些事情的环境气氛,充满了来自党派、特殊利益群体、选民以及国际政治社会的各种压力，这些压力使得美国政府面临瘫痪的威胁。

可持续的、负责任的财政政策

美国的繁荣要求政府要有财政责任。"财政责任"这个短语已经被使用过很多次，以至于已经变成了一个介于必备流行语与代码词之间的概念，指的是削减政府开支。我们认为，真正的财政责任指的是，在较长时期内，愿意筹集足够的税收收入，为政府实施的各种计划方案买单。财政责任不应等同于小政府，而是指愿意为所提供的政府服务付款。如果国家确定加强国防和改善穷人福利的卫生医疗计划是合法的目标，那么，财政责任则意味着筹集更多的收入资助这些项目，而不是通过借贷提供资金。

我们当然知道哪些不是财政责任的表现。美国政府在最近几十年来经历的种种便不是。① 多年来，即使是在金融危机和经济衰退大幅减少税收之前，政府债务增长的速度便超过了经济总体规模的增长速度。更近一些，债务占 GDP 的比例从布什政府开始时的 34% 上升到奥巴马

---

① 从 1998 年到 2001 年，周期调整的预算平衡都是正的。参见：CBO，"Budget and economic outlook: Fiscal years 2010 to 2020"（Washington, DC: Congressional Budget Office, January 2010）。

政府开始时的 48％,而到 2009 年年底,已经升至 54％。[1]

并非所有的借款都是不可取的,也并非所有的预算赤字都是坏事。有时候,政府需要介入其中,以应对经济衰退,在那样的情况下,支出会超过收入。大萧条以来最严重的衰退需要政府采取有力的响应措施,否则,经济活动将继续螺旋式下降,税收收入下降尾随其后,而政府将陷入更深的债务漏洞。[2]

在短期内,除了当机立断临时减税、增加开支、转移支付到各州外,别无选择。复苏开始时,经济增长十分疲软,过快的消费紧缩和税收增加很可能会适得其反,将导致经济重新陷入衰退,债务进一步积累。然而,正如奥巴马政府所发现的,反周期财政政策中的政治有悖常理。经济衰退中受损最深的是穷人和工薪阶层家庭,他们将从刺激性财政政策中受益最多。但是,尝试采取这些政策面临高收入层纳税人的反对,他们受经济衰退影响相对较小,更担心政策对其未来税收的影响。他们的反对阻碍政府采取有效的财政政策来应对周期性衰退。

---

[1] 所给出的百分比代表 2001 年第一季度与 2009 年第一季度公众持有政府债务占 GDP 的百分比。在过去的一个世纪中,负债占 GDP 的比例平均约为 35％。

[2] Emanuele Baldacci, Sanjeev Gupta, and Carlos Mulas-Granados, "How effective is fiscal policy response in systemic banking crises?" IMF Working Paper no. 09/160 (Washington, DC: International Monetary Fund, 2009).

无论设计短期财政政策难度如何,未来 20 年的政府
财政需要大家的集中关注。最大的问题是,自布什 2001
年和 2003 年的减税政策以来,美国人不愿意缴纳更多的
税收,而各种福利项目,如医疗保险、医疗补助和社会保障
等,消耗预算的比例越来越大。有很多方法可以让联邦政
府走上一条更加负责任、更加持续的财政道路。所有这些
方法都要将增加税收和减少支出进行某种形式的组合。

增加税收。一个简单而重要举措是,一旦经济完全复
苏,便结束布什政府在 2001 年和 2003 年制定实施的减税
政策。据美国国会预算办公室的估算,单在 2015 年,由此
产生的税收收入增长便将高达 3 000 亿美元。结合其他
可行(但不受欢迎)的措施,比如让替代性最低税(AMT)
生效,收入增加总额将达到近 5 000 亿美元。①

鉴于美国政治烦躁不安的状况,在税收方面采取行动是
否有希望?在增税方面,存在强大的政治反对力量。就像反

---

① 根据国会预算局的观点,2015 财年,允许 2001 年和 2003 年减税政
策失效的影响力将达到3 120 亿美元,而允许代用最低税生效产生
的影响力将达到1 030 亿美元。参见:Kathy A. Ruffing and James
R. Horney, "Where today's large deficits come from" (Washington,
DC: Center for Budget and Policy Priorities, February 17, 2010),
http://www.cbpp.org/files/12 - 16 - 09bud.pdf. 允许代用最低税
全面生效的影响将十分广泛:2010 年,2700 万纳税人将发现,他们
的税收平均增加了 3 900 美元。如果 2001 年和 2003 年布什政府减
税政策不再实施的话,这种影响会更大。参见:Jay Heflin,
"Lawmakers looking at a one-year AMT fix," *Hill*, July 6,2010。

周期的财政政策一样,很多高收入的纳税人感觉政府支出是针对低收入的美国人,那些公共项目对他们无足轻重,因此,他们会抵制通过增加税收为这些项目提供资金的举措。

然而,有关延期 2001 年和 2003 年减税政策的辩论让我们有理由相信,我们有希望击败那些反对更负责任财政政策的论调和观点。甚至一些共和党人都站出来反对无限制的减税。罗纳德·里根的第一个预算办公室主任大卫·斯托克曼,曾发出檄文:"如果对于政治家来说也有类似于《联邦破产法》第 11 章之类的东西,那么共和党为延长难以负担的布什减税政策而做出的努力,将申请破产保护。如果老老实实地估算,将市政债券和 2015 年前减税产生的7 万亿美元新赤字都包括进来,国家公共债务总数很快便达到 18 万亿美元。这便达到了希腊的债务规模,是国内生产总值的 120%,急需经济紧缩并做出相应的牺牲。因此,参议院少数党领袖明奇·麦康奈尔坚持认为全国最富有的纳税人不在税收增加 3% 之列,这是很不得体的坚持。"[1]

另一种增加收入的方式是在现行税制基础上增加增值税,或 VAT。不像在最终销售点征集的销售税,增值税征收发生在生产的每个阶段。在 130 多个国家,增值税是税务系统的重要组成部分。在许多发达国家,增值税在税

---

[1] David Stockman, "Four deformations of the apocalypse," *New York Times*, July 31, 2010, 9.

收中占有很大份额。英国和德国五分之一左右的税收来自于增值税和类似的消费税,而美国通过消费税方式征收的税收只占总税收的 8%。[1] 经济学家们普遍认为,增值税是一种特别有效的提高国家收入的方式。[2]

在征收增值税方面存在大量的阻力,不仅仅是因为它是一种税收。这只是一般原因。对消费者来说,增值税看起来像销售税,因此是一个很容易引起反对的可见目标。一些保守派很害怕征收这种税收,因为这种税收在增加收入方面十分有效,他们担心这将鼓励更多的公共支出。[3] 另一方面,拥有海外利益的公司通常喜欢增值税超过所得税。这是因为,企业必须将缴纳的收入税纳入出口产品的价格,这降低了产品的竞争力,但他们可以获得出口退回的增值税。[4] 在

---

[1] 这是 2003 年的数据,参见:James M. Bickley, "Value-added tax: a new U. S. revenue source?" Congressional Research Service Report no. RL33619 (Washington, DC: Congressional Research Service, August 22, 2006), table C-1。相应的 GDP 比例分别是 6.4、7 及 2.1。

[2] CBO, "The effects of adopting a value added tax" (Washington, DC: Congressional Budget Office, February 1992); and James M. Bickley, "Value-added tax as a new revenue source," Issue Brief no. 91078 (Washington, DC: Congressional Research Service, June 14, 2005).

[3] George Will, "The perils of the value added tax," *Washington Post*, April 18, 2010, http://www. washingtonpost. com/wp-dyn/content/article/2010/04/16/AR2010041603993. html .

[4] John D. McKinnon, "U. S. weighs tax that has VAT of political trouble," *Wall Street Journal*, July 11, 2010.

美国既要增加出口、又要增加政府收入的时期,政策制定者或许会发现,克服增值税征收阻力变得更容易。

克制消费。长久以来,当涉及抑制消费时,美国人很少能做到言行一致。美国人需要决定他们希望政府提供哪些服务,然后为这些服务买单。在过去的 10 年中,美国政府增加支出,以保护国家免受恐怖袭击,同时实施减税政策。美国与伊拉克开战,却没有提高税收为战争买单。美国政府以处方药计划医疗保险的形式颁布了一项巨大的福利,但却没有为此进行合理的融资。在该项目开始时,政府便估计,在接下来的 75 年里,项目成本将比政府收入多 8.4 万亿美元。[①] 因此,21 世纪第一个 10 年,赤字依然保持上升,这不足为奇。

我们有很多例子,包括一些最近出现的情况,可以证明这不是政府采取行动的唯一途径。20 世纪 90 年代,联邦政府削减其预算赤字,最终开始持有大量盈余。这一成功,部分是由于国会制定的非紧急支出中的"现收现付"(PAYGO)规则。现收现付的规则要求,新的酌情支出或减税必须通过某种形式的收入提高来抵消。在某些情况下,抵消量可以延续数年。例如,某一年的支出增长只要

---

① 美国政府问责局估计,以 2007 年 1 月为起点的 75 年内,美国联邦医疗保险处方药物计划的超额成本现值为 8.4 万亿美元。参见:GAO, *Financial Report of the United States Government*, 2008 (Washington, DC: Government Accountability Office, 2009)。

不影响未来5年的赤字水平,便可以得到允许。^① 现收现付似乎已经阻止了部分增加赤字的措施。^②

一个更基本的消费问题涉及福利项目。所有这些项目都面临着严峻的挑战。社会保障是最容易对付的一个。有几个直截了当的政策变革可以产生显著的影响:提高工人和雇主缴纳社会保障税的上限,调整、增加费率,逐步降低未来的部分福利,以及提高退休年龄等。所有的这些都可以很容易地使社会保障计划在未来75年保持偿付能力。例如,简单地将退休年龄调至70岁,便将消除一半的缺口,而要求所有收入都必须课税,则将消除所有缺口。^③

医疗补助,特别是医疗保险计划,提出了更为严峻的

---

① 这是特定法案对现收现付规则的豁免。例如,由于《美国恢复和再投资法案》是一个应急举措,该法案的通过就不符合现收现付规则。

② 当前的现收现付规则并不是法定的,但属于参众两院规则的范畴。参见:Bill Heniff Jr., "Budget enforcement procedures: Senate pay-as-you-go (PAYGO) rule," Congressional Research Service Report no. RL31943 (Washington, DC: Congressional Research Service, January 12, 2010)。该文献表2中列出了一些重点,例如,美国国家儿童健康保险计划、美国恢复和再投资法案的几个修正案没有被同意,部分原因便是因为现收现付规则。

③ 参见:CBO, "Social Security policy options" (Washington, DC: Congressional Budget Office, July 2010), summary table 1。相关讨论,参见:CBO report, as well as Center for Retirement Research, The Social Security Fix-It Book, revised ed. (Boston: Center for Retirement Research, 2009); and National Academy of Social Insurance, Fixing Social Security: Adequate Benefits, Adequate Financing (Washington, DC: National Academy of Social Insurance, 2009)。

挑战。从下一个 10 年开始,医疗方面的支出将开始暴涨,这源于人口老龄化和医疗服务价格的快速上涨。在现行政策下,到 2020 年,这些项目将占到国内生产总值的 11.8％,超过一半的政府开支。仅仅医疗保险和医疗补助便相当于所有非利息可自由支配开支的总和。[①] 处理这个问题的唯一方法是"弯曲曲线",即降低国民医疗保健支出的增长速度,减少其对联邦预算的最终消耗。[②] 未来存在严峻的挑战。有很多合理并切合实际的建议,如从向医疗保健福利征税,到设法减少浪费和重复福利,都必须加以考虑。但残酷的事实在于,几乎所有遏制医疗方面支出的实际尝试都包括减少其受益人获得的福利。这种减少引起的政治反对只会随着美国人口老龄化的加剧及老年人队伍的膨胀变得越来越强烈。

[①] CBO, "Budget and economic outlook: fiscal years 2010 to 2020" (January 2010), tables 1 - 3 and 3 - 3. 到 2035 年,老年人口解释了医疗成本增加的大多数原因。此后,通货膨胀、更加昂贵的医疗技术被预测是导致医疗成本增加的重要因素。参见: box 1 - 2 in CBO, "Long term budget outlook" (Washington, DC: Congressional Budget Office, June 2010)。

[②] 这些"弯曲曲线"包括医疗卫生方面的联邦预算承诺、国家医疗卫生支出以及医疗保险收取的保险费。参见: CBO, "Letter to the Honorable Max Baucus: different measures for analyzing current proposals to reform health care" (Washington, DC: Congressional Budget Office, October 30, 2009)。首当其冲的是联邦预算方面,但第二点在一定程度上也很重要,因为浪费在医疗卫生方面的资源不能再用于其他目的,包括对其他商品的消耗。

　　然而,美国处理福利开支拖延的时间越长,这个任务只会变得更复杂、更昂贵,也更艰巨。从其他方面来看,拖延同样代价高昂。如果外国投资者认为,美国的政治体制无法处理增加税收和削减可自由支配开支等相对容易的挑战,那么,他们很可能会对美国国库证券作为保值证券失去信心,这反过来会提高政府的借贷成本,从而令情况继续恶化。

终止过度借贷

　　过于依赖借贷为其活动提供资金的,不只有美国政府。2000年年末至2008年年初,美国消费者债务翻番,升至13.9万亿美元,占个人收入的比重从80％上升到114％。[①] 确实,在运作良好的信贷市场,家庭和企业凭借未来的收入借钱消费并没有什么错。但正如过去10年中联邦政府的过度扩张,许多美国家庭也开始过分依赖借贷来支持当前的消费。

　　如果所借的资金用于把握增强国家经济效率和生产力的重要投资机遇,那么,这种借贷是合理的,而且具有盈

---

① 该比例是美联储流动资金中的家庭信贷市场债务除以个人收入,并进行季节性调整。参见:Commercial and Industrial Loans at All Commercial Banks, from Federal Reserve H. 8 Release。

利能力。不幸的是,最近很多借款更多的是为了响应政府促进家庭及企业借贷的税收政策,而不是为了把握内在的经济机会。

房地产市场的繁荣是一个很好的例子,说明了政府政策如何加深误导性过度借贷的不良影响。那些之前租房生活的人发现贷款很容易获得,而且最重要的是,他们利用免税代码,使得房产抵押贷款所付利息可以扣除税款。更普遍的是,由于支付的利息可以扣除税款,这便使得人们可以借贷更多的资金——如果没有免税代码,他们不会借入这么多资金。实际上,如果一个人借的资金足够多,房贷利息抵税意味着其在个人房产上缴纳的实际税率为负。[①] 其结果便是,许多美国人购买了更大的房子——如果没有免税代码,他们不会买这么大的房子——2009 年

---

① 1997 年,废除房产销售中的资本利得税进一步减少了房产投资上的有效税收。有关该条款的影响,参见:Vikas Bajaj and David Leonhardt, "Tax break may have helped cause housing bubble," *New York Times*, December 19,2008。负税率的计算可参见:IMF, "Debt bias and other distortions: crisis-related issues in tax policy," Fiscal Affairs Department paper (Washington, DC: International Monetary Fund, June 12,2009)。同样参见:Dennis J. Ventry Jr., "The accidental deduction: a history and critique of the tax subsidy for mortgage interest," UC Davis Legal Studies Research Paper no. 196 (Davis: University of California, November 2009)。

时,这项财政成本高达 800 亿美元。^①而且,补贴不仅限于每户一幢房子,甚至第二幢房子也可以享受这种补贴。

免税代码对借款的鼓励不只限于房地产市场。由于企业把利息支付作为一种成本,因此,他们也有强烈的动机借贷更多的债务。这么考虑吧,一家公司如果要为新工厂的建设融资,那么,他们可以增发股票,或发行债券。尽管公司不能从税收中扣除支付给股东的股息,但却可以扣除支付给债权人的利息。这使得公司借贷融资的成本低于股票销售融资。在其他因素不变的情况下,企业所得税率越高,越偏好于借贷融资。即便在记忆中最严重的金融危机过后,美国的免税代码继续鼓励家庭和企业大幅举债,承担多种财务风险。评估某种赋税减免是否可取,这取决于一个国家的政治体系。但是,必须认识到的是,财政节制之路至少包括消除部分特殊税款减免。

税收制度的整体结构同样推动消费者增加借贷。由于政府对收入课税,但不对消费课税,今天消费比为未来储蓄更有吸引力。在没有收入税的情况下,今天存款 1 美元的人在明年会得到 1 美元外加利息。但根据正在实施

---

① GAO, "Home mortgage interest deduction: despite challenges presented by complex tax rules, IRS could enhance enforcement and guidance," Report to the Joint Committee on Taxation, GAO - 09 - 769 (Washington, DC: Government Accountability Office, July 29, 2009).

的所得税体系,把这1美元存进银行的美国人虽然可以拿回利息,但却要为获得的利息交税。考虑到联邦税收对所得税的依赖远远超过其他许多发达国家经济体,美国家庭储蓄率如此之低,并不足为奇。[①]

加上增值税之后,人们会感觉像是向消费者课税,这将有助于消除税收系统中鼓励借贷的倾向。增值税将是所得税有力的辅助税种,但不会替换它。如果政府在取消布什减税政策的同时实施增值税制,整体税收体系的渐进性便可以重新建立起来。[②] 这样做的一个额外好处是税收收入的稳定性将增强,这是因为所得税收入对资本收益越来越敏感,因此也越来越难以预测。[③]

政府的"隐性债务"

在 20 世纪 80 年代的拉美危机及 20 世纪 90 年代

[①] James R. Hines, "Taxing consumption and other sins," *Journal of Economic Perspectives* 21, no. 1 (2007): 49 - 68.

[②] 对于增值税的关键批评点之一,是该税种具有退化性,对较贫穷的家庭的打击尤重。必须增加特定商品例外(如食品和房产),才能进行讨论。参见:CBO, "Effects of adopting a value added tax." 此外,实施针对单个人的退税也是一种选择。

[③] 收入税变得越来越不稳定,因为收入税越来越多地来源于较高收入的纳税人,他们相应有很多非工资收入。参见:Edmund L. Andrews, "Surprising jump in tax revenues is curbing deficit," *New York Times*, July 9, 2006.

的东南亚危机中,债务的巨大规模直到危机袭来时方变得清晰。这是因为存在数百亿美元的"隐性债务",特别是有的债务,政府之前并没有意识到自身已经持有那些债务,而一旦危机来袭,他们却必须去承担。在韩国,政府不得不出资救助那些使用外币过度借贷的企业。在泰国,政府不得不救助银行。一旦危机使这些隐藏债务凸显出来,迫使政府承担更多的债务,债务危机便更加具有挑战性。[①]美国当前的债务危机也不例外:政府又一次出面救助金融机构,之前看不见的债务显露出来。

隐性债务往往以"或有债务"的形式存在,之所以称为"或有债务",是因为它们的存在依据经济事件,通常视经济的一般状态而定。举例来说,只要房利美和房地美保持偿付能力,他们不需要政府花费什么资金。毕竟,这些政府赞助的企业并没有享有任何正式的联邦担保。然而,他们与经济其他部分的运作十分紧密地联系在一起,以至于政府发现,不能任由其走向失败。这便促使政府必须负责救助这些企业,而所花费的救助资金量则取决于房产市场

① Carmen M. Reinhart and Vincent R. Reinhart, "Capital flow bonanzas: an encompassing view of the past and present," NBER Working Paper no. 14321 (Cambridge, MA: National Bureau of Economic Research, 2008).

的恢复速度。①

隐性债务解释了布什政府末期为什么会债务量大增。那时,问题资产救助计划(TARP)救助美国国际集团,对各大银行进行资产重组。联邦政府和美联储在金融市场进行大规模干预,或有债务成为实际负债。美国国会预算办公室估计仅问题资产救助计划的最终成本便高达990亿美元。②

有些或有债务隐藏得没有这么好。尽管可以根据时间确定这些计划项目的成本,但最终成本依然很难确定。2009年,美国政府的财政报告将金融保险项目的可能成本设定为1 662亿美元。但一份众议院的独家报告将从TARP到美国洪水保险计划(the National Flood Insurance Program)的或然负债设定在1 700亿~9 860

① Gretchen Morgenson, "Future bailouts of America," New York Times, February 13,2010. 2010年4月,财政部估计,用于支持房利美和房地美的资金高达870亿美元。参见:"New cost estimate for bank bailouts: MYM87 billion," Associated Press, April 23,2010. CBO估计,10年的补贴成本高达3 890亿美元。参见:CBO, "CBO's budgetary treatment of Fannie Mae and Freddie Mac," Background Paper (Washington, DC: Congressional Budget Office, January 2010), table 2。
② 参见:CBO, "Budget and economic outlook: Fiscal years 2010 to 2020" (January 2010), box 1 - 2: recent activity in the Troubled Asset Relief Program。

亿美元之间。①

或有债务在未来会更加重要,因为政府可能面临着数千亿美元的联邦隐性或显性担保,从农作物到学生贷款,一切都由其出面担保。最令人关切的是在金融部门的或有债务,因为金融过剩的深层次问题还没有得到解决。利益攸关的强大利益集团依然存在,他们要确保政府会继续支持他们的活动。正如前 IMF 首席经济学家西蒙·约翰逊指出的:"只要大规模的金融机构继续承担巨额的风险,美国及其他国家的政府便依然很有可能在金融危机中再次面临意想不到的负债及税收收入的崩溃,将债务提升到占 GDP 的 40% 左右。"②

源于金融部门的或有债务是一个特别重要的挑战。美国政府需要限制这部分或有债务的增长,而限制它们的

---

① 将退休津贴保证公司、联邦储蓄保险公司、美国农作物保险项目结合起来。参见:U. S. Treasury, *Financial Report of the U. S. Government* (Washington, DC: U. S. Treasury, February 26, 2009), note 18。其他负债加起来达 2 719 亿美元(note 19,不包括国际货币币负债)。参见:U. S. House Budget Committee, "Contingent liabilities: more bailouts to come?" (Washington, DC: U. S. House of Representatives, August 4, 2009), http://www. house. gov/budget_republicans/press/2007/pr20090804contliab. pdf 。

② Simon Johnson, "Testimony to Senate Budget Committee, hearing on A Status Report on the U. S. Economy" U. S. Senate, Washington, D. C. , August 3,2010。詹森在界定或有负债时,将税收收入减少、确定的救市成本、金融危机所致经济萧条相关的高利率支付都包括其中。

增长意味着必须进行正确的金融监管。

金融体系，金融监管

借用达尔文的话描述，在金融危机之前，对冲基金经理和投资银行家骄傲地自称是自由金融市场优胜劣汰的最佳胜出者。至少在他们看来，他们获取的巨额利润是合理的。他们凭借想象力竭力搜索下一个最佳交易，并对现代金融工程加以创新性运用。他们及其支持者认为，政府很少或根本没有起到作用。各机构凭借自身的优点上下起伏，而他们的风险管理新工具将确保没有大公司会失败，不会威胁到金融系统整体。

这种世界观成为美国大部分金融业很少或干脆没有监管的理由，这种世界观也在 2008 年 9 月悲壮地告终。原来，无论定量分析，还是金融工程，还是现代风险管理，都不能消除传统观点中私营及公共利益体在金融市场中的作用。企业各自努力追求自身利益。然而，这种追求可能将成本强加于金融市场整体及社会整体。正如一个世纪之前，追求利润的现代金融机构之间的竞争导致泡沫、银行挤兑、恐慌以及其他危及整个经济体的各种危险。然而，金融家的私人利益与公共利益之间依然存在一定的差距，甚至是巨大的差距。在未来的数年内，美国纳税人都将为这一重新发现的事实买单。

在政府救助现代金融之后，决策者会无可避免地放弃自我调节的金融体系教条,重新思考金融监管。[①] 结果便是 2010 年 7 月通过的《多德-弗兰克法案》,对金融业进行彻底的改革。金融市场将被重新监管。虽然《多德-弗兰克法案》规定了许多监管细节,但在实践中,美国金融监管的未来不会取决于对金融危机特殊近因的重视。毕竟,下一次危机不会涉及信贷违约掉期及债务抵押证券,而将涉及新的金融问题。监管机构将不得不迈进新的金融领域,聚焦于作为新监管构架基础的部分核心原则。

第一个核心原则是投资者在下注时,必须把自己的钱放一部分进去。投注者必须将自己的部分利益投在注中,而不是利用背后作为隐性或显性担保的纳税人资金赌博。在最近的繁荣、萧条周期中,金融公司的杠杆率远远超出合理水平,投资银行在借到的 30 美元资金中,只放入 1 美元的资本。[②] 这一战略的结果是督促设定更高的资本金

① Willem Buiter, "Lessons from the global financial crisis for regulators and supervisors," Paper presented at the 25th anniversary workshop "The Global Financial Crisis: Lessons and Outlook" of the Advanced Studies Program of the Institut für Weltwirtschaft, Kiel, Germany, on May 8 – 9, 2009, http://www. nber. org/~wbuiter/asp. pdf.

② 参见:David Greenlaw, Jan Hatzius, Anil Kashyap, and Hyun S. Shin, "Leveraged losses: lessons from the mortgage market meltdown," U. S. Monetary Policy Forum Report no. 2, February 2008, http://research. chicagobooth. edu/igm/events/docs/MPFReport-final. pdf。

要求,进行更广泛的监管,将影子银行系统中之前没有受到监管(对冲基金)或只受到轻度监管(投资银行)的部分纳入到监管体系中来。新的框架也使得资产负债表外的活动,如特殊投资实体持有债务抵押债券等,也必须满足资本金要求。[①] 这要求延长对冲基金和投资银行的最后贷款人条件,这又反过来扩大了美联储可用的紧急权力范围。

第二个原则是,阻止某些类型的金融中介活动,尤其是那些容易造成金融混乱或将成本转嫁给纳税人的活动。过去 10 年的许多金融活动并没有直接增加国家的生产能力。所有用于从证券支持证券中创造新证券(如 CDO^2)的能量及资源最终都没有增加生产性投资可用的资本,如新建工厂等。

第三个原则是避免金融机构庞大到不能倒闭的程度,不能像 AIG、花旗银行和其他一些金融机构一样,他们在 2008 年的潜在崩溃威胁到整个金融体系。规模达到"系统重要性"的机构可能会承担过多的风险,以此为股东谋

[①] Markus Brunnermeier, "Deciphering the liquidity and credit crunch," *Journal of Economic Perspectives* 23, no. 1 (2009): 77 - 100; and M. Brunnermeier, A. Crocket, C. Goodhart, A. D. Persaud, and H. Shin, "The fundamental principles of financial regulation," Geneva Reports on the World Economy 11 (London: Centre for Economic Policy Research, 2009).

取更高的利润。他们知道,在自身陷入困境之后,政府将不得不帮助他们摆脱困境,而且会利用这一点。金融机构大到不能倒闭为"利润私有化,损失社会化"创造了可能。

第四个原则要求提高金融交易的透明度。信用违约掉期是市场中某个领域极度缺乏透明度的一个突出例子。这些产品被宣传成企业可以为自己的投资投保的一种形式。但这些保险合同被卖出的方式不是股市交易的方式,而是以双边交易为基础,这意味着没有人知道交易中的保险公司(AIG)是否有偿付能力。持有大量资产支持证券的金融机构被诱使产生一种错误的安全感,认为他们的投资有保险。最终,AIG 的崩溃促使政府必须背负数百亿美元的债务。尽管像信贷违约掉期这样进行场外交易的衍生品工具并不是产生金融热潮、导致金融崩溃的原因,但他们必然会促使金融市场参与者承担过度风险。这就是为什么《多德-弗兰克法案》要求大多数信用违约掉期必须在有组织的交易所进行交易,这表明需要确保这些合约是标准化的,并且以透明的方式进行公开交易。①

最后一个原则是要缓和金融体系繁荣时期自由放贷、

---

① 有的提议要求记录抵押贷款,调整至市值,而不仅仅是建立交易所。实施这项变革将包括创办能够保障绩效的中央结算机构。但事实上,这一提议能否推出一个更稳定的系统,则尚不清楚。参见:Satyajit Das, " 'Swap tango'—a derivative regulation dance: part 2," Eurointelligence, March 4, 2010。

紧张时期迅速撤回的趋势。2008 年 9 月时的金融监管聚焦于单个金融机构的状况。这种传统方法强调"微观审慎"的问题,即那些与特定企业相关联的问题。但 2007—2009 年的事件表明,调控同样需要解决系统性问题。毕竟,一家银行可以执行的好事情如果所有银行同时做,则不一定是好事情。

系统或"宏观审慎"的监管着眼于金融行为的聚合效应。例如,微观审慎监管可能会限制一个金融机构能够运用所借资金支持银行借贷业务的程度,要求借出的资金是银行自有资本相对较小的倍数。所需资金通常取决于用借入资金进行投资的风险度:资产风险较高的投资组合需要持有更多的资本。如果问题只与孤立的单个银行相关,而银行之间的活动互相没有关联,并且其业务没有因为全国性或世界性商业周期变得复杂化,那么,这种做法是非常合情合理的。

但是,商业周期确实存在,而且金融活动对这些周期非常敏感。若潜在借款人看起来前景明朗,如在繁荣时期,银行便会发放更多的借贷;但是,若借款人看起来前景惨淡,如在衰退时期,他们便会撤回资金。这意味着,银行放贷会加剧经济周期的起伏。银行试图在低迷期进行风险管理,这会使得这种影响被放大。随着经济下滑,一些贷款会成为坏账。当这些贷款及其支持的证券的价值受损时,它们会被认为风险较高。因此,银行需要准备更多的资本对它们予以支持,这迫使银行筹集更多的资金,并减少放贷。这反过来又进一步抑制经济活动,再次降低银行资产质量,进入螺旋式下降。①

为了缓解贷款中的"繁荣—萧条"周期,监管机构需要超越只聚焦于个体银行的传统做法,从商业周期中查看贷款组合的演变。这样做的一种方式是,在繁荣时期筹集所需的资本比率,在经济衰退时逐步减少资本比率。这将阻止繁荣时期大量放贷、衰退时期大量撤回贷款的趋势。②

2010年通过的金融改革构建了一个框架,旨在解决上述四个核心问题。尽管这一框架有很多积极的方面,但监管机构依然需要数年才能弄清楚如何将其运用到实践中。③ 许多在美国金融业真实发生的事情取决于国家监管机构如何阐释、实施这项立法,因此,新的监管环境仍然是

---

① Samuel Hanson, Anil K. Kashyap, and Jeremy C. Stein, "A macroprudential approach to financial regulation," *Journal of Economic Perspectives* 25, no. 1(2011):3-28.

② 有关实施方面的探讨,参见:Rafael Repullo, Jesus Saurina, and Carlos Trucharte, "Mitigating the procyclicality of Basel II," in Mathias Dewatripont, Xavier Freixas, and Richard Portes (eds.), *Macroeconomic Stability and Financial Regulation: Key Issues for the G20* (London: Centre for Economic Policy Research, 2009)。

③ 例如,征信机构在金融危机中也起到了一定的作用。金融改革的立法引导监管者学习各种能够将发行人与特定评级人分离的途径。其中一个提议认为,应该由政府选择评级人,但发行人仍然必须为评级服务付费。这种设置将克服利益冲突的问题。

一项正在进行中的工作。[1] 此外，新法案只涵盖主要业务在美国的银行。金融现在是全球性的行业，恰如金融危机也是全球性的一样，因此，有意义的改革也必须是全球性的。

巴塞尔委员会是协调国际银行监管的一个国际小组，该委员会正在计划制定协调全球金融的规则。[2] 2010 年 9 月，巴塞尔委员会成员就新监管协议的大纲达成协议，被称为《巴塞尔协议 III》，其部分功能很清晰，该协议要求大型银行逐步过渡到更高层次的资本持有量，比目前高出两到三倍。该协议很可能会坚持更严格地界定哪些东西可以算作资本金，并要求资产负债表外的资产也要持有相应的资本金。所有这些规定都将有效降低金融机构可以承担的杠杆率。商讨《巴塞尔协议 III》的各方也已同意努力构建实施审慎监管的逆周期系统。所建议的机制要求持有"缓冲资本"，指的是根据企业经营状况所需的额外资本。[3] 这将解决我们所描述的第五个核心原则中的问题，

---

[1] 下列文献中探讨了有关要求实施监管行动的条款：Douglas J. Elliott, *Financial Reform*：*Now It's up to the Regulators* (Washington, DC：Brookings Institution, July 12, 2010)。

[2] Brunnermeier, Crocket, Goodhart, Persaud, and Shin, *Fundamental principles of financial regulation*，讨论了巴塞尔委员会的工作历程和对《巴塞尔协议 II》的改革建议。

[3] Bank for International Settlements, "The Group of Governors and Heads of Supervision reach broad agreement on Basel Committee capital and liquidity reform package," Press release, July 26, 2010, http://www.bis.org/press/p100726.htm.

帮助缓解"繁荣—萧条"周期,该周期已经成为国际银行体系的重要组成部分。[1]

在国际层面上,达成通用标准至关重要。如果不同国家以不同的方式对待银行,那么,银行将会迁移到那些监管最宽松的地区。[2] 银行利益群体一定会尽量削减资本标准。美国是先前《巴塞尔协议 II》的热心支持者,[3]但其本身在最终实施协议条款方面十分落后。记住这一点很有用。[4] 这一点让我们知道,全球金融改革中最显著的那些方面——如构建一个资本更雄厚、杠杆率更低的国际金融体系——能否实际实现,尚不确定。

尽管新法规雄心勃勃,但金融改革仍处于早期阶段。金融监管必将影响那些政治力量强大的强势利益群体。从历史上来看,各大金融机构对监管机构产生了很大的影响。随着新机构的细节制定出来,监管机构肯定会面临很大的压力,这些压力将促使他们曲解规定,偏袒既得利益

---

[1] Basel Committee on Banking Supervision, "Group of Governors and Heads of Supervision announces higher global minimum standards," press release, September 12, 2010.

[2] 关于资本标准,华盛顿已经与欧洲有过冲突。华盛顿希望有更加严格的资本标准,而欧洲坚决不允许这么做。最后,包含最高质量资本(第一级资本)的标准被削弱了。

[3] 如国际金融协会所言。参见:D. J. Elliott, *Basel III, the Banks, and the Economy* (Washington, DC: Brookings Institution, 2010)。

[4] J. Goldfarb, "U. S. has much to prove on new bank capital rules," Reuters, September 23, 2010.

群体。许多观察者认为,大型金融机构可能会在实践中弱
化或扭转某些监管改革内容。正如世界上最大的共同基
金,太平洋投资管理公司的创始人比尔·格罗斯所言:"华
尔街仍然坐拥华盛顿。"①

货币政策的实施

2001—2004 年的低利率政策以及 2004—2006 年迟来的
加息,是世界遭受金融危机的部分原因。在过去的四分之一
个世纪里,发达国家的货币政策已经在很大程度上遵循了泰
勒规则的某种形式,即根据经济活动及通胀率的水平相应上
下调整短期利率。财政状况是次要的,它们只是政策制定者
了解经济状态的途径。许多批评家指责美联储要么生产房
地产泡沫,要么不够激进,只会提升利率以紧缩泡沫经济,或
者是两者兼用。过度宽松的货币政策是危机的主要根源,财
政部前次长约翰·泰勒一直都非常支持这一观点。②

我们不同意这一单一因果的观点,但我们确实认为,

① L. Di Leo, "Fed gets more power, responsibility," July 16, 2010,
http://online. wsj. com/article/SB100014240527487037228045753
9072934590574. html.
② J. Taylor, *Getting off Track*: *How Government Actions and
Interventions Caused, Prolonged, and Worsened the Financial
Crisis* (Stanford, CA: Hoover Institution Press, 2009).

美联储可以,而且应该更迅速地介入,以更有利的方式提高利率,以抵抗冒泡的住房市场。[①] 这表明,在未来,美联储应比过去更注重如何影响资产价格,尤其是如何击破泡沫(当然,美联储也可以实施一些监管措施)。

实现这种转变并不简单,但我们认为是可行的。美国国会交给美联储双重任务:瞄准充分就业和物价稳定。这种双重任务的现代诠释一直试图将通胀稳定在中等水平,同时在长期趋势上最大限度地减少经济增长中的波动。在过去,资产价格进入这一计算过程的唯一方式,是美联储有时把资产价格当作可以告知未来通货膨胀率及产量增长的指标。这会导致诸如 2008 年之前几年里房产价格暴涨的情况,那时美联储看到了资产泡沫,但却没有做出任何限制泡沫的尝试。

由于"泡沫"或"狂热"动摇整体经济,如果美联储将资产市场热潮与萧条最小化当作自身目标,其实现物价稳定和充分就业这两个目标的机会便会增大。[②] 这个任务像

---

① 美联储不能控制整个利率体系,长期证券或私有债务的利率便不受控制。而且,很难仅仅通过货币政策来解释房产价格的整体上升。参见:E. L. Glaeser, J. D. Gottlieb, and J. Gyourko, "Can cheap credit explain the housing boom?" NBER Working Paper no. 16230 (Cambridge, MA: National Bureau of Economic Research, 2010)。

② 可以从货币政策(即在资产价格上升热潮中提高利率的政策)或监管政策方面来讨论资产价格上涨热潮。必须通过分析哪种途径更加有效才能判断哪种方法可以实现"击破泡沫"的目标。

其他许多事情一样,存在政治方面的困难:在资产市场繁荣期间,铺天盖地的政治压力通常要求繁荣继续下去,不予控制。然而,在后危机环境中,美联储和其他央行在未来看起来很可能会更重视金融因素。

全球再平衡,全球经济增长

东亚和石油出口国的大规模放贷在很大程度上为金融危机和大衰退创造了条件。这是全球经济增长模式的一部分。该模式中,一大批国家的储蓄大量涌入另一批国家。虽然国际资金流动通常是一体化国际经济的积极功能,但过去 10 年的经验表明,过度依赖债务融资消费作为经济增长的引擎,是十分危险的。世界需要一个新的增长模式,以避免危机重演,同时要为经济持续复苏奠定基础。

这项工作要从国内做起。美国必须重新将增加出口、减少进口作为经济增长的方向。要实现这一目标,部分有赖于为财政政策建立更好的根基,鼓励家庭和政府增加储蓄。减少消费将减少进口,而减少国外借款将减少美元升值的压力,进而抑制进口,鼓励出口。

较小的贸易赤字将减少美国的对外借款需求。随着美国对外国信贷的需求下降,无论是美国利率还是美元的价值,都很可能下降。这两方面都有助于刺激经济增长,而美元走弱将有助于推动经济调整,减少对进口的依赖,更多地转向出口。

美联储的货币政策能够帮助降低美元的价值,只需要其他国家不推动他们的货币贬值即可。这凸显出美国复苏与世界其他国家复苏之间的密切联系。这也使得说服外国的决策者远离旧政策框架变得尤为重要。在旧的政策框架下,一批国家过度依赖出口和外国贷款,而另一批国家则过度依赖进口和外国借款。更平衡的增长方式,对于各国经济和世界经济都十分有利。① 美国需要更高水平的国内储蓄及国内投融资,而东亚各国需要更多地依赖国内需求源。维持旧框架的各种尝试,如美国的新减税政策,东亚持续弱势货币的出口主导经济等,都将遭受失败。

中国对于重新平衡世界经济至关重要。虽然中国在过去的几十年里发展非常迅速,但该国消费量占总产出的比例实际上已经大幅下降了。对于一个快速发展的经济体而言,这是异常现象。尽管出口导向的增长战略已经让中国在过去获益匪浅,但由此产生的失衡明显已成为威胁中国经济及普遍社会稳定的因素。中国作为一个劳动力充裕的国家,其出口行业是资本相对密集行业,而满足国

---

① 美国借贷狂欢的很大一部分要归因于美国的石油需求。美国 2009 年 3 924 亿美元的贸易逆差中,2 534 亿美元是源于石油进口。因此,再平衡计划中必须包括减少进口能源依赖这一部分。

内需求的行业则更多是劳动密集型行业。重新聚焦国内商品和服务不仅会让增长更持续,而且更容易保持就业增长。[①]

将国家经济发展的方向从出口调整为私有和公共消费,这符合大多数中国人的利益。除了发挥货币政策的正常作用外,中国政府可以通过加速政府支出来刺激总需求。事实上,中国已经在这个方向上采取了一些措施,如增加基础设施建设、健康医疗和福利方面的开支。这些变化也将允许中国家庭增加消费:他们一直不愿增加开支,部分是因为他们必须为医疗或经济突发事件存款。如果中国有一个更发达的社会事业体系,家庭便不需要为种种预防措施存这么多钱。[②]

中国的长期挑战更为艰巨。中国金融体系现在的行为方式在很大程度上像是国家和地方两级政府的附属物。即使已经私有化的银行也深受政府权威部门的影响。金融体系需要建立一种机制,把家庭和企业的储蓄导向到能

---

① 国内需求增加的产业包括服务业、医疗服务、电子与通信设备产业、办公器械产业。参见:R. Feenstra and C. Hong, "China's Exports and Employment," in R. Feenstra and S. - J. Wei (eds.), *China's Growing Role in World Trade* (Chicago: Chicago University Press, 2010)。

② E. Prasad, "Rebalancing growth in Asia," NBER Working Paper no. 15169 (Cambridge, MA: National Bureau of Economic Research, 2009)。

够让资金得到有效部署的经济活动。

中国有希望走向一个更持续的道路。工资开始上升，因为劳动力变得稀缺。更高的工资可能会增加国民收入中家庭收入而非企业收入的份额，最终扭转近几十年来不正常的趋势。如果个人收入增加，消费量也会增加，最终有助于推动中国经济增长。[①]

中国在美国的债务狂欢中起到了一定的影响作用，但借款主要是美国自身所为。美国的石油进口在布什经济繁荣时期的贸易赤字中占据了很大的份额。与东亚和北欧出口商一样，波斯湾产油国把他们的大部分石油销售所得款项用于购买美国国债，转而助长借贷热潮。近年来，美国的石油进口量已接近每年 5 000 亿美元，占国内生产总值的 3% 左右，占贸易赤字的一半以上。目前的预测预期石油进口在未来 20 年里并不会减少。[②]

减少石油进口一般会减少美国经济对石油价格冲击的敏感度。这可以通过提高国内供应和减少需求来实现。减少需求的措施包括鼓励节能投资和消费征税，这些是实

[①] A. Kroeber, "Economic rebalancing: the end of surplus labor," *China Economic Quarterly* 14, no. 1 (2010): 35 – 46; and M. Chinn, B. Eichengreen, and H Ito, "Rebalancing global growth," Paper prepared for the World Bank's Re-Growing Growth Project, 2010.

[②] EIA, *Annual Energy Outlook*, 2010 (Washington, DC: Energy Information Administration, 2010).

现这一目标最有效的手段。例如,每加仑汽油征收 1 美元消费税将促使每年的石油进口量减少 430 亿~1 170 亿美元。[1]

美国同其他国家一样,在维持开放的贸易体系方面持有重要利益。开放的市场是扩大美国出口量的关键。为了充分挖掘美国在高科技、生物技术和先进服务业中的比较优势,美国必须能够廉价地进口原材料,如半导体芯片等,这些原材料在国外生产效率更高。美国恢复经济增长,包括生产率和工资的增长,需要一个开放的贸易体制。国际贸易也是其他国家实现快速增长必不可少的因素,尤其是发展中国家。

美国可以而且应该通过主动维护全球贸易体系的开放性来以身作则,应避免进一步的保护主义措施。美国法律允许政府在应对不正当竞争时,或在美国产业主要是因为进口而受到伤害的情况下建立贸易壁垒。但总统在许多情况下有酌情权,可以拒绝施加贸易限制。尽管施加保

---

[1] 这些数据的计算基础是 2009 年的价格与数量数据。2009 年,美国进口了大约价值 2 674 亿美元的石油或石油相关产品,占了贸易逆差的 70%。假设汽油价格弹性处于 0.3~0.9 之间,而每加仑汽油征收 1 美元税收(当时平均价格为 2.40 美元每加仑)的话,那么,每年汽油产品进口将减少 432 亿~1 172 亿美元。该弹性假设来源:CBO, "The economic costs of fuel economy standards versus a gasoline tax" (Washington, DC: Congressional Budget Office, 2003)。

护是诱人的,但最终会弄巧成拙,因为其他国家会采取报复行动。鉴于美国经济的巨大出口潜力,美国从保护主义中遭受的损失要远超过其所得。①

美国应当在世界贸易组织的主持下重新致力于新一轮贸易自由化的谈判。高失业率和缓慢的增长为倒退到贸易保护主义提供了肥沃的土壤。偏转保护主义压力的关键是推动出口行业企业及劳工利益群体的发展。贸易自由化将带来新的市场,为企业和劳工提供新市场中的机会,这是实现上述目标的最佳方式。

美国政府还应该扩大、深化其系统,以便缓和对贸易秩序紊乱的调整。这对维持支持贸易开放的联盟关系很重要,联盟中的工人和企业相信他们与国际贸易体系利益攸关。在过去的 40 年,政府一直依靠一个相对较小的计划——贸易调整援助计划——来补偿因进口竞争失去工

---

① 尽管在雷曼兄弟破产之后的一年半里,传统的保护主义措施几乎没有增加,但保护申请的数量剧增,这些企业在不同的国家努力申请保护。参见: S. Evenett, "Have long-established patterns of protectionism changed during this crisis? A sectoral perspective," *Global Trade Alert*, October 2009。并且,国家救市或补贴形式的保护正在增加,最明显的例子是美国对汽车生产商的救助。参见: S. Evenett and F. Jenny, "Bailouts: How to Avoid a Subsidies War," in S. Evenett and R. Baldwin (eds.), *The Collapse of Global Trade, Murky Protectionism, and the Crisis: Recommendations for the G20* (London: Centre for Economic Policy Research, 2009)。

作的工人。该方案为失去工作的工人提供微薄的再培训福利,而且只针对制造行业,甚至当贸易越来越多地打击到非制造业部门时,依然如此。决策者需要重新考虑该国如何处理贸易秩序紊乱的问题,考虑通过更严厉的措施缓解与贸易敏感行业相关的不确定性。[①]

美国例外主义的终结

美国人发现,他们遭遇了国际经济的变幻莫测,以及国际资本市场的起伏不定。就像在阿根廷和其他几十个发展中债务国一样,多年来,"钱被不停地翻滚利用"。[②]并且,多年来,这看起来似乎一直是一个令人开心的安排。外国人愿意借钱给美国,买房利美和房地美发行的、看起来非常安全的债券,或购买高收益但据称安全可靠的金融衍生物。美国政府利用外国投资者及外国中央银行提供

---

① L. G. Kletzer and H. F. Rosen, "Easing the Adjustment Burden on US Workers," in C. F. Bergsten (ed.), *The United States and the World Economy*: *Foreign Economic Policy for the Next Decade* (Washington, DC: Institute for International Economics, 2005); and H. F. Rosen, "Strengthening trade adjustment assistance," Policy Brief no. 08 – 02 (Washington, DC: Peterson Institute for International Economics, 2008).

② 参见:P. Blustein, *And the Money Kept on Rolling In* (*and Out*): *Wall Street*, *the IMF*, *and the Bankrupting of Argentina* (New York: Public Affairs, 2005)。

的低成本融资为两次庞大的减税政策以及两场战争买单。美国人赶上了资产价格上升的浪潮,从房产、土地到股票和衍生品。

美国的决策者欺骗自己,以为在当今全球化时代,通过庞大的经常账户赤字和大规模借贷来融资并无大碍。他们认为,美国对那些数世纪以来折磨主要外国借款人的麻烦免疫。数十年来,他们曾建议其他国家注意过度赤字、举债消费以及疏于监管的危害,但最终他们自己忽略了这些建议。新财务管理人员向政策制定者保证,他们的现代化计算机辅助方法已经将风险抛进历史的垃圾堆中。政策制定者反过来安慰自己说,一切只需这些金融奇才就能够管好他们自身及其金融机构,这样转而便能照顾好国家的其他部分。这些预言曾经经历考验,但现在都偃旗息鼓了。

过去几年的事件表明,国际金融太重要了,不能任由国际金融家们摆布。空荡荡的房子和失业的工人见证了过去 10 年在过度放松管制、过度赤字、过度借贷等方面有勇无谋的尝试。私人和公共利益是不一样的,他们的分歧让美国乃至世界付出了沉重的代价。

美国人面临着严峻的经济挑战。他们失去了本世纪的第一个 10 年,经历了滋养富人的繁荣阶段与随后让其他人致贫的萧条时期。而现在,他们可能会在不完全复苏和经济停止中失去另一个 10 年。

　　避免这一灾难所需采取的任何一个变革都绝非易事。在每一个转折处，都存在重大的政治障碍。金融利益群体不愿意将那些危险行为导致的负担从纳税人身上卸下来，抵制将负担转移到他们自身肩头的监管行动。政府项目的受益者阻止遏制他们利益的各种尝试性举措。纳税人拒绝为他们想要的社会项目买单。党派政客阻止理性的讨论，提出荒谬的伪解决方案，而非切乎实际的解决方案。意识形态和政治投机分子鼓励美国人做那些在过去曾让他们如此糟糕的幼稚行径：他们盲目地相信，市场是完美的，减税包治百病，而借款值得鼓励。尽管这些政策已经造成很大的麻烦，但无原则的权威人士依然在继续出言吹捧这些政策的吸引力。

　　即使是最善意的决策者，也很难抵制这些压力。但是，向这些政策屈服也许对一名政客的选举前景有利，但这些政策有损于国家及国家的未来。怀疑论者可能会得出结论，没有任何东西可以让未来变得更好，无论是利益群体，还是纳税人，抑或政策制定者，都没有任何理由采取不同的行动。我们倾向于认为，有些时候，公民、选民、利益群体以及政策制定者，都能够从自私自利的考量中站出来。现在正是这样的一个特殊时期。我们希望，美国人可以从痛苦的插曲中吸取教训，避免失去下一个 10 年。

第九章
结　论

借款和贷款是开放的世界经济体系的一个重要特征。资金可以而且应该从不太需要它的地方转移到更需要它的地方,从储蓄满溢的区域转向需要为宝贵投资机会提供融资的区域。用于生产性投资的谨慎贷款是成功经济体的一个核心因素,无论是在一国之内还是跨越国界,都是如此。

在过去10年的历程中,国际金融机构的潜在利益被恶性误操作淹没。贷款人不负责任,借款人鲁莽行事,而监管者则疏于监管。结果是灾难性的。美国人没有把有限的资金利用好,而是将其挥霍在不必要的减税、自知理亏的预算赤字以及不明智的采购上。美国靠借款度日,并且把借来的资金用得非常糟糕,由此失去了10年的发展时机。

这 10 年中,原本合情合理的想法因令人怀疑的动机被扭曲,这种扭曲导致了诸多的失败。减少税收存在正当的理由:促进支出,并推动创业。一个政府持有赤字并从国外融资,也有正当的理由:刺激经济,并推动投资。在支持推动自置居所方面,同样有一些合理的观点:稳定社区,并奖励节俭。放松金融管制也有可辩护的动机:增加竞争,并提升效率。

但是,在美国失去的 10 年里,减税是为了讨好富人和中等收入选民,是为了让执政党不喜欢的项目无法获得所需资金,是为了绑住未来政府的手脚。鼓励预算赤字和对外借款,是为了让美国人能够参与政治上颇受欢迎的消费热潮。鼓励自置居所,是为了迎合政治选民及关键地区的特殊利益群体。放松金融管制,是为了向强大的利益集团致敬。为了给那些明显带有政治性、公然具有机会主义意味的政策提供一个意识形态背景,负责这一切的人玩世不恭地滥用哲学原则,信奉伪理论,歪曲真理论,进一步加剧了其自身的失败。

这一切都是谁的错?将这一切归罪于银行家及其混杂在监管者中的盟友,也许是最常见的、也是最令人满意的责任归咎。毕竟,在引导这个国家达到鲁莽的债务水平的过程中,金融家们变得更加富有,而且,最终他们在跌落的时候也确实拉上了整个系统。自然,我们有很多理由把愤怒的矛头指向金融"骗术"。然而,这种愤怒不应该被夸大。一方面,一些国家的银行系统受到的监管严苛得多,鲁莽的银行家也少得多,但却陷入同样严重的麻烦(如西班牙)。其次,在很大程度上来说,美国金融机构玩弄的,正是曾经玩弄过他们的纸牌。美国的对外借款在几年中将5万亿美元带入其金融体系,把这些额外资金借出去的需求无可避免地降低了贷款的平均质量。美国的贷款人和借款人只是对他人创造的信贷激励做出回应。

人们很容易泛泛地指责美国人,特别是美国选民。美国大多数人都很享受债务融资扩张,在政治上很可能难以控制这一形式。但这种指责是错误的。要让普通公民理解国际宏观经济关系、纷繁难懂的财政与货币政策或金融监管,是不切实际的。听取真正理解现代经济复杂性的专家们的意见,防止经济过剩和金融危机,这是政治家们及其任命官员的工作职责。

专家确实发出了警告。当布什时期繁荣景象不断集中时,学术权威们发出了很多警告信息。① 美国的国际宏

---

① 有关经济学家或经济学未能预测经济崩溃的责怪之声很普遍。这很不公平,简直就是误解。正如我们所述,2003年之后,主流经济学家们几近达成共识,认为宏观经济不平衡很可能会导致严重的问题。确实,这并不等于精确预测了将要发生的事情以及发生的时间,但如果医生警告病人有很大的风险会遇到心脏病突发,却无法告知突发的日期或时间,是没有人责怪医生的。经济分析预测到美国的宏观经济进程将走向糟糕的结果,这实际上已经很好地做出了合理的分析。

观经济学权威专家们尝试提醒决策者注意美国借贷驱动下全球宏观经济失衡的危险。财政政策的分析师表示越来越担忧联邦政府的赤字问题,而许多金融分析师警告说,极低的利率助长了无根据的资产价格上升。美国最著名的住房经济学家警告说,房地产市场正处在典型的泡沫中。那些了解和经历过过去及现今债务周期的专家们指出,美国所走的,正是从借贷热潮到经济萧条的熟悉路径。

但是,决策者没有听信这些警告。未来的警钟响起,他们充耳不闻,并指着幸福的现状为不作为找理由。这并不罕见,并且无可厚非:选民通常不会偏爱那些让经济增长放缓或抑制经济增长的政客们。然而,根据普通公民无法掌握的知识及理解水平做出艰难的抉择,这是政策制定者的工作职责。布什政府和美联储扳动经济扩张的刹车,这在政治上代价高昂。但结果却发现,忽略潜在问题的代价更高昂——对于一个国家整体来说如此,甚至对于当政的政策制定者来说可能也是如此。

布什政府过于关注短期政治抱负,太少关注其决策对国家长远未来的影响。在这一点上,他们并不孤独。许多其他国家的政府做出类似的短视选择。但也有一些政府,表现得更加谨慎、明智,他们认识到债务融资增长模式的局限,从而避免了布什繁荣及萧条中最糟糕的过度现象。加拿大在可想到的各个方面都与美国相似,但该国通过负责可靠的财政政策和有力的监管机构,逃脱了美国式问题

（虽然,像其他国家一样,加拿大也受到美国灾难回流的影响）。

对于过去 10 年的损失,没有什么是无法避免的。导致损失的,是各国政府的决策,那些决策受公共利益驱动太少,受政治私利驱动却太多。当然,公民原本可以更警惕,银行家们原本可以更小心,而监管者们,原本可以更警觉。但降临美国的"万恶之源"是不负责任的政府政策,即鼓励放纵举借外债和消费热潮的政策、允许金融机构在隐性政府担保下承担过度风险的政策以及拿着纳税人的钱冒险的政策。

失去的年代的总体轮廓,就像刚刚丧失的 10 年一样,众所周知且清楚易解。在过去的 100 多年中,世界经历的多次金融危机都与当前美国的债务危机惊人地相似。从阿根廷到赞比亚,从泰国到墨西哥,从俄罗斯到爱尔兰,各国政府都选择了同样的捷径,鼓励负债扩张,继而让各国经济在债台高筑的危机中陷入崩溃。从历史和比较的角度来看,美国危机唯一不同寻常之处是其规模。美国政府政策所表现出来的病理癖性,正是导致一系列失去年代的病理癖性。

在当前 10 年的大部分时间里,我们都会经受过去 10 年损失带来的影响。数万亿美元纳税人的钱将被用于修复国家金融系统的损伤。最重要的是,同样漫长的年份里,美国将放弃经济活动,工厂歇业,数百万工人失业。经济衰退和缓慢复苏期间,计算产出损失的成本将达到4万亿美元,相当于每个四口之家平均损失5万美元。目前的估计是,至少要到2014年,经济才能复苏到2007年经济不崩溃情况下的水平。[①] 这至少是7个荒年,也许正是之前7个人为肥年相应注定的结果。但那些肥年基本上不值得:需要许多个7年来修复那些年对美国经济及政治系统带来的损伤。

　　已经失去了一个10年,而美国正冒着失去另一个10年的风险。究竟会不会失去,取决于美国人自身。随着美国人民从危机中重建其生活和经济,他们能够而且应该学习过去的经验教训。政府必须履行重要、实用的职能,而公民必须愿意为这些职能买单。金融体系对国家经济至关重要,但需要有比银行内部人士视野更开阔的监管者对该体系进行监管。货币政策是稳定宏观经济的强大工具,但不应该为了政治利益而滥用。美国能从与世界经济其他地区的合作中大量受益,但必须与合作伙伴共同制定一个更加稳定、公平的经济秩序。经济可以回到快速增长的

[①] 这些估计以国会预算局的预测为基础。2007年第四季度到2014年第四季度的累计损失将达到3.87万亿美元(以2009年的美元价值计算)。人均累计损失为12 454美元,每个四口之家要承受将近50 000美元的损失。其他产出损失的估计,参见:IMF, *World Economic Outlook* (Washington, DC: International Monetary Fund, October 2009), chapter 4。

状态,但增长的成果必须让各国广泛分享。如果美国人及其领导者不仔细注意这些考量,美国可能面临在停滞和社会冲突中失去另一个 10 年的风险。

金融危机是 21 世纪初的决定性事件之一,无论对于美国,还是世界,都是如此。这次危机,是现代世界经济史上的思想和政治分水岭。美国和其他国家应对危机及其余波的方式,将塑造未来几十年中美国及全球的政治经济。